幼儿园教研活动50问

祝晓燕 张皎红 赵娜◎著

中国轻工业出版社

图书在版编目(CIP)数据

幼儿园教研活动50问/祝晓燕,张皎红,赵娜著. —北京:中国轻工业出版社,2022.5(2025.12重印)
ISBN 978-7-5184-3715-3

Ⅰ.①幼… Ⅱ.①祝… ②张… ③赵… Ⅲ.①幼儿园-教学活动-教学设计 Ⅳ.①G612

中国版本图书馆CIP数据核字(2021)第220912号

保留所有权利。未经中国轻工业出版社书面授权,任何人不得以任何方式(包括但不限于电子、机械、手工或其他尚未被发明或应用的技术手段)复印、拍照、扫描、录音、朗读、存储、发表本书中任何部分或本书全部内容。中国轻工业出版社未授权任何机构提供源自本书内容的电子文件阅览、收听或下载服务。如有此类非法行为,查实必究。

责任编辑:张天怡　　责任终审:张乃柬
策划编辑:高　君　　责任校对:吴维斌　　责任监印:刘志颖

出版发行:中国轻工业出版社(北京鲁谷东街5号,邮编:100040)
印　　刷:三河市鑫金马印装有限公司
经　　销:各地新华书店
版　　次:2025年12月第1版第7次印刷
开　　本:787×1092　1/16　印张:21.25
字　　数:210千字
印　　数:22001—25000
书　　号:ISBN 978-7-5184-3715-3　定价:68.00元

读者热线:010-65181109
发行电话:010-85119832　010-85119912
网　　址:http://www.chlip.com.cn　http://www.wqedu.com
电子信箱:1012305542@qq.com

版权所有　侵权必究

如发现图书残缺请拨打读者热线联系调换
252091Y1C107ZBW

前　言

幼儿园课程改革对教研活动不断地提出新的要求，幼儿园教研组长在适应教研活动转型的大背景下，应努力追求高质量的教研活动。在参与和指导幼儿园的教研活动时，我们发现不少教研组长对教研活动的认识还存在一些问题。比如，教研组长对于"哪些活动是教研活动"有不同的认识和理解，有的教研组长从广义的角度阐释，认为"针对教育教学讨论交流的所有活动都可以算作教研活动"；有的教研组长从狭义的角度阐释，认为"听评课才是教研活动"。对"教研活动"的认识和理解不同，对教研活动的内容选择就会不同，组织形式也会存在差异。为此，我们开展了关于"幼儿园教研活动"的调查，梳理和分析共性问题，以及需要解决的主要问题。基于调查研究，我们开始着手架构本书的内容框架，最终形成六章内容，分别是对教研活动的认识与思考、教研制度的设计与实施、有关生活环节的教研活动设计与实施、有关区域游戏的教研活动设计与实施、有关集体教学的教研活动设计与实施以及有关家园共育的教研活动设计与实施。

第一章主要聚焦于教研活动的概念、教研活动类型，以及教研活动前、中、后需要做什么等方面的认识与思考，以期为新手教研组长系统地介绍幼儿园教研活动。

第二章涉及十个教研制度，有些是已经存在的教研制度，如课程审议制度、师徒结对制度、分层教研制度等，但是它们在新的形势下发生了变化；有些是新产生的教研制度，如持续性沉浸式教研制度、混合研修制度、专业书籍进阶阅读制度等。对于每一项制度，我们都介绍了它的内涵与基本特征，以及该项制度对教师和幼儿园两方面的价值和意义，最后介绍了该项制度设计与实施的内容、流程、评价考核等内容。

第三至六章主要呈现了幼儿园里真实开展过的教研活动案例，它们分别围绕生活环节、区域游戏、集体教学和家园共育四个方面展开。这四章不只呈现了一个个完整的教研活动计划和教研活动方案，还采用"解读"的方式，向教研组长介绍了每一步需要做什么、怎么做等。

第一步：思考教研内容。这一步主要是引导教研组长思考"教研活动要研究的内容是什么，以及从教研角度来说，应该关注哪些方面"，以期提升教研组长的教研思考力和领导力。在有关"幼儿园教研活动"的调查中，教师认为教研组长应该不断地"提高专业能力""提升专业素养"，只有这样才能真正带领教师开展教育教学研究。

第二步：调研本园主要的相关问题。这一步主要是引导教研组长立足本园实际情况开展教研活动，坚持"问题导向"的教研理念。它主要包含以下三个步骤：梳理调研内容，即想要调研哪些具体问题；思考调研方法，即怎样开展调研活动；分析调研问题，即本园存在哪些具体问题。在有关"幼儿园教研活动"的调查中，教师认为教研活动应该更加聚焦实际问题，解决实际问题。

第三步：制订系列教研计划。这一步主要是引导教研组长认识到，解决实际问题需要持续和递进的过程，可能需要多个教研活动。教研组长应明白教研的方式有很多，比如，可以开展集中教研、分组教研和分层教研等。至于选择什么样的教研方式，要根据本园的实际情况来决定。比如，集中教研主要解决各年龄段教师都存在的共性问题；分组教研主要解决不同年龄段教师存在的个性问题；分层教研主要解决不同发展阶段教师的个性问题。

第四步：设计单次教研活动方案。这一步主要从教研目标、教研准备、教研过程、教研反思与跟进等几个方面详细呈现某一次具体的教研活动方案。其中，教研反思与跟进是实践中最难做也最容易被忽视的部分。教研反思是提升教研组长教研能力的重要途径，教研跟进是保证教研质量和成效的关键。

第五步：梳理教研活动的阶段性成果。这一步主要是引导教研组长形成成果意识，通过某些形式将教研成果固定下来，助力教师的观念和实践得到持续不断的更新和优化。一般会包含各种指导意见、评价指标、指导要点等。

第六步：持续跟进和落实教研成果。这一步主要是引导教研组长思考系列教研成果如何在教育教学实践中得到推进和落实，以达成教研目的，解决实际问题。教研组长可以从个人层面、班级层面、年级组层面和园部层面思考跟进落实的路径与措施。

在撰写本书的过程中，我们得以深刻地反思自己的认识和实践中的不足。同时，受自身经验、认知水平和能力的局限，某些方面阐述得可能不是特别到位。在此，恳请广大读者批评指正。

祝晓燕
2021 年 12 月于无锡

目 录

第一章 对教研活动的认识与思考 // 1

1. 什么是教研活动？// 2
2. 什么是园本教研？// 5
3. 什么是主题教研？// 8
4. 什么是课例研究？// 12
5. 什么是案例研究？// 16
6. 教研活动的运行机制是怎样的？// 19
7. 教研活动计划包含哪些方面？// 22
8. 教研活动方案包含哪些内容？// 26
9. 教研活动有哪些原则？// 30
10. 教研活动方式要实现哪些转变？// 34
11. 教研活动内容要实现哪些转向？// 37
12. 如何确定教研活动内容？// 39
13. 教研活动的准备工作包含哪些方面？// 43
14. 教研组长的教研准备工作有哪些层次？// 47
15. 如何让教师有准备地参加教研活动？// 49
16. 如何解决教研活动中的"一言堂"问题？// 51
17. 如何在教研活动中进行深度互动？// 54
18. 如何做好教研活动后的评价、反馈工作？// 57
19. 如何做好成果的梳理和跟进？// 61
20. 如何撰写教研活动总结报告？// 64

第二章 教研制度的设计与实施 // 69

21．什么是"轮流主持"教研制度？// 70
22．什么是执行教研组长制度？// 75
23．什么是分层教研制度？// 79
24．什么是合作式小组教研制度？// 84
25．什么是自助式教研制度？// 89
26．什么是持续性沉浸式教研制度？// 94
27．什么是师徒结对制度？// 99
28．什么是混合研修制度？// 104
29．什么是专业书籍进阶阅读制度？// 109
30．什么是课程审议制度？// 114

第三章 有关生活环节的教研活动设计与实施 // 123

31．如何设计与实施关于"晨间来园活动"的教研活动？// 124
32．如何设计与实施关于"自主用餐活动"的教研活动？// 134
33．如何设计与实施关于"值日生活动"的教研活动？// 145
34．如何设计与实施关于"弹性作息"的教研活动？// 159
35．如何设计与实施关于"过渡环节"的教研活动？// 168

第四章 有关区域游戏的教研活动设计与实施 // 181

36．如何设计与实施关于"区域游戏环境创设"的教研活动？// 182
37．如何设计与实施关于"区域游戏材料投放"的教研活动？// 189
38．如何设计与实施关于"区域游戏空间规划"的教研活动？// 201
39．如何设计与实施关于"区域游戏观察"的教研活动？// 212
40．如何通过教研活动引导教师关注区域游戏和教学活动之间的联系？// 222

第五章 有关集体教学的教研活动设计与实施 // 231

41．如何设计与实施关于"集体教学活动设计"的教研活动？// 232
42．如何通过教研活动帮助教师把握集体教学的重点和难点？// 246

43. 如何通过教研活动引导教师关注集体教学活动中的每个幼儿？ // 255

44. 如何通过教研活动帮助教师生成集体教学活动？ // 266

45. 如何通过教研活动帮助教师组织团讨活动？ // 273

第六章 有关家园共育的教研活动设计与实施 // **283**

46. 如何设计与实施关于"家长进课堂"的教研活动？ // 284

47. 如何设计与实施关于"家长开放日"的教研活动？ // 292

48. 如何设计与实施关于"亲子共读"的教研活动？ // 300

49. 如何设计与实施关于"新生入园"的教研活动？ // 309

50. 如何设计与实施关于"家长参与幼儿发展评价"的教研活动？ // 320

第一章

对教研活动的认识与思考

1. 什么是教研活动？

"教研活动"是教育教学研究活动，它落实了"教师作为研究者"的教师发展理念和具体要求。在幼儿园开展的各项活动中，哪些活动是教研活动，哪些活动不是教研活动？不同的研究者给出不同的答案。辨析"教研活动"的概念、性质和特征，有利于清晰地认识并有效地组织教研活动。

教研活动的概念

教研活动，有广义和狭义之分。广义的教研活动包含对所有教育教学活动的研究，如教育、教学、管理等各个方面的研究，以及宏观、中观、微观等不同层面的研究等。狭义的教研活动，更多地指向微观层面的研究，即以教师作为研究主体对具体的教育教学实践问题的研究和研讨活动。

从广义的教研活动来看，教学活动展示与评比、集体备课、专题研讨、听报告与讲座、学习法规与文件、学习理论研究和实践研究文本资料、教学活动检查等都是针对教育教学实践进行的学习、研究和管理活动。它们是教研活动的不同组织形式。

从狭义的教研活动来看，只有针对具体的实践问题进行研究的活动才是教研活动。很多事务性活动，如听报告与讲座、活动评比、文件学习、各项检查与排查等，对教师而言没有针对某个具体问题进行研究和研讨，因此它们皆不在狭义的教研活动范围之内。

教研活动的性质

无论是广义的教研活动，还是狭义的教研活动，其本质都具有"研究的性质"，都需要研究和解决实践问题，都需要一定的研究过程。

就广义的教研活动来说，我们需要重新认识和思考幼儿园的各项活动是否具有研究的性质。事实上，应该让幼儿园的各项学习、管理活动都具有"研究的性质"，让很多事务性活动也能够成为"教研活动"。比如，幼儿园每个月开展的进班检查活动，如果仅仅是自上而下、走马观花地"看一下"，就缺少了"研究的性质"，教师只是被动地接受检查，没有机会对教育教学实践进行表达和反思。但是，如果转变检查的方式，让教师"说一说""议一议"，那么效果就截然不同了。在这样的检查形式中，教师需要反思班级每月开展了哪些具体的活动，幼儿获得了哪些发展，目前还存在哪些困惑，下一步打算怎么做……并就某些具体问题进行即时性研讨。虽然这样的检查活动花费的时间更多，但是具有了研究的性质，其价值和意义更大。

就狭义的教研活动来说，我们也需要思考其"研究的性质"，比如，是否有某个具体的研究问题、可操作的研究目的和具体的研究过程，是否形成可落实的研究成果等。

教研活动的特征

教研活动是促进教师专业发展的活动

我国的教研制度经历了多次变革，教研工作职能也在此过程中不断演变。教研活动的重心逐步下移到基层学校，教师成为教研活动的主体，专业研究人员成为合作伙伴。

同时，随着"教师作为研究者"理念的兴起和发展，教师的研究能力得到认可，教师被赋予了研究者的角色。这些变化充分激发了教师的专业研究和专业发展的热情。苏联教育家苏霍姆林斯基说过："如果你想让教师的劳动能够给教师带来乐趣，使天天上课不至于变成一种单调乏味的义务，那你就应该引导每一位教师走上从事研究这条幸福的道路上来。"

另外，随着基础教育课程改革的推进和深化，我国对教师的专业发展提出了更高的要求。提升教师的专业能力，成为教育改革的重要内容，而教研活动必然成为促进教师专业发展的主要途径。

教研活动是解决实践问题的活动

教研活动是一种实践研究活动，主要解决教育教学实践中的问题。虽然教师在实践研究过程中学理论、用理论，甚至研究理论，但是并不以理论建构为核心，而是运用理论解决实践问题。比如，有的幼儿园研究幼儿的"学习方式"，并不是为了建构有关"幼儿的学习方式"的理论，而是为了帮助教师认识和尊重幼儿独特的学习特点，进而在实践中通过环境、材料和师幼互动等更好地促进幼儿的发展。

因此,对教研活动效果的评价,应该是看实践问题是否得到了解决、实践工作获得了哪些改善、幼儿是否获得更好的发展等。

教研活动是一种实践反思性活动

"反思性"是教研活动的重要特征,教研活动是对已经存在的问题、已经发生的事件进行反思、研讨和经验总结的活动。教研活动具备行动研究范式的特点,即经历不断的反思、调整、行动、再反思、再调整、再行动等一系列研究过程。在整个行动研究过程中,教师的反思意识、反思能力起到重要的作用。从这个意义上说,教研活动就是教师群体或者个体对他人或者自己的教学实践进行反思、探讨和研究的一种行动。

2. 什么是园本教研？

"园本教研"这个概念从"校本教研"演化而来，是教育教学研究在幼儿园这一层面的展开。"园本教研"是以幼儿教师为研究主体，以幼儿教师在教育教学实践中遇到的真实问题为研究内容，以幼儿园为研究地点，以提高保教质量和教师专业成长为研究目标的活动。它强调了教研活动的"园本化"。

园本教研的内容

"园本教研"实施的第一步是确定教研活动内容，即"研什么"。园本教研坚持"以园为本"，教研的对象是幼儿教师在开展教育教学实践中遇到的"真问题"，也就是"真实存在"的问题，而不是从其他幼儿园"学来"的问题。每所幼儿园的文化、资源、教师水平、课程积淀不同，面对的主要问题和矛盾肯定也存在差异。比如，有的幼儿园拥有丰富的自然资源，但是自然资源利用的方式单一，因此它可以开展有关自然资源利用方面的教研活动；另一所幼儿园也有着丰富的自然资源，但是当前最主要的问题是幼儿的游戏水平偏低以及教师的支持与跟进有困难，因此它可以开展有关区域游戏观察与支持方面的教研活动。

"园本教研"虽然以园为本，但并不是指幼儿园只能自己"关起门来"做教研，幼儿园之间可以就相同的实践问题进行联动教研。比如，很多幼儿园的大班都会面临"幼小衔接"的问题，因此可以采用联动教研的方式与其他园所分享本园的困惑和实践，大家一起研究和探讨，共同制订幼小衔接主题方案等。此外，园本教研的内容还应与国家相关法规和文件的精神保持一致。

园本教研的方式

"园本教研"是一种创造性的实践研究工作，幼儿园可以借鉴其他园所优秀的教研活动组织与实施经验，但是需要根据本园的实际情况有选择地、创造性地运用。比如，有的幼儿园以不断进阶的方式开展专业书籍阅读活动已经近两年，通过领读、荐读、解读等形式在园本教研中发挥了良好的专业引领作用。但是，对于刚刚开展专业书籍阅读活动的幼儿园来说，教师们对于读什么书还处于探索阶段，还不能灵活地运用和迁移阅读经验，因此幼儿园暂时还不能有效地通过阅读来引领教师的专业成长。

此外，幼儿园还需要避免为了创造、创新而不借鉴、不学习。比如，有些幼儿园的轮值教研制度能够很好地激发教师参与教研的积极性，可是有的幼儿园本着"人家已经这样做了，我们再做也没什么意思"的想法而拒绝开展轮值教研，这样的做法是不可取的。此时，幼儿园应该分析和思考如何基于本园的实际情况创造性地借鉴"轮值教研制度"来激发教师参与教研的积极性。

园本教研的主体

教育行政部门人员、教研部门人员以及高校学者等都有可能参与"园本教研"，但是"园本教研"的主体始终是教师，教育教学问题的解决主要依靠教师自己去研究、去探索、去实践，研究的过程是教师对自己的教育实践进行反思的过程。

园本教研，既不是个别教师的研究，也不是幼儿园骨干教师的研究，而应该是园所全体教师参与的研究。因此，作为教研活动主体的教师，包含不同年龄段和不同能力水平的教师。教研活动主体的"园本化"，要求教研活动基于本园教师的能力水平和现实需求，通过各种方式把幼儿园里的每一位教师都纳入其中。比如，幼儿园针对一日生活中的"来园签到"环节开展教研活动，由于不同年龄段的教师对"来园签到"的教育价值和实施策略的理解和认识水平不同，因此幼儿园可根据教师的不同情况分别设计和实施教研活动，比如，带领新教师开展"问题诊断式"的班级现场研讨活动，带领老教师开展"案例研讨式"的教育故事解读活动，带领骨干教师开展"来园签到"环节教育价值梳理的现场教研活动等。

"园本教研"需要每一位幼儿教师的热情投入，需要每一位幼儿教师都能够主动地把教研活动看作自己应尽的职责。因此，以园为本的教研制度建设，其本质是教研文化建设。文化的变革相对缓慢，但是一旦形成良好的教研文化，教研活动就会成为教师的一种自觉行动，教师之间就会凝聚成学习共同体。

教研活动主体"园本化"，意味着园本教研是教师内在需要的自主教研，是自主学习和自主发展的教研，是引领、提升教师自主学习和自我发展的愿望与能力的教研，是教师为提高教学质量、改进教育教学实践而主动进行的教学研究。

此外，幼儿教师的研究不同于专业研究人员的理论研究，不是为了构建宏观的教育理论，而是为了寻求现实问题的最优解决方案，是理论指导下的实践性研究，同时在实践性研究中使自己的理念升华。正是通过这种教育理念与教育实践的双向建构，教师的教育智慧、教育实践性知识得以形成和巩固，教师的专业水平也随之提高。比如，某幼儿园开展了有关"幼儿的学习品质"的一系列教研活动，从研究"学习品质"的相关理论入手，在实践中观察和解读幼儿的学习品质，然后形成园本化的"幼儿学习品质评价量表"，再通过量表去观察和评估幼儿的学习品质发展，最终形成支持幼儿学习品质培养的策略。

3. 什么是主题教研？

幼儿园教研活动强调"问题导向"，即要基于教育教学实践中遇到的真实问题开展教研。但是，问题不等同于主题，问题指向的是教育教学实践中客观存在的不足，主题指向的是教研活动中鲜明的、具体的主旨。从问题到主题的转化，需要教研组长具备较强的概括能力和教育理论功底，以及敏锐的眼光。

主题教研的特征

什么是主题教研呢？不同的研究者对主题教研的解读和定位不同。上海市教育委员会开展了相关的研究，他们认为主题教研是"根据发展目标和实践问题，经过系统设计，体现主题的针对性、活动的持续性、参与者的深度介入、信息化支持等特征，并以促进教师和教研员发展为宗旨的一种实践性、分享性、反思性的专业发展研究活动"[1]。总之，主题教研强调教研活动要围绕某一个主题展开，并且在该主题的统领之下开展相关的系列教研活动，具有以下特征。

鲜明的主题定位

从问题中提炼出主题后，教研活动的目标、过程、评价和反思等各环节总体上都要围绕主题进行。比如，在区域游戏中，教师存在两个问题：一是，不知道要看些什么；二是，不知道如何基于观察调整环境和材料。通过对问题的提炼和归纳，幼儿园将"幼儿行为观察和教师的回应策略"作为教研主题。

系统的规划

主题教研关注系统性设计，不仅包含针对主题设计系列教研活动，并以循序渐进的方式展开，即考虑每次教研活动与前后教研活动的递进关系；还包含对每一次具体的教研活动进行系统性设计，即每次教研活动的目标、资源、过程、评价和反思等各个方面是一个整体。

教师的深度参与

主题教研强调过程性和持续性，即教师全面、全程参与教研活动的各个环节，

---

[1] 上海市教育委员会教学研究室. 主题导航教研[M]. 上海：上海教育出版社，2020：66.

持续、沉浸地开展教研活动。教师对主题教研的系列活动有着清晰的了解和认知，具有较高的参与积极性和主动性。主题教研强调，教师要秉持着"咬定青山不放松"的精神进行深入研究，直至解决问题。因此，主题教研有助于教师深度参与教研活动。

主题教研的策划

教研组长在组织主题教研活动之前，要针对一系列连续的教研活动进行顶层设计，要考虑主题教研的主题定位、系列教研活动的序列和具体的教研方案的制订等相关问题。

基于问题提炼和定位主题内容

教研组长需要广泛地收集问题，并对问题进行归类和提炼。然后，针对该类问题分析其核心是什么，确定需要解决的主要问题。

在确定了主要问题后，教研组长需要通过调查分析了解该问题的原因。一方面，相关人员可以通过对教师的个别访谈、现场观摩等方式从实践角度分析具体原因；另一方面，需要查阅相关的文献资料，从理论角度剖析根本原因。

在对问题和成因有了系统、详细的思考后，就可以确定教研主题。"提炼主题应体现一定的目标导向，这样有助于教研活动的研讨更加聚焦。"[1]比如，有关"个别化学习活动中，幼儿行为的观察分析与教师的回应策略"的主题教研，该主题能够清晰地表明教研活动的目标导向，即引导教师观察幼儿的行为，并基于对幼儿行为的分析解读回应幼儿的需要，进而转变教师的教育教学行为。

基于主题策划系列教研活动

在确定了主题教研的内容和目标后，接下来就需要对目标进行分解，看看达成该教研目标需要开展哪些教研活动。教师的教育教学行为的转变，需要经历从理念认识到实践探索，再到观念认同和自觉执行等阶段。一次教研活动并不能解决所有的问题，并且教师的认识和理解需要一定的时间去提升，更需要教师将其应用于实践。因此，在策划系列教研活动时，要根据教研活动的内容和递进关系确定活动序列。比如，在"个别化学习活动中，幼儿行为的观察分析与教师的回

---

[1] 上海市教育委员会教学研究室. 主题导航教研[M]. 上海：上海教育出版社，2020.

应策略"这一主题教研中，相关人员策划了以下系列活动（见表1-1）。

表1-1 "个别化学习活动中，幼儿行为的观察分析与教师的回应策略"主题教研系列活动[1]

序号	活动内容和要点	活动层级	时间
1	为什么要在个别化学习区角活动中进行观察	园部教研	3月上旬
2	在个别化学习区角活动中观察什么，如何观察	园部教研	4月中旬
3	如何运用"学习故事"理念分析幼儿在个别化学习区角活动中的行为表现	园部教研	5月中旬
4	在个别化学习区角活动中，教师如何基于观察分析来把握介入的时机与方法	园部教研	6月上旬
5	收集个别化学习区角活动中幼儿的典型行为表现，形成主要的、共性的回应方法	园部教研	6月下旬
6	个别化学习区角活动案例交流，审议并精选优秀的案例，纳入园本课程方案	园部教研	7月初

> **需要注意的问题**
>
> **充分做好主题教研前的问题收集和文献阅读工作**
>
> 主题教研前的准备工作有很多，其中问题收集和文献阅读非常重要。做好以上两个工作，就从实践和理论两个方面做好了"预研究"，这样能保证主题教研的针对性和合理性。幼儿园的教研活动往往会忽视"文献阅读"，喜欢基于经验做主观判断，缺少理性思考。通过阅读文献资料，我们能够了解他人已经研究了什么，哪些可以借鉴，以及针对某个问题有哪些分析框架等。这些对本园的教研活动能够起到事半功倍的作用。
>
> **关注主题教研的主题性和持续性**
>
> 主题教研强调主题性和持续性。但是，有些幼儿园可能在实践中存在认识上的偏差，将其仅仅理解为持续性，即"我们幼儿园一直都在开展教研活动"，却忽视了主题性。虽然这些幼儿园持续开展教研活动，但是每次主题都在变化。此外，还有一些幼儿园虽然关注教研的"主题性"，但是缺少持续

---

[1] 上海市教育委员会教学研究室. 主题导航教研[M]. 上海：上海教育出版社，2020.

性。比如，某幼儿园想要开展有关"提高沙水区师幼互动质量"的主题教研活动，当天的教研活动的确围绕主题开展，但是仅仅开展了一次教研活动就结束了。教师是否真的理解、认同并能够较好地实施高质量的师幼互动呢？在这方面，该园缺少后续的持续研究。因此，该主题教研呈现"半途而废"的现象。

4. 什么是课例研究?

课例研究作为传统的教研活动类型,聚焦于真实的"课堂教学",强调教师在教学活动中的思考与体验。南京师范大学的虞永平教授指出,课例研究即"由两个以上的教师组成一个小组,基于对有效教学理念的追求,以真实课堂教学为载体而进行的一种教学行动研究"[1]。课例研究拥有较成熟的研究模式,在某种意义上属于案例研究的范畴。

课例研究的特征

以集体教学为研究对象

幼儿园的课例研究是聚焦于"集体教学"的教研活动,它通常关注教学活动的设计、实施和反思等各环节。幼儿园的集体教学与中小学的学科教学活动有一定的区别,前者更加强调幼儿发展的整体性以及各领域的渗透和整合等。幼儿园的课例研究关注有效的教和有效的学两个方面。

具有行动研究的范式

"课例研究本质上符合行动研究法的精髓,即关注行为的改善而不强调理论的建构。"[2]课例研究关注教师个体的原有经验和行为,注重教师经历教研活动后理念和行为上的改进。

课例研究的策划

幼儿园教研活动的组织人员(比如,教研组长)在开展课例研究之前,要有目的地选择适宜的"教学活动",预先思考课例教研的具体流程。

寻找具有研究价值的课例

教研活动组织人员需要根据本园教师在教育教学工作中面临的主要问题,确定一个可以进行观摩研讨的教学活动。一般应选择具有一定探索性、开放性和针

---

[1] 转引自陈志玲. 课例研究促进幼儿教师教学能力发展的个案研究[D]. 淮北:淮北师范大学,2018(5).

[2] 杨玉东. 从国际比较看中式课例研究的特征与未来趋势[J]. 教育发展研究,2019,39(18):39-43.

对性的课例，比如，选择符合先进的教育理念、教学观念以及彰显课程改革方向的课例。

教研活动组织人员可以从教学文本资料、教学视频资料、教学活动现场三个方面进行课例选择。教学的文本资料，包含活动设计方案、说课稿等。教学视频资料，包含幼儿园内部拍摄、其他幼儿园拍摄以及网络上的优秀教学活动视频等。不过，在遴选他园或者网络上的优秀课例时，要选择与本园幼儿近期的生活和学习经验相关的内容。在幼儿园教学活动观摩现场，被多数人认可、评价较高的教学活动是重要的选择方向。

确定课例研究的问题

针对寻找到的优秀课例，要研讨并分析其主要亮点和可借鉴之处，以及存在的关键性问题、预设的解决方法等，进而确定本次课例研究的主要内容，如环节设计、师幼互动、材料提供等。

在确定了研究主题后，还需要进行前期的理论学习或者预研究，以制定能够聚焦课例研究主题的观摩记录表、观察分析框架等。理论学习可以提高教师对课例研究相关问题的理性认识，减少课例研究和实践的盲目性，有利于提高解决问题的实效性。

采用多种形式实施课例研究

前两个阶段完成后，进入正式的展示、观摩和研讨活动。一般可分为说课、展示和研讨三个步骤[1]。

说课：展示教学活动的教师口头表述本次教学活动的设计理念、教学内容、主要环节、想要解决的问题、存在的困惑等，并将教学活动设计的文本资料、观摩记录表等资料发给参与课例研究的教师。

展示：按照预设的活动设计流程开展教学活动，真实地展现活动现场，并根据实际情况灵活调整。在此过程中，参与课例研究的教师可以拍摄视频，以便后期回顾和深入分析。可以完整拍摄，也可以根据课例探究的内容有选择性地拍摄片段。

研讨：根据本次课例研究的内容，结合观摩记录表进行集中研讨。在此过程

---

[1] 莫源秋，等. 幼儿园教研活动设计与实施［M］. 北京：中国轻工业出版社，2014：65-67.

中，教研组织人员需要引导教师正确地认识"课例研究"。课例研究呈现的是具有研究价值的活动，并不追求完美。因此，研讨聚焦的是对问题的研究，而不是对教师教学活动的评价。

课例研究可以开展一轮研究，也可以开展多轮研究，比如，采用"一课多研"的组织形式开展多轮研究。

多人组织同一个活动：即不同的教师设计和组织同一个集体教学活动。教研活动可以引导教师基于幼儿的发展水平和兴趣，对比分析不同教师设计的集体教学活动，如活动目标定位、环节设计、组织策略、师幼互动等方面的适宜性。

一人多次组织同一个活动：即针对同一个集体教学活动，教研参与者依据现场观察到的幼儿学习情况，提出调整建议，由该教师再次执教。

需要注意的问题

课例研究仍以研究"幼儿的学"为根本

课例研究关注的是"课堂教学"，而"教学"包含"教师的教"和"幼儿的学"两个方面。在教育教学实践与研究"向幼儿转身"的大背景下，课例类型的教研活动需要以研究"幼儿的学"为根本和切入点。幼儿园要避免研究的内容和方向脱离具体的情境和幼儿的学习。

注重理论知识向实践性知识转化

在课例研究中，教学活动现场就是教研活动现场。具体的教育教学情境和师幼的真实行动，有利于引导教师将理论应用到实践中，助力教师实践性知识的发展。

基于课例的教研活动需要关注教师的实践性知识的生成机制，以便帮助教师获取实践性知识。北京大学陈向明教授提出了实践性知识的生成机制："面对新的问题情境，教师原有的实践性知识被激活而显性化，并形成意识上的困惑与冲突，教师发现原有的实践性知识需要调整与改进，进而通过在行动中反思，与情境对话等，形成新的实践性知识，并在实践中检验其效果。"[1]

---

[1] 陈向明，等. 搭建实践与理论之桥：教师实践性知识研究［M］. 北京：教育科学出版社，2011：150-151.

因此，在幼儿园的课例研究中，教研组长等教研活动组织人员需要帮助教师关注集体教学活动中的"问题情境"，激发教师对自身实践性知识的反思意识，并通过调整活动设计、改进教学方式、反思教学实践等促进反思性实践的发展。

注重个人实践智慧向集体智慧转化

与教师个人层面的反思和实践相比，教研活动中的集体讨论和反思能够拓展和丰富实践性知识。课例研究为教师提供了相互借鉴、相互学习、相互启发的契机。"有些东西要借助于他人的帮助才能从反思中学习，同事是反思情境中的其他行动者，其观点、态度、反应和感受为我们进行专业实践反思提供了丰富的材料。"[1]

---

[1] 王洁. 教师的课例研究旨趣与过程［J］. 中国教育学刊，2009（10）：83-85.

5. 什么是案例研究？

案例研究往往以保教现场真实、典型的事例作为教研活动分析与讨论的对象，并尝试对此事件进行解释，力图展现教育规律、解决真实问题、形成教育共识。案例研究视角是有目的地针对一个问题，有意识地观察一个或几个对象，从某种意义上说是一种科学研究。案例研究是重要的教研活动类型之一。

案例研究的特征

教师在教研活动中对案例进行分析、解读和讨论，挖掘其中蕴含的教育价值、存在的问题和解决的方法等。案例研究适宜研究"怎么样"和"为什么"等富有解释性的教育问题。

以案例为研究载体

在案例研究中，案例是引发教师进行专业思考和专业判断的行动研究工具，往往描述了教育教学现象是什么。在案例研究中，案例是重要的载体，帮助教师分析某种现象为什么发生或者不发生，并从中发现或者探寻一般的教育原理和规律。

案例研究的范围广泛

幼儿园案例研究中的案例，包含幼儿在园一日生活各个环节发生的事件，也包含集体教学活动中发生的事件，还包含教师与其他教职工、家长之间的沟通、协调等教育案例，范围非常广泛。

案例研究的策划

教研组长在开展案例研究之前，需要寻找具有典型意义的案例并制定案例研究方案。教研组长需要预设教研活动中可能存在的不同观点和问题解决策略，以及背后折射的教育理念、在实践中的可行性等问题。

筛选高质量的案例

案例的质量直接影响相关教研活动的质量。教研组长应基于教研活动目标选择适宜的案例，并明确利用此案例可以让教师理解哪些教育理念和理论、掌握哪些教育策略和方法、带来哪些思考和触动等。因此，高质量的案例有利于达成教研活动的目标。

高质量的案例应是真实、典型的案例，具有启发性和研究性，应该是信息相对完整的案例。教研组长选择幼儿园保教实践中真实、典型的案例，能够保证案例的完整性和可追溯性，以帮助教师从身边的事件入手理解教育原理和教育规律。同时，可以多准备几个案例，以备教研活动时使用。

案例的呈现方式有文本和视频两种，文本的案例应该以白描的形式客观呈现事件；以视频形式呈现的案例应画面清晰、声音清楚，无关背景和声音较少。

有针对性地处理案例

选择好案例后，要对案例进一步加工，将相关度较低的部分以概括的形式描述出来或者使用快进的形式播放，以凸显与教研目标密切相关的部分。同时，需考虑案例呈现的顺序，哪些先呈现，哪些后呈现。

教研组长需要根据教研活动目标决定提供单个案例还是多个案例，比如，提供多个相似案例，能够让教师产生共鸣，达成共识；提供多个相反案例，能够帮助教师进行对比分析等。

此外，要基于教研活动目标，针对案例所呈现的内容预设一些引导性的问题或者值得探讨的开放性话题。

展示与研讨案例

根据教研活动需要，教研组长可以在案例展示之前提出引导性问题，以便教师带着问题观看和解读案例。然后，按照事先准备好的展示顺序依次出示案例，并给予教师一定的观看和思考时间。

教研组长应该引导教师充分表达对案例的理解，从不同角度分析案例，鼓励有不同想法的教师提出自己的疑问。教研组长要总结、提炼或者引导教师就某个问题达成共识，形成针对实践问题的解决策略。

需要注意的问题

真实的案例

案例研究中所涉及的案例应是近期发生的事件,而且是在自然情境下发生的典型事件。我们不主张人为控制或者干预事件的进展。案例研究强调案例的真实性和完整性,注重对案例的完整呈现。因为事件所处的情境以及事件前后的情况与事件存在高度关联,所以需要把事件的前后情况和情境纳入案例研究范围。当因为时间关系而不能完整地呈现案例时,教研组长需要配以相关的说明,尽量提供完整的案例信息,以避免教师在分析和解读时断章取义。

多元的案例

在案例研究中,案例可以是正面的典型案例,也可以是反面案例。正反两方面案例,有利于教师通过对比分析直观形象地理解教育的理念和策略。在一次案例研究中,可以提供一个正面的典型案例,也可以提供形成鲜明对比的正反两个案例,还可以提供能够体现共同特征的多个案例等。

6. 教研活动的运行机制是怎样的?

教研活动运行机制，是指教研活动各要素之间相互作用的过程和方式，主要包括保证教研活动顺利开展的教研机构、教研制度、教研内容、教研形式、教研成果运用方式、教研评价之间的相互联系和有机结合。要提高教研活动质量，增强教研管理的效益，幼儿园就需要明白教研活动运行机制包含哪些方面，以及如何做好机制建设。

建立和健全教研组织管理体制

幼儿园应建立和健全教研活动组织机构，形成教研活动管理体制，以便将本园的教研工作任务层层落实和推进。幼儿园一般会形成以园长为教研活动第一责任人、业务园长领导、教研组长负责的组织管理模式。

在此基础上，幼儿园一般还会有教研组（年级组）这一基层教研单位。可以按照年级组来划分，如小班教研组、中班教研组、大班教研组等，各教研组分别研究本年龄段保教工作中的共性问题。除了按照年级组划分，也可以按照项目划分，如某些幼儿园开展的自然教育教研组、创意美术教研组、专业阅读教研组等；也有幼儿园按照领域划分，如语言领域课程教研组、科学领域课程教研组等；还有些幼儿园按照教师的专业发展阶段划分，如新教师教研组、青年教师教研组、骨干教师教研组等。

建立和健全教研活动制度

建立和健全教研活动制度，能保障教研活动的系统化、规范化和科学化。在教研活动制度建设方面，需要注意正确的价值取向和积极的导向，以激发教师的教研热情、助力教师专业发展自觉、提升教师专业能力为宗旨。教研活动制度不应该强调惩罚性和强制性，而应该强调引导性、诊断性和激励性，以激发教师专业成长的内在动机。

需要建立教研工作相关的各项岗位职责，如《教研组长工作职责》《年级组长工作职责》《项目组组长工作职责》等，以明确各种类型教研组的主要职责和任务。

也需要制订教研工作相关的管理制度,如《教研项目管理制度》《优秀教研组申报制度》《教研活动先进个人申报制度》等,以规定教研活动项目、优秀教研组、优秀教研个人的申报、评审等方面的程序、流程和规范等。还需要建立各种教研活动组织与实施的流程和规范,如《课程审议制度》《集体备课制度》《混合研修制度》《专业书籍进阶阅读制度》等。

加强教研活动过程管理

教研活动过程管理包含教研计划制订、教研方案设计和实施、教研工作反思和总结,以及教研活动资料管理等几个方面。加强教研活动过程管理是提升教研品质的重要途径。

重视教研计划的制订

教研组长必须制订教研计划,以便有目的、有计划、有序高效地开展教研工作。教研计划按照制订计划的主体来划分,包含园部教研计划和年级组教研计划、项目组教研计划等。

园部教研计划一般包含本学期教研活动的总体要求、主要教研内容和成果,以及每月行事历。园部教研计划要落实法律法规和政策文件的相关规定,以及上级教研部门的工作,要以解决本园保教工作的主要问题、提升保教水平和教师专业发展为主要任务。

年级组教研计划主要根据园部教研计划和本年级组的实际工作来制订,以落实园部的各项教研目标,以及解决本年级组保教实践的问题。一般包含指导思想、工作任务与内容、活动安排等部分。

重视教研方案的设计与实施

各种教研计划制订好之后,要关注具体的单次教研活动实施步骤问题,以明确每一次教研活动流程包含哪几个步骤,以及要达成哪些共识、形成哪些成果、如何落实成果等。教研组长需要经常了解、督促、协助各教研组设计和实施教研活动方案。

重视教研工作的反思和总结

反思和总结是一个学期或者一个阶段教研工作的最后阶段,是对本学期或者本轮教研工作的总结和提升,以回顾和反思已有教研活动的成效和存在的问题,以及指出下一阶段教研工作的方向。

重视教研活动的资料管理

教研活动资料的管理是一个动态、发展的过程,每次完成了相关资料后应及时收归,避免遗失或者遗漏。教研活动资料为教育教学研究提供真实、客观的数据,可以帮助教研组长及时地掌握教研活动的现状、方向和重点,帮助教研组长分析和了解教师的专业成长和发展。它一般包含教研计划、教研活动方案、教研过程、教研总结、教研成果资料等。其中,教研成果资料可以是教师撰写的相关论文、案例、学习故事、观察记录等,也可以是教师获奖的资料等。

7. 教研活动计划包含哪些方面?

教研计划是教研管理者立足本园保教实践中的问题、困惑以及教师专业发展需求制订的教研行动方案,一般分为教研工作计划和教研活动计划两类。教研工作计划一般以学期或者学年为单位,包含本学期(学年)教研工作的主要内容和每月行事历。教研活动计划一般以教研主题或者要解决的某个具体问题为单位,包含教研活动的背景、预期目标、主要内容和系列活动安排。

教研组长需要明晰教研活动计划的主要内容和结构,以便积极、有效地设计和实施教研活动。

教研背景

教研背景是教研组长对教研现状和保教实践问题的诊断分析,涉及对教研活动设计与实施最基本问题的思考,即为什么、是什么和怎么做等,主要陈述为什么要开展教研活动、教研的内容或者问题是什么、怎样教研、要取得怎样的效果等关键性问题。

教研背景应包含幼儿园教研情况的总体分析,包括教研主题的产生背景、要解决的问题、活动实施的步骤和策略等几个方面。同时,需要表达教研活动的理念和指导思想。

撰写教研背景有利于教研组长对教研活动进行深入思考和周密计划。撰写教研背景时,要对本园教育实践中的问题进行具体、深入的归因分析,并以此确立有针对性的教研目标和教研内容。比如,针对"有效组织晨间来园"的教研活动,教研组长撰写了以下教研背景:

"一日生活皆课程",幼儿在每个环节的经历都会对他们的学习和发展产生影响。晨间来园作为幼儿在园一日生活的开始环节,其价值更不可忽视。晨间来园环节不仅能够帮助幼儿尽快适应一天的幼儿园生活,保持愉快的情绪,还能帮助幼儿养成良好的秩序感,培养良好的劳动观念与习惯,增强一日生活的计划性与自主性等。

目前,幼儿园晨间来园环节中,普遍存在教师对其教育价值不敏感、目的性不强、缺乏计划性和针对性等共性问题。此外，还存在晨间来园环节的年龄特征不明显，不能体现不同年龄段幼儿的发展需要等问题。

基于此，"晨间来园"的教研活动，旨在引导教师通过对晨间来园组织流程及其价值的思考和梳理，进一步明晰各年龄段晨间来园适宜的组织方式、幼儿的发展价值以及相关的指导策略。

教研目标

教研目标是教研计划的灵魂。教研组长应围绕教研现状和保教实践的问题，思考教研活动到底"要什么"，以确定教研活动目标。教研目标应该聚焦保教实践中的关键问题，对准教师保教工作中的主要问题。同时，教研目标的达成情况受到教师专业水平的影响。因此，教研目标要考虑可行性，应该是教师能够接受、能够做到、可测量和评估的内容。

一份高质量的教研计划，其教研目标的表述应该具体、明确、适宜和可操作，并与教研背景相匹配。比如，针对"有效组织晨间来园"的教研活动相关背景的分析，教研组长制定了以下两条教研目标。

目标1：通过对幼儿在晨间来园环节中的行为观察与分析，比较不同的晨间来园组织方式对幼儿发展的影响，针对实际问题探索与梳理幼儿园晨间来园的环节设置、组织流程以及教师的指导策略。

目标2：通过幼儿园晨间来园的实践，在个体实践、同伴互助中逐步梳理基于儿童发展实践的专业思考路径，以有效地支持幼儿在晨间来园中的各种发展，提升教师的专业能力。

主要内容和系列活动安排

确定了教研目标后，教研组长需要思考做哪些事情能够落实目标，以及如何安排不同的教研内容等问题，以系统、完整地规划系列活动。一般包含教研活动的主要内容与要点、教研方式、教研对象和教研时间等要素。系列活动安排可以采用列表、流程图、思维导图等不同形式。比如，针对"有效组织晨间来园"的教研活动，教研组长就主要教研内容和要点安排了以下系列活动（见表1-2）。

本次教研活动主要采用现场调研、阅读引领、集中教研、课程审议、专家引领和即时讨论等多种形式,教研主要聚焦于深入保教现场的沉浸式教研方式,教研活动持续一个月左右。在教研实施的过程中,教研组长可以根据实际情况进行适当调整或补充。

表1-2 教研活动安排表

活动内容与要点	教研方式	参与人员	活动时间
关于"晨间来园"的问题调研活动	现场调研	教科室 各班教师	2月22日—2月26日
关于"晨间来园"的阅读分享活动	自主阅读 读书沙龙	读书组 各班教师	3月1日—3月5日
晨间来园的环节与价值梳理	集中教研 头脑风暴	专家介入 全体教师	3月8日—3月12日
小班晨间来园观察案例研讨	级部教研 课程审议	年级组长 级部教师	3月16日
中班晨间来园观察案例研讨	级部教研 课程审议	年级组长 级部教师	3月17日
大班晨间来园观察案例研讨	级部教研 课程审议	年级组长 级部教师	3月18日
来园签到环节的集中研讨	头脑风暴 专家点评	专家介入 全体教师	3月25日
晨间来园的组织与指导研讨	现场调研 即时讨论	教科室 相关班级	3月29日—3月31日

需要注意的问题

系统思考、整体架构教研活动计划

在制订教研活动计划时,教研组长需要系统思考、清晰把握各要素之间的关系,整体架构教研背景、教研目标、教研内容和教研活动安排之间的逻辑对应关系,使各要素之间能相互支撑、相互关联、协调一致。保证教研活动的连续性、有序性和持续性。

让教师参与教研活动计划的制订

在制订教研活动计划时,要广泛征询不同发展阶段教师的意见,以满足教师的不同发展需求;要了解不同年级组教师的想法,以解决不同年龄段保教实践中的不同问题。教研组长可以通过访谈、调查问卷、现场观摩、专题调研等方式，让教师参与教研活动计划的制订，以调动教师参与的积极性，实现更大的教研效益。

8. 教研活动方案包含哪些内容?

教研活动方案是针对教研活动计划中单次教研活动而设计与实施的具体行动方案，一般包含教研活动内容、教研活动对象、教研活动目标、教研活动准备、教研活动流程、预期成果和跟进措施、教研活动反思与评价等基本内容。如果将教研活动计划看成主题实施计划，那么教研活动方案就相当于某一天的半日活动方案。

教研组长需要认真设计和实施教研活动方案，明确此次教研活动要解决的具体问题、与上一次教研活动的关系等，详细思考教研流程包含哪几个步骤，以及要达成哪些共识、形成哪些成果、如何落实成果等。

教研活动内容

在教研活动计划中，系列教研活动安排表呈现了每一次教研活动的主要方向和内容。教研活动方案对教研内容的描述要详细、具体，并呈现本次教研活动处于系列教研的哪个阶段。比如，在关于"有效组织晨间来园活动"的系列教研活动中，针对"有效设计和实施来园签到环节"教研内容的描述如下。

本次是晨间来园系列教研的最后一次集中教研活动。前期，我们通过问卷调查、阅读引领、价值梳理和案例分享等方式初步对晨间来园各环节的价值进行了梳理。本次教研活动的内容是"有效设计和实施来园签到环节"，聚焦于不同年龄段幼儿来园签到的形式、来园签到环境创设以及师幼互动策略等问题，以期为教师呈现具有针对性和实践指导意义的教研成果。

教研活动对象

教研对象是指本次教研活动主要针对哪一个教师群体。有的教研活动针对全园教师开展，有的教研活动只针对某一个教师群体。如按照年龄段进行分组教研，如小班教师、中班教师、大班教师等；按照教师的专业发展阶段开展分层教研，如新教师、青年教师、骨干教师等。

教研活动目标

教研活动方案中的目标应该落实教研活动计划中的总体目标。因此，此处的教研目标要进行具体化和针对性的阐述，一般包含通过什么措施、达成什么目的或成果等基本内容。比如，针对"有效设计和实施来园签到环节"教研活动，教研组长制定了如下教研目标。

目标1：梳理已有的来园签到形式，比较不同的来园签到形式对幼儿发展的价值，设计适宜不同年龄段幼儿的签到形式。

目标2：分析来园签到环节的师幼互动现状，依据《3~6岁儿童学习与发展指南》各部分的教育建议，形成来园签到环节的师幼互动建议。

教研活动准备

关于教研活动的准备工作包含哪些方面、如何让教师参与教研准备等内容会在后文中详细介绍，此处不再赘述。教研准备一般包含教研时间安排、人员分工、物质准备、场地准备、经验准备等各方面的准备工作。这些准备工作不一定都写在教研活动方案中，但是经验准备和物质准备是需要清楚表达的。比如，针对"有效设计和实施来园签到环节"教研活动，教研组长撰写了如下两项准备工作。

经验准备：教师通过UMU互动学习平台[1]，完成关于来园签到环节实施问题的调查；教研组长了解每位参与者有关来园签到的原有经验；参与教研的教师前期对于来园签到环节的价值有一定的认识，并带着观察案例参与教研。

物质准备：教研方案（PPT[2]），不同年龄段幼儿的来园签到图片或者视频，交流讨论的工具（勾线笔、素描纸等）。

教研活动流程

教研组长需要结合教研内容和目标，匹配适宜的教研组织方式。具体的教研

---

[1] 一种以效果学习为导向的互动学习软件。

[2] 即演示文稿。

流程设置和环节安排,如案例和学习资料的呈现、互动环节设计,以及时间分配等,既要考虑教研目标的达成度,也要考虑教师有更多交流、表达和互动的机会,以及保证成果梳理和总结提炼的时间。可以采用环节设计的方式呈现教研流程,并清晰阐述每一个环节要做什么事情、实现什么目的等。比如,针对"有效设计和实施来园签到环节"教研活动,教研组长设计了如下四个环节。

环节1:头脑风暴——分享来园签到环节的实践经验

环节2:案例解析——达成来园签到环节的价值共识

环节3:专业引领——促进来园签到环节的理论思辨

环节4:分组研讨——提炼来园签到环节的教研成果

预期成果和教研跟进措施

教研组长需要提前思考本次教研活动预期的成果是什么、以怎样的方式呈现教研成果、如何保证教研成果的落实等基本问题,以及教研跟进的措施和方法等具体内容,以便提高教研活动的效益。

不同的教研活动预期的成果不同,如生活环节的预期成果可能包含观察的要点、环节设置和发展价值、组织和指导的策略等;集体活动的预期成果可能包含活动目标制定、活动环节设计、师幼互动和幼儿经验提升等;区域游戏的预期成果可能包含区域环境创设、材料设计和提供、组织与指导、观察与分析等方面;家园共育可能包含家园共育的内容、家园活动的组织和实施要点等。比如,针对"有效设计和实施来园签到环节"教研活动,教研组长预设的教研成果是"晨间来园签到环节的观察指导要点"(见表1-3),采取的跟进措施是各班梳理"各年龄段幼儿来园签到调整情况记录"(见表1-4)。

表1-3 晨间来园签到环节的观察指导要点

组织流程	发展价值	操作要点(教育建议)

表 1-4　各年龄段幼儿来园签到调整情况记录

来园签到	调整前	调整后
主要形式		
发展价值		

教研活动反思和评价

教研活动反思和评价对做好教研工作以及高质量开展教研活动具有积极的指导意义。"幼儿园教研活动评价就是对幼儿园教研活动的特点和组成要素（教研活动的组织者、参与者以及教研活动的内容、方式等），通过收集和分析比较系统全面的有关资料，科学地判断幼儿园教研活动的价值和效益的活动。"[1]

教研活动评价的主体应该是多元的，一般包含教研组长、教师和专家等。教研组长的自我评价和反思，有助于其提高教研活动策划和组织的能力。教师的评价反馈有利于教研组长收集各类意见，多层面分析教研成效。教研活动评价可以从教研活动主题（内容）、教研活动准备、教研活动过程、教研活动组织与实施、教研活动效果等几个方面进行。关于教研活动的评价和反馈，我们会在后文中详细介绍，此处不再赘述。

---

[1] 莫源秋，等. 幼儿园教研活动设计与实施［M］. 北京：中国轻工业出版社，2014：91.

9. 教研活动有哪些原则？

江苏省教育厅于 2017 年 9 月发布了《省教育厅关于加强学前教育教研工作的意见》（以下简称《意见》），就教研工作提出了四项基本原则：儿童利益优先原则、生活化游戏化原则、教师专业发展原则和系统规划设计原则。这些原则是教研工作科学、有效开展的重要保障。在幼儿园的教研工作中，的确会出现一些不顾儿童利益、无益于教师专业成长的情况，以及碎片化、随意性地安排教研活动的现象。因此，认识并理解这些原则是教研组织者开展教研工作的前提和基础。

儿童利益优先原则

联合国《儿童权利公约》中规定，有关儿童的一切事务均应以儿童的最大利益作为首要考虑，也就是坚持儿童利益优先原则。我国作为《儿童权利公约》的缔约国，也非常重视这一原则，并在各项法律法规和文件中不断重申这一原则。教研活动作为对教育教学的研究，更要贯彻和遵循这一原则。

儿童利益优先原则包含以下几个方面。

贯彻党的教育方针

我国党的教育方针强调儿童利益优先。尊重儿童利益，保护儿童的生命安全和健康发展就是在贯彻党的教育方针。

遵循儿童的身心发展规律

教研活动要引导教师认识和理解儿童的身心发展规律，引导教师了解和掌握脑科学研究、教育心理学等最前沿的信息，不断更新有关儿童身心发展的知识。

坚持儿童优先

教师在认识和行动上都要"优先"考虑儿童的利益。教研活动要引导教师做到"儿童在先"，即观察解读儿童的兴趣和需求在先，介入、引导、干预在后。

坚持儿童平等发展

教研活动要引导教师关注每一名幼儿，平等对待幼儿；要引导教师正确认识"平等"，"平等"不是追求过程和结果的一致，而是让所有幼儿都能够在其最近发展区上获得成长。

另外，在开展教研工作时，《意见》指出"不得牺牲或部分牺牲儿童发展权益开展教研活动，不得组织儿童进行表演性教研活动，不得为教研活动而对幼儿进行集中训练"。

生活化游戏化原则

《幼儿园教育指导纲要（试行）》（以下简称《纲要》）和《3~6岁儿童学习与发展指南》（以下简称《指南》）强调幼儿生活和游戏的独特价值。幼儿的年龄特征和认知发展特点决定了幼儿园课程应该生活化和游戏化，教研活动必然也需要遵循这一原则。

生活化游戏化原则包含以下几个方面。

珍视儿童生活和游戏的独特价值

教研活动应高度关注幼儿生活中、游戏中无处不在的教育价值，引导教师研究幼儿的一日生活、各类游戏，并将教育内容和目标渗透在一日生活和游戏中。

不影响儿童的日常生活和游戏

教研活动的时间安排、人员安排和内容安排等不能够影响幼儿的生活和游戏活动。比如，研究幼儿的区域游戏，就需要等到幼儿区域游戏时间再走进班级观察，不能因为教研活动就随意变更幼儿的一日作息，让幼儿提前进入区域游戏状态或者等待教研人员来了才能玩游戏等。

《意见》还强调："不得将儿童从生活与游戏环境中抽离出来，组织非日常环境下的集中教研观摩。积极提倡室外观摩和视频观摩，在室内进行教研活动时，每个活动室中的非本班教师人数原则上不超过5人。"

教师专业发展原则

《意见》提出，"教师是课程实施质量的决定力量，教研工作的目标是促进教师专业发展、提升教师专业能力"。幼儿园课程改革的持续深入推进，也对教师的专业能力提出了更高的要求。教研活动承担着提升教师专业能力的重要职责。

教师专业发展原则包含以下几个方面。

诊断教师的专业能力

朱清等人在《幼儿园优质教研活动设计方案》一书中指出，"长期以来，幼儿园教研活动存在一种错误的认识，即无视幼儿教师已有的教育观念、教育经验，将幼儿教师想象为'一张白纸'……"。[1]无视教师的教育背景和专业能力发展情况，就会导致教研活动的针对性弱、实效性差等问题。

指导教师的专业实践

幼儿园的教研活动是聚焦于实践问题的教育教学研究，不是基础理论研究。因此，教研活动一定要关注教师日常保育教育工作，聚焦教师的专业实践，以指导和提升教师的专业实践能力为教研目标，避免脱离实践的教研活动。

系统规划设计原则

教师的专业发展和专业成长是循序渐进、不断进阶的过程，教研活动也应该层层递进、有计划地开展。正如《意见》所说，"力求每一次教研就是一次进阶，防止教研活动的随意性和碎片化"。

系统规划设计原则包含以下几个方面。

聚焦教师的专业能力形成过程进行系统规划

要研究成人学习的特征和教师专业成长发展阶段的特点，科学规划和设计教研活动，需要考虑教师的专业发展水平、专业能力结构等进行系统设计、分层组织教研活动。

系统设计与弹性实施相结合

在系统设计和整体架构的基础上，需要根据教师的理解能力、实践能力、执行情况等灵活调整，避免机械地执行教研计划。

教育性原则

从某种程度上来说，教研活动是针对教师的教育。因此，教研活动应该具有教育性，即能够促使教师的专业认知、专业行为和专业情感的多重提升。教研活动需要为教师营造良好的学习氛围。

---

[1] 朱清，等. 幼儿园优质教研活动设计方案［M］. 北京：中国轻工业出版社，2020：5.

人本性原则

人本性原则是"以人为本"的理念在教研活动中的体现,强调教研活动要调动教师的积极性、能动性和创造性。"让每次教研活动都变成参与人员的一种内在需要,让每位参与者的需要都得到足够的关照,让他们从被动的'你让我研究,我就研究'的状态转变为主动的'我要研究'的状态。"[1]

---

[1] 朱清,等. 幼儿园优质教研活动设计方案[M]. 北京:中国轻工业出版社,2020:14.

10. 教研活动方式要实现哪些转变？

教研活动方式是指教研活动所采用的方法和样式，应该根据教育教学工作的需求不断变化和调整。教研活动方式往往能够反映出不同历史时期的教育发展水平。我国的教育事业已经走向促进公平、提高质量的内涵发展阶段。在课程改革的大背景下，教研活动承担着转变教师观念、提高保教质量的重要任务。对于以往传统的、常规的教研活动方式，必然要及时进行调整，促其转型，以实现传统教研向现代教研的转变。

从依赖经验到注重实证

教研方式、方法要向更加科学、规范、理性的方向转变，要从基于经验的教研转向基于事实和数据的教研[1]。教研活动的"实证"特征，强调去个人化、去经验化，强调从实践问题出发，通过前期调研等方式搜集、整理、分析相关数据，以确定教研主题、教研步骤、教研方法等；强调教研活动要运用科学的方法和手段，利用规范的研究方式，实现问题的解决，比如，通过对事实的提炼和对数据的分析，最终形成科学、理性的判断。这样形成的教研成果，对教师工作的指导，会更有说服力，更具实效性。

上海市提出了"基于证据的教研"概念，设计搜集证据的基本工具，并用工具支持教研活动中教师之间的互动。比如，在有关"个别化学习活动中，幼儿行为的观察分析与教师的回应策略"的主题教研中，针对幼儿游戏的行为观察提供了"个别化学习区角活动观察记录表"（见表 1-5），引导教师关注事实、分析样本，科学、理性地分析、解读和判断幼儿的游戏水平。

---

[1] 田慧生. 由传统教研转向现代教研 [N]. 中国教育报，2014-3-5（7）.

表 1-5　个别化学习区角活动观察记录表[1]

观察时间： 观察地点： 观察对象：				
观察要素				
认知与思维	粗大动作与 精细动作	情感与意志	交往与表达	个性特点
识别分析				
回应策略				

从依赖线下到线上线下相结合

信息化不仅带来技术上的革新，也带来方法、手段的变化。教研活动需要思考如何借助信息化手段进行研究，从传统的教研方式向开放的、信息化条件下的现代教研方式转变。比如，在教研活动中使用 UMU 互动学习平台，可以有效提高教师的观点表达和交流互动的机会。某幼儿园在开展有关班级微课程的教研活动中，针对如何选择微课程的主题、教师可以利用哪些手段支持自己开展微课程、教师可以利用哪些手段支持孩子在微课程中的深度学习、如何让家长积极参与班级微课程等互动问题，在 UMU 互动学习平台上发表观点、共享信息。通过信息化的手段，所有参与教研活动的教师都能够及时表达自己的观点，同时了解他人的观点。

利用 UMU 互动学习平台开展教研活动（摘录）

Q3：教师可以利用哪些手段支持孩子在微课程中的深度学习？（开放式，23 次提交）

1.提供图书等资料参考，以及用于探究的工具和材料等。

---

[1] 上海市教育委员会教学研究室. 主题导航教研［M］. 上海：上海教育出版社，2020.

2. 支持孩子持续的观察，提供工具材料支持孩子探究，提供书籍、网络、成人经验等经验性支持。

3. 利用分组讨论、实地观察、表格、网络图、对比图、亲子活动、环境支持。

4. 提供物质和时间空间的支持。对于孩子共性的问题，充分利用集体教学讨论时间。对于小组学习兴趣点，深入孩子中间，聚焦与引领孩子深入探究。个别化的问题，如果能推动课程的深入发展，教师也可以进行聚焦与提炼，推动整个集体的学习发展。

5. 创设支持性环境，引导幼儿积极参与和体验。尊重幼儿的兴趣，激发幼儿主动学习。提供足够的时间保障，鼓励幼儿深入思考和探究。整合课程内容，引导幼儿批判建构。提供贴近生活和富有挑战性的学习情境，促进幼儿知识迁移与应用。

6. 进行开放式探究或聚焦式探究，提供探究的教室情境，鼓励幼儿不断提出自己的问题。教师与幼儿共同梳理微课程中的已有经验，发现孩子们最感兴趣的一个点，通过各种途径继续聚焦式探索，并提供相应的物质材料与环境支持。

7. 教师可以鼓励幼儿讨论、实地考察、用表征的方式记录自己的发现，并用收集和展示等手段支持孩子的深度学习。

8. 多给孩子表达的机会，教师可以提出一些启发性问题来帮助幼儿进行进一步的活动。与家长一起合作，为孩子配置相应的教育资源。为孩子提供适宜的、有挑战性的材料。

9. 做一个开放的、有准备的观察者，制订观察计划。创设一个有价值的互动环境，引导幼儿主动学习。梳理一个开放、有互动性的课程，拓展和丰富幼儿的经验。

另外，信息技术对教研活动理念也会产生巨大的影响。比如，将教研活动当天需要观看的视频和案例提前发布，就是借用"翻转课堂"的理念，让教研现场更加聚焦"问题解决"。

11. 教研活动内容要实现哪些转向？

教研活动应该研究什么，一直是幼儿园管理层与教研组长不断思考的事情。教研内容由"研究以教为主"向"研究以学为主"的转变，是现代教研内容的根本性转变。江苏省教育厅发布的《意见》指出，"学前教育教研工作要从研究教师如何教转向研究幼儿如何学，要从集体教学现场转向幼儿日常游戏现场，要从研究教学内容转向幼儿游戏中发生的学习，要从研究教师的教学策略转向研究如何为幼儿游戏提供适宜的空间、环境和材料"。因此，教研活动内容应该实现以下几个转向。

从观察教师到观察幼儿

观察和理解幼儿是教师开展教育教学工作的起点。教师只有了解幼儿的年龄特点，理解每个幼儿的行为，才能用适宜的方式支持幼儿的学习与发展。"科学观察—正确解读—有效支持"是教师应有的专业行为。

《意见》提出，"观察和解读儿童行为的教研应围绕三个方面进行：一是树立观察意识，掌握观察方法；二是科学解读与评价儿童的行为和发展，树立正确的儿童观；三是在观察基础上形成实践反思意识，形成课程调整的专业能力。教研工作要帮助教师形成观察意识和观察兴趣，鼓励教师采用多种方式做有用的观察，避免单纯地追求观察记录"。

从研究教材到研究课程

传统的、狭隘的课程观念认为"教材就是课程"。因此，传统的教研活动注重研究"教材"，在"教材固定不变"的大背景下，教研内容往往聚焦于"如何上好一节课"。在幼儿园课程改革进入内涵发展的阶段，教研内容需要转向对课程内容、课程资源、课程实施等方面的研究。

教研组长应该通过开展教研活动引导教师审议课程内容，让课程紧密联系生活实际，从儿童需要和兴趣出发，在关注不同发展领域的关键经验基础上，有针对性地确定课程内容。要引导教师审议课程资源，关注幼儿感兴趣的自然现象、生活活动、事物材料、文化民俗等，让幼儿与环境资源充分互动。

从关注集体活动到关注一日生活

20世纪八九十年代，幼儿园教研活动内容主要聚焦于教师的教学活动设计和组织实施。随着教育理念、学习观和教育观的转变，以及《纲要》和《指南》的颁布，教研活动内容逐渐从集体教学转向保育和教育工作相关的所有内容，逐渐涵盖幼儿一日生活各个环节和各种活动。

教研活动应关注幼儿在园一日生活中的教育价值，引导教师关注幼儿生动的感性经验。《纲要》和《指南》对幼儿一日生活的重视程度前所未有。江苏省教育厅发布的《意见》指出，"通过在生活中学习生活，为终身发展奠定品性、思维、习惯基础，实现课程建设的转折性改变。一是依据《纲要》和《指南》研究幼儿生活和幼儿园课程的关系；二是研究入园离园、饮水餐点、散步午休、穿衣如厕等各个生活环节中幼儿学习和发展的契机，实现生活的教育价值；三是确立一日生活皆课程的理念，研究并付诸系统化实施"。

在新的教研工作背景下，教研内容涵盖幼儿一日生活各个环节和各种活动，与保教工作相关的内容都可能成为教研内容。

- 儿童行为观察与解读（观察内容、观察方法、观察记录、幼儿发展评价等）
- 幼儿园课程建设（课程内容、课程资源、课程评价等）
- 师幼互动（互动方式、互动策略、互动效果）
- 幼儿园生活环节（入园离园、饮水餐点、散步午休、穿衣如厕等）
- 幼儿园区域游戏（游戏环境创设、材料提供、游戏观察、支持引导等）
- 幼儿园集体活动（设计与组织、预设与生成、反思与评价等）
- 家园共育（家园共育的内容、组织方式、组织策略）

12. 如何确定教研活动内容?

在课程改革和教研工作转变的大背景下,教研活动内容已经涵盖幼儿一日生活各个环节和各种活动,与保教工作相关的内容都可能成为教研内容。那么,如何根据幼儿园保教实践的真实问题和实际需要确定教研活动内容呢?

在确定教研活动内容方面存在的问题

在教研活动设计与组织中,会出现教研内容"针对性弱"的问题,主要原因是对幼儿园的现实情况缺少准确的研判、对教师的需求不能准确及时了解,因而不能有效地基于真实问题确定教研内容。

在确定教研内容时,幼儿园一般存在以下问题:

- 教研内容脱离幼儿园的现实需要,即问题没有现实针对性;
- 教研内容空泛,不聚焦,即问题不具体;
- 教研内容无法帮助教师解决问题,即提出问题却没有解决问题;
- 教研问题不是真问题;
- 教研内容属个别现象、暂时现象,即问题没有普遍意义;
- 教研内容缺乏教研的前瞻性、方向性;
- 教研内容对教师和主持人来说都缺少相应的知识储备和经验准备,较难理解和实施,即教研条件不成熟。

确定教研活动内容的途径

教研内容的确定要遵循"问题导向"原则,基于幼儿园当下的真实问题,满足教师真实的、现实的需求,适应幼儿园当下的教研条件。可以尝试以下途径去寻找问题,确定适宜的教研活动内容。

调查

教研组长可采用书面问卷调查的形式或面对面访谈的形式,了解教师希望通过教研解决的教育教学问题是什么,以及教师有关教研内容的想法,并分析问题解决的迫切性、适宜性等。比如,在学期初,教研负责人就本学期的教研内容进行了问题征集。

问卷或者访谈的主要问题可包含以下内容：
- 在教育教学实践中，您在哪些方面遇到了问题？
- 您希望得到哪些帮助？您觉得该如何解决这些问题？
- 您认为，哪些教研活动能够帮助您解决问题？
- 您希望本学期的教研内容指向哪些方面？

观察

教研组长可深入保教现场进行实地观察，如观察不同岗位人员的工作，各个年龄段儿童的发展，以及不同时间段、不同环节的班级保教活动等。比如，某幼儿园的教研组长带领骨干教师深入班级开展"半日活动"调研，记录和分析各个环节的活动；然后，就晨间活动、生活环节、游戏环节、集体活动等各个环节中发现的突出问题与班级教师对话；最后，聚焦各个环节中的"师幼互动"问题，通过集中审议系统建构"师幼互动"的教研内容框架。

资料分析

分析教师的班级、主题、周、日计划以及观察记录、随笔等文本资料，全面了解教师的专业理念、专业知识和专业能力。教研组长可从以下几个方面进行分析：
- 文字资料中呈现的儿童观和教育观是否科学正确，存在哪些问题？
- 主题、周、日计划中的教育内容是否具有一致性和连续性，教育目标能否层层落实？
- 教师对幼儿一日活动的设计与组织是否科学合理？
- 教师是否能够基于儿童的兴趣和需要生成课程？
- 观察记录和教学反思等是否能够起到对教育教学实践的反馈功能？
- 教师是否能够有效地评估和评价幼儿的发展？

文献学习

教研组长需要学习和了解最新的教育教学理念和相关文件，通过学习相关文献，反思幼儿园教育教学中存在的问题和现象，由此确定教研内容。比如，了解上级部门的教研计划和文件（包含国家、省级、市级、区级等不同级别）、了解当前热门的话题、前沿的研究信息等。

省、市、区等上级教研部门会基于本地区存在的共性问题和实际情况提出区域性的教研内容。因此，除了基于幼儿园自身发现的问题以外，也可结合上级教研部门的教研内容、上级相关教研文件中指出的教研方向，立足本园的实际情况确定具体且有针对性的教研内容。例如，江苏省教育厅发布的《意见》指出，学前教育教研工作的主要内容之一是"实现生活环节的价值"。于是，某幼儿园便聚焦于从本园的"来园环节"寻找实际问题，确立了"如何发挥来园签到多元价值"的教研内容。

需要注意的问题

多主体参与确定教研活动内容

只有被教师认可的教研活动内容才可能符合教师的需求，才能有效促进教师的反思性实践研究。因此，应该让更多的教师参与分析问题、确定教研内容，避免教研组长单个视角的局限性。

多主体参与能够带来多元视角，有助于多方面分析问题，避免单一角度看待问题。教育教学实践中的很多问题不是单方面的原因导致的，也不是只有一个解决方法，需要通过多视角、多角度地分析。

以"师幼互动质量较低"的问题为例，不仅从"提升师幼互动策略"这一个角度看待和解决，还可以从一日作息、班级空间环境创设、保教配合等各个方面进行分析。例如，现有的一日作息制度可能比较固定，缺乏弹性，各个环节的衔接比较紧凑，教师在每个环节都在"赶时间"，进而降低了"师幼互动"的质量。也可能是班级空间布局不合理，幼儿活动时无法便利地取放材料或者相互之间有干扰，教师把更多的时间用在帮助幼儿解决材料问题和交往冲突，导致无法与幼儿进行更多深入、有效的互动等。

多渠道确定教研活动内容

"他山之石，可以攻玉。"教研组长可以通过了解和参考其他幼儿园的教研活动内容，并基于自己幼儿园的实际情况确定适宜的教研内容，如浏览其他幼儿园的公众号和网站、实地参观并咨询该园的教研组长等。

教研活动内容的确定往往依据教师的需求、教育研究的趋势和热点、教育法规政策文件、园本特色需要、上级评估专家指出的不足等。在确定教研内容时，这几个依据应该是基本一致的。比如，某个教研活动内容是专家指出的问题，也应该是政策法规中指出的方向，还应该是教师的需求和目前研究的趋势等。

13. 教研活动的准备工作包含哪些方面？

关于教研活动的准备工作，需要思考准备什么，以及怎样高质量地做好准备工作等问题。教研活动准备需要做好经验准备，以及教研时间、人员、材料、场地等方面的准备工作。为了保证高质量的准备，需要明确每项准备工作怎么做，以及为什么做这些准备。

做好经验准备

教研组长不仅是教研活动的组织者，同时是引领者，需要对教研活动内容有比较丰富的经验和认识。教研组长需要梳理和反思自己对教研内容的已有经验，也要在多个方面进行深入的了解。比如，在开展"如何有效组织生活环节"方面的教研活动时，教研组长需要先梳理自己对生活环节的认识，如一日生活中有哪几个生活环节、每个生活环节蕴含哪些教育价值、有效组织的标准是什么、有哪些方法和策略等。同时，也需要梳理自身设计和组织教研活动的经验。通过对教研内容相关经验和教研活动设计与组织方面经验的梳理和反思，教研组长可以提升自身的专业能力和教研能力。

教研组长需要了解教师教育实践的实际情况、教师的经验水平和需求，这样设计和组织的教研活动会更加具有针对性。"现代培训理论认为，教研培训要想取得良好的效果，必须在教研培训之前，对参与者进行教研培训需求的调查，使教研具有针对性。"[1]

对教师已有经验的调查可以采用多种形式，如调查问卷、访谈、现场观察等。在调查和了解的过程中，要关注不同年龄层次教师的经验，如新教师、青年教师、骨干教师等。调查和访谈的内容要聚焦教研内容，以获取有效信息，避免无效或者形式化的调查。

---

[1] 朱清，等. 幼儿园优质教研活动设计方案［M］. 北京：中国轻工业出版社，2020.

明确各项时间节点

教研组长需要确定教研活动的时间节点，以便做好教研计划，有序推进教研活动，比如，各项准备工作的时间节点，单次教研活动的时间，以及持续跟进的时间等。另外，还需要确定教研活动中每个环节的时间，如案例分享环节、研讨环节、发言环节等分别用时多少，以便确定选择几个案例分享、进行几轮研讨和发言的人数等。

确定参与人员的分工

教研组长需要确定主持的人员、交流的人员、现场发言的人员，并需要与以上人员沟通交流，以确保教研活动的质量。需要确定现场记录人员，以记录教研活动的共识、教师存在的困惑。也需要确定教研成果梳理和落实的人员。另外，需要确定时间控制人员，避免教研活动冗长拖沓。

准备教研活动的材料

教研组长需要准备教研活动现场所需要的各项材料，如投影资料、观摩资料、观察资料、视频资料、案例资料等。具体提供哪方面的材料，依据教研活动类型、内容和形式确定。

进班观摩一日生活，需要提供班级一日生活作息表、各环节的计划等方面的资料，便于教师整体了解班级一日生活的安排。如果是观摩某一个环节，那么需要提供观察记录的表格、评价的量表等资料，便于教师有针对性、有目的地观察和分析。

视频资料需要提供能够表达相关问题解决策略的视频，以及用于对比观察和分析的视频，如小、中、大不同年龄段的视频，或者幼儿游戏行为变化的视频等。视频资料的画面和声音应清晰，让教师能够看得清幼儿在做什么，听得清幼儿说了什么。可以在视频中加上文字说明，或者把幼儿的语言呈现在视频中。

此外，还可以提供专业书籍、用于延伸和拓展需要的文章、公众号，以及相关法律、法规和文件等。

关于教研活动资料，要聚焦本次教研的内容做好筛选和甄别，避免"文不对题"。可以把相关资料发给教师提前了解和学习。另外，教研组长还需要依据教师的实践经验、认知水平和现状等有针对性地做好资料准备，避免准备的资料让教师觉得太浅显，起不到引领和启发作用，或者脱离现有保教实践中遇到的问题范畴，没有借鉴意义等。

准备适宜的场地环境

教研组长需要根据教研活动的内容确定教研场地。例如，进班观察和观摩的教研活动，需要落实好观摩的班级，并考虑班级空间布局可以容纳的观摩人数；研讨交流的教研活动，需要准备好交流、研讨的会议室。

会议室的环境准备包含座位形式、物品摆放、环境创设等。如果需要教师分组研讨，桌椅的摆放方式就要便于同组人围坐在一起；如果需要教师记录研讨内容，就要提供便于教师书写的桌子；如果需要使用PPT，就要保证每位教师都能够看到大屏幕，以及听到每位参与发言教师的声音。

以上主要针对的是在室内会议室开展教研活动需要做好的环境准备。如果开展沉浸式教研，那么需要到班级保教现场或者户外活动场地，也需要考虑场地的适宜性、能够容纳的人数等。

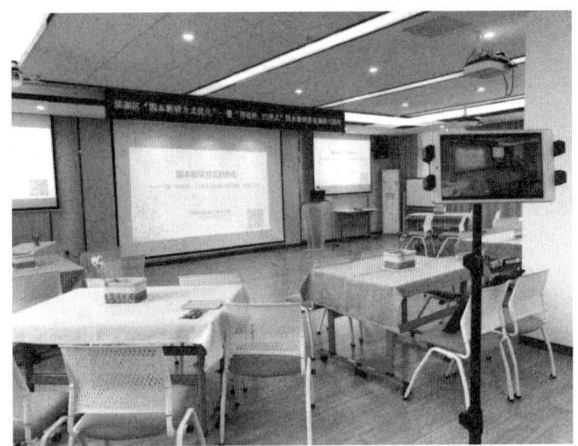

朱清等人在《幼儿园优质教研活动设计方案》一书中，对教研活动的座位形式进行了总结和梳理，并针对秧田式、圆圈式、围桌式、八角式等座位形式的优势和劣势以及适用的场景进行了分析（见表1-6）。

表 1-6 教研活动中常见的教师座位图形[1]

座位图形	可能的长处	可能的不足	可适应的学习
（秧田式）	• 可利用的空间大，坐的人数多。 • 面向同一方向，可以集中。	• 参与者彼此无目光交流。 • 参与者往往选择后排就座。 • 气氛过于严肃、正规。	听讲座。
（圆圈式）	• 参与者能采取开放式的姿态。 • 大部分人能进行目光接触。 • 组织者与参与者是平等的。	• 没有地方摆放资料和书籍。 • 可能使胆小的人更加害怕。	成员熟悉程度较高的大组学习。
（围桌式）	• 大部分人能进行目光接触。 • 适合进行大会讨论。	• 不易分组。 • 一张桌子坐不了很多人。 • 临近的参与者有可能形成小团体讨论，会影响大会集中。	适于20人左右的大组学习。
（八角式）	• 参与者被分成小组，有利于讲座与小组讨论。 • 组织者很容易走动，利于互动。	• 要求空间足够大。 • 对参会人数有限制。	小组学习与大组学习相结合。

除了以上的准备工作以外，还包含现场教研需要使用的电教设备，如话筒、音响、一体机、翻页笔等。要提前调试好各项电教设备，包括视频能否播放、大屏幕是否清晰、网络是否顺畅等。

---

[1] 朱清，等. 幼儿园优质教研活动设计方案［M］. 北京：中国轻工业出版社，2020.

14. 教研组长的教研准备工作有哪些层次?

教研活动的准备工作，影响教研活动的质量。教研组长要做有准备的组织者，以提高教研活动的质量。教研组长要引导教师参与教研活动准备，以提高教研活动的效益。因此，"有准备的教研"需要教研组长和教师双方都做好准备。然而，教研组长往往忽视教研活动准备工作，导致教研活动低效或者无效。

根据准备工作的具体内容和细致程度，教研组长的准备工作包含以下层次。

第1个层次：制定好教研方案，并把教研活动时间告诉大家。教研活动当天，教研组长准备好教研活动的现场资料，在教研现场等待教师的到来。

第2个层次：把教研活动的时间和主要内容告诉教师，请教师提前了解，做到心中有数，并提醒年级组长，保证将教研活动通知到每一位教师，让教师提前做好准备。

第3个层次：除了告知教研活动的时间和地点，还要把教研活动相关的学习资料、观察表格、视频、案例等提前发给教师，让大家提前学习和研究。教研活动前，了解教师是否做好教研前的学习和准备工作，是否能够准时参加教研活动。

第4个层次：除了做好教研活动前的各项准备工作，教研组长还要提前规划好教研现场的记录人员、发言人员等。

第5个层次：在以上准备工作的基础上，预设可能达成的共识和实施策略。提前规划教研成果落实和推进的路径及时间节点。

从第1个层次到第5个层次，教研准备越来越细致，越来越关注教研活动的成效。教研组长可以以此为参考，思考自己的教研活动准备工作做到了哪个层次，还需要做好哪些准备等。

某幼儿园教研活动

教研组长提前一天发信息通知教师，告诉大家明天到会议室参加教研活动。教师们到了教研现场才知道教研活动的内容是"在区域游戏中培养幼儿的学习品质"。

　　教研组长介绍了教研活动的流程。首先是理论学习，介绍"学习品质是什么"，然后观看一段区域游戏的视频，并请教师们分组研讨"在视频中看到了幼儿哪些积极的学习品质"。最后，梳理支持幼儿学习品质发展的策略。

　　教师们第一次接触教研组长介绍的学习品质的理论，并没有完全理解就进行讨论。在讨论的过程中，教师们不断地询问教研组长：学习品质到底是什么？包含哪些方面？如何观察幼儿的学习品质？教研组长难以做出更加详细的解读，因为她本人也是为了教研活动才临时寻找的资料。

　　教师们纷纷拿出手机查阅和进一步了解学习品质。有的教师说："我知道有一本书上讲到这个内容，那本书在家里，我不知道今天教研活动时要用到，要是带过来就好了。"还有的教师说："我们前几天在班级里观察到孩子解决建构区里的一个问题，跟刚才教研组长说到的学习品质中问题解决方面的描述很像，可惜当时没有拍下来。"

　　研讨环节过半，大部分教师仍然处于查阅资料的状态。有的小组虽然开始研讨，但是因为缺乏指导和引领，研讨过程并不顺畅。

　　以上案例再现了一所幼儿园的教研活动现场，其教研活动准备处于第一个层次。在该教研活动中，教研组长和教师都没有做好充分的准备，导致教研效率不高。该幼儿园在教研活动中出现的问题，也可能在其他幼儿园不同程度地存在。

15. 如何让教师有准备地参加教研活动？

教师对即将参加的教研活动的了解程度和思考深度，将直接影响教研活动的有效性。因此，让教师有准备地参与教研活动尤为重要。教师作为教研活动的主体也应该积极参与教研活动的准备工作，如提前阅读相关资料、针对教研内容提前观察和思考、完成相关的调查和访谈等。

教研组长可以通过多种方式让教师提前了解本次教研活动内容，如填写调查问卷、提供观察资料、准备互动话题、推荐相关资源等，以便教师有准备地参与教研活动。教研组长要根据教研活动的内容选择适宜的方式，可通过以下途径让教师有准备地参加教研活动。

请教师填写调查问卷

调查问卷的形式有助于了解每一位教师对即将开展的教研活动有哪些认识和困惑，能够有效地收集相关信息。既可以用传统的问卷调查方式，如发放纸质的调查问卷，又可以利用网络软件进行调查，如问卷星、UMU等。

编制调查问卷内容时，教研组长可以将教研活动方案中的目标和主要内容以及要解决的主要问题分解成若干小问题。

请年级组开展前置研讨

教研组长可以提前发布教研话题，请不同年级组做好前置教研，引导教师针对同一个年龄段的保教实践问题进行讨论。在年级组前置教研过程中生成的问题或者暂时没有解决的问题都可以作为教研活动讨论的话题。

请教师提供教研活动相关案例

教研组长可以请教师提供与教研活动相关的视频、案例和照片等资料。教研组长要清晰地表达需要怎样的资料，如包含什么内容、体现什么理念、能够解决什么问题等。请教师提供资料时，同时写出其解决相关问题的成功经验、目前正在开展的相关实践以及还存在的困惑等。比如，某幼儿园在开展有关"有效组织晨间来园环节"的教研活动时,请教师提供了"来园签到"的相关资料。它是这样邀请的:"请各班教师拍摄班级来园签到的照片,照片内容为各班正在使用的来园签到形式,请思考其是否体现了幼儿的年龄特征、是否能够促进幼儿的多元发展。如果来园签到形式有调整和变化,请说明调整的依据和方法。"

请教师完成观察或者统计的任务

教研组长可以在教研活动前布置观察和统计的任务,如发放观察记录表、材料统计表等。

通过发放观察记录表,引导教师聚焦教研活动内容,观察幼儿的学习与发展情况,关注幼儿的发展需求。比如,某幼儿园将要开展"支架幼儿计划性发展的有效策略"教研活动,其中一个环节是引导教师识别哪些情况下幼儿需要教师的支持。教研组长设计了一份观察记录表,请教师观察幼儿在制订计划、执行计划和回顾计划的整个过程中,在哪些环节和情况下需要教师的支持。

针对区域游戏的教研活动,如果涉及材料问题,就可以发放有关材料统计和幼儿使用材料情况的统计表。比如,某幼儿园将开展有关"有效提供美工区材料"的教研活动,其中一个环节是分析幼儿经常使用的材料是什么、这些材料有什么特征等。教研组长设计了一份美工区材料统计表,请教师列出美工区有哪些材料,并利用一周的时间观察每一种材料的使用频率等。通过这样的统计和观察,教师能够获得非常直观、真实的数据,以便有理有据地分析和解读美工区材料存在的问题。

请教师推荐教研活动的相关资源

教研组长提前发布教研活动内容,请教师协助推荐相关的文章、公众号、书籍等。教研组长可将教师推荐的资源作为理论学习的重要内容,也可以将相关度较大、质量较高的资源作为教研成果。

推荐优秀资源,这种形式能够激发教师主动学习的热情。如果教师推荐的资源成为教研活动中使用的资源,教师就会获得认同感,会更加积极、主动地参与教研活动。

除了以上途径,还可以根据实际情况设计不同的任务或者活动,让教师融入教研准备活动中,如请教师提出互动话题等。无论哪一种形式,都需要关注有效性,即该途径或者方法是否能够有效地帮助教师做好教研准备。

16. 如何解决教研活动中的"一言堂"问题?

幼儿园教研活动中经常出现"一言堂"现象,主要表现为:大部分时间都是教研组长一个人讲,其他教师以听为主、偶尔发言;教师的观点、看法常常被忽视,往往以教研组长个人的意见为主。

造成教研组长"一言堂"现象的原因

忽视教师教研活动的主体性

教研组长可能认为,只要将科学的教育观念、教育理念传授给教师,教师自然就能接受、理解和执行,从而改善教育教学行为。然而,这种缺少表达和对话的传统教研方式是不科学、不合理的。

缺少平等对话的文化氛围

因为缺少平等对话的氛围,教师会害怕说错被批评、害怕说得不好被嘲笑、害怕说出问题得罪人,进而不敢说、不想说,即使发言也是人云亦云、避重就轻。由此,教研活动就变成教研组长一个人唱"独角戏"。

教研内容脱离教师的需求和水平

如果教研内容脱离教师需求,不是教师当前面临的问题或者迫切需要解决的问题,其参与教研的积极性就会减弱,不愿意发言。如果教研内容超出教师的现有实际水平和理解能力,教师还没有消化、吸收,更谈不上结合实践去理解和运用,就会不知道该说什么。

教研活动中的"一言堂"带来的问题

教师的教育理念无法得到澄清

教师因缺少表达的机会,其自身的教育理念和观点无法得以澄清,也就无法确认正确的理念或者纠正错误的理念。教师保教实践中不合理的教育行为背后往往是不恰当的教育观念。"一言堂"的形式是将先进的理念或者有效做法强加给教师,而不关注教师的教育理念、思维方式和认知结构的改变,无法提升教师反思性实践的能力。

教研活动的有效性降低

教研活动的本质是针对幼儿园教育教学中的各种真实问题进行研究、讨论、解决，如果缺少对话和研讨，就缺少交流和思维的碰撞。教师因缺少表达的机会，不能及时和有效地反馈自己的真实想法和意见，导致教研组长未能全面了解教师的需求，在教研决策时易产生偏差，不能群策群力，共同解决问题，从而降低教研活动的有效性。

不利于形成良好的教研氛围

教师长期缺少表达的机会，就会难以形成平等对话、自由发表观点的文化环境。长此以往，教师逐渐不想讲、不会讲、不敢讲，形成教研管理中"组织沉默"问题。"组织沉默是员工对工作和组织的改善有目的地保留他们的想法、信息和观点。"[1] 最终，导致教师对幼儿园的信任度降低，影响工作满意度和对教研活动的认同感。

解决教研活动中的"一言堂"现象

避免"一言堂"的问题，需要从认识上转变教研理念，营造良好的教研氛围，从管理上转变角色定位。

充分发挥教师的教研活动主体性

教师是教研的主体，但是需要重新认识何为主体性，如何真正让教师成为主体？教师在教研活动中的主体性表现为教师在教研过程中表现出来的专业能力和作用，能够表达出个人看法和想法，在教研活动中具有主体地位。

让教师多听并不能发挥主体性，应该让教师多交流、多讨论、多提出自己的想法，而不是被动地接受。同时，教研组长需要认真倾听教师的发言，重视教师的建议。如果教师的意见和观点总是被忽视，其自我效能感就会降低，主观能动性就会减弱，变得不愿意再发言。正如有的教师说的那样，"知道我们的建议也不会被采纳，索性就跟领导说这方面我们不懂，我们不擅长，还是你们怎么说，我们就怎么做吧"。[2]

---

[1] 王海霞. 幼儿园园本教研中教师组织沉默现象探析 [D]. 福州：福建师范大学，2017.

[2] 王海霞. 幼儿园园本教研中教师组织沉默现象探析 [D]. 福州：福建师范大学，2017.

教研内容需要从知识技能传授的教研转变为问题导向的教研，并且把解决实际问题的权利交给教师，让教师通过研讨共同商议解决方案，而不是只听教研组长一个人的想法。

正确理解教研组长的引领作用

教研组长是教研活动的引领者，但需要重新定义何为引领。并不是"说得多"就一定是引领，也不是"都听我的"就是引领。教研组长的"引领"主要把握教研的方向，指出教师正确的实践方向。

教研活动需要从诊断教师的专业能力入手。教师只有充分表达自己的想法、分享自己的实践，教研组长才能准确诊断教师的专业能力、理解教师的发展需求，才能确立适宜的教研活动，并真正引领教师。

努力营造安全的教研氛围

教研活动通过"专业引领、同伴互助、自我反思"推动教师的专业发展。从"同伴互助"的角度来说，教研活动就是教师之间建立学习共同体，共同学习和成长。日本东京大学佐藤学教授在《学习的快乐——走向对话》一书中把学习界定为对话性实践或合作性实践。教研活动正是实现对话性实践和合作性实践的活动，但这有赖于一个能够让教师感受到安全、和谐、被接纳的环境氛围。教师如果在教研活动中发言被嘲笑和批评，觉得没有安全感，出于自我保护的需要而选择沉默，就不敢再发言；如果发言被认为是低水平的，就会担心在公众场合暴露自己的缺点、不能树立良好形象，由此便不敢再发言。这样的教研氛围不利于学习共同体文化的建设。要建立接纳、包容的教研约定，教研组长就需要以积极的态度及时回应发言者，成员之间以宽容和欣赏的态度保护发言者。

教研理念和教研氛围的转变不是一蹴而就的，需要一定的时间和过程，而且需要教研组长和教师的共同努力。教研活动以外，教研组长在平时需要多跟教师交流、沟通，在日常的工作中建立相互信任的沟通氛围。

17. 如何在教研活动中进行深度互动？

教研活动中的深度互动往往是最难解决的问题之一。有的教研组长在开展教研活动时往往采用"满堂灌"的形式，没有给教师之间的深度互动留出足够的时间，也没有形成深度互动的机制。然而，没有深度互动的教研活动，往往难以达成预期的教研效果。

教研活动中的互动深度

基于网络教研的互动研究，往往依据教师之间互动的次数、内容和质量等将互动划分为不同的级别，如浅度互动、中度互动和深度互动等。借助网络教研互动深度的研究，教研组长可以反思教研活动中的互动问题。

有研究者对合作学习小组的互动深度进行了研究，发现不同互动模式在互动深度上表现出一些差异，提出了互动深度的定义（见表1-7），并将互动深度分成四个等级，对每个等级的互动深度进行了描述。

表1-7 互动深度定义 [1]

互动深度	描述
0级	只是提问而没有任何人做出反应或回答。
1级	对于某一问题的交流，只有参与讨论者的回答而没有提问者的反馈。
2级	参与讨论的双方针对某一问题的讨论交流有问有答，还有发起者的再反馈，但讨论仅限于问题本身。
3级	参与讨论的双方或者多方针对某一问题的讨论交流不仅有问有答有反馈，还能延伸到其他问题的讨论。

"互动"的重要活动之一是讨论。有研究者认为"讨论"分为三类：第一类是基于理论的深度讨论；第二类是基于经验的渐进讨论；第三类是浅层次讨论，即大家的讨论是相互分离的、讨论内容不相关。[2] 教研活动中教师的讨论应该避免出

---

[1] 张霞. 网络教研的深度互动研究［D］. 南京：南京师范大学，2013.

[2] 缪静霞. 促进在线实践共同体深度互动的策略研究——以师范生实习支持平台为例［D］. 上海：上海师范大学，2010.

现第三类层次的互动。

通过对互动深度和讨论层次的分析，可以发现教研活动应该追求教师之间的深度互动，即教研组长引导教师在"你来我往"的研讨中共同分析、探讨，直至解决某一问题，真正达成共识。教研组长可以借助以上研究分析和反思本园教研活动的互动情况如何，以及互动深度处于哪一个等级、讨论活动处于哪一个层次，以便优化教研活动中的互动，提升教研活动的实效。

促进教研活动深度互动的策略

关于互动，教研组长不能想当然地以为互动会自动发生，应该采取一些措施促使预期的互动出现。教研组长可以通过以下途径引导教师在教研活动中深度互动。

设计有利于深度互动的话题

教研组长应该关注"话题"本身是否具有讨论的价值、是否能够激发教师讨论的热情。能够激发教师深度讨论的话题应该是明确且具体的，大而空的话题往往让教师不知道该怎么说。一般而言，能够引发深度互动的话题具有以下特征。

- 互动的话题是教师熟悉的，有足够的经验进行讨论。如果话题比较陌生，教师就很难进行深度讨论。
- 互动的话题具有开放性，能够让教师充分表达自己的观点。话题如果是封闭性的，或者互动的话题比较简单、有明确的答案和解决方法，就不能引发教师之间的深度互动。
- 互动话题中所涉及的实践问题，其解决的方法应该是多元的，甚至出现一些现场所无法解决的问题，需要教师进一步探索和实践。
- 互动的话题应该真实存在且有意义，可由一连串的问题组成。问题的设计应该有较强的引导性，引导教师围绕同一个内容进行讨论。

除了教研组长预设的话题以外，教研活动现场也可以生成很多话题。教研组长要及时捕捉值得深度互动的话题，并根据实际情况调整话题内容，做到预设和生成的话题相结合。

制定有利于深度互动的研讨机制

有了适宜的话题,也并不一定保证教师之间会进行深度互动。深度互动还应该关注互动的次数和互动的机制,即"参与讨论的双方针对某一问题的讨论交流有问有答,而且有发起者的再反馈……"。教研组长需要建立深度互动的机制,以保证"有问有答""有反馈""有拓展"。

建立话题讨论的反馈机制:教研组长提醒教师在话题讨论中要认真倾听他人的讲话,轮到自己回答问题时需要针对他人的回答进行反馈,可采用以下反馈语"××老师,您刚才说的观点,我有不同的想法……""我同意××老师刚才的建议,因为……"教师如果需要抛开已有的话题讨论其他问题,就需要询问大家的意见。

建立话题讨论的反思机制:教研组长要引导教师对话题进行反思,如"我们讨论的话题是什么?哪些讨论是仅围绕话题展开的?针对该话题,还有哪些需要讨论的内容?"教研组长可以安排记录员记录教师之间的讨论,并分析哪些讨论具有深度互动的特征。通过这样的方式,教研组长能够逐渐把握深度互动的内涵和操作方法。

18. 如何做好教研活动后的评价、反馈工作？

教研组长应该主动了解教研活动的效果，并通过自我反思和他人反馈的信息及时改进教研工作。教研活动评价的主体应该是多元的，一般包含教研组长、教师和专家等，由此可产生教研组长的自我评价、教师的评价和反馈、专家的点评和指导等。

教研活动评价、反馈的意义

很多时候，教研活动缺少教研组长的自我评价和教师的评价反馈，可能教研组长没有意识到应该有这个环节，也可能是教研组长认为没有必要，还可能是教研组织者对自己的教研能力不自信，不敢让教师参与评价反馈。

教研组长的自我评价，有利于提高自身的反思意识、总结能力和教研组织能力。教研组长需要做好教研反思，结构化地思考教研活动的各项工作，如教研内容的适宜性、教研目标的达成度、教研准备的充分性、教研过程中的互动研讨质量、教研后的跟进策略等。来自教师的评价、反馈对分析和保障教研活动质量具有非常重要的意义，有利于教研组长了解教研活动的有效性。"评判一个教研活动，最有发言权的是参与教研的教师们，他们的言语、获得和收益能充分反映教研的效果。"[1]

教研活动后的评价反馈，对教师来说具有非常积极的意义，能够帮助教师及时回顾教研活动的内容，巩固对问题解决策略的认识。评价反馈给予教师表达交流的机会，有利于教师澄清某些认识上的问题，获得明确的实践策略。同时，来自其他教师的表达，能够激发教师实践的热情，产生解决问题的迫切感和冲动。

教研活动评价、反馈的主要内容

教研活动的评价、反馈可以从教研活动主题（内容）、教研活动准备、教研活动目标、教研活动过程等几个方面进行。

---

[1] 朱清，等. 幼儿园优质教研活动设计方案[M]. 北京：中国轻工业出版社，2020.

教研活动内容

开展教研活动的目的是解决教育实践中的真实问题，以促进教师的专业发展，提高保教质量水平，最终促进幼儿的学习与发展。因此，应该将教研活动内容纳入教研评价范畴。可从以下几个方面评价教研活动内容的适宜性、科学性。

- 园本化：来自本园保教实践工作中的真实问题。
- 迫切性：本园教师当下迫切需要解决的问题。
- 可行性：本园教研活动能够解决的问题。
- 现代化：符合现代教育理念和教育发展趋势。

教研活动目标

教研活动目标可以对预设目标和目标的达成度两个方面进行评价。对预设目标的评价可以围绕是否聚焦真实的实践问题和教师的实际需求，以及可行性和实践性等方面进行评价。对目标的达成度的评价主要看教研活动的开展是否有效地达成教研目标。

教研活动准备

教研活动准备包含对教研活动的策划和设计，如开展前期的调研、观察和文献阅读活动，以准确定位教研活动的内容，还包含为教研活动顺利开展所做的时间安排、人员安排、物质准备、场地准备和经验准备等一系列内容。可从以下几个方面和标准出发反思和评价教研活动准备工作：

- 做好充分的策划和设计工作；
- 引导教师做好教研活动准备工作，如提前告知教研的内容，提醒教师做好理论学习、观察记录或者拍摄相关视频、照片等；
- 做好各方面的物质准备、场地准备、资料准备等工作；
- 做好时间安排，保证有充分的教研时间。

教研活动过程

教研活动过程的评价一般包含流程和环节设计、教研组长的组织与引领、教师的参与度等几个方面。

流程和环节设计主要评价教研活动是否紧紧围绕教研内容展开，环节是否清晰、是否能层层递进解决问题。

教研活动的质量受教研组长的组织能力、引领能力和专业能力的影响。教研组长作为教研活动的主导者和组织者，要通过总结提炼架构实践和理论之间的联系，要通过研讨活动促进教师之间的交流互动，要通过追问和生成性的问题提升教师的反思。可从以下几个方面评价教研组长：

- 能通过多种方式调动教师研讨的积极性；
- 能在教研活动中提问和生成问题，以促进教师的深入思考；
- 能及时梳理、归纳和总结，起到引领作用；
- 能采用适宜的组织方式，教研形式灵活多样；
- 能在教师出现困惑或者分歧时有独特的见解。

针对参与教师的评价，主要看其教研活动中的投入状态，如是否积极大胆发言、是否对问题进行深入思考、是否善于倾听和回应他人等。

教研活动评价、反馈的方式

教研活动的反馈与评价方式可以是非结构化的教师感悟和感想，也可以是结构化的评价量表，还可以同时使用两种方式。

表 1-8 中的内容可以作为结构化访谈的提纲，以全面了解教研活动目标、准备和过程等方面的情况。同时，可作为量化评价的表格，如按照 1—5 级打分等，可以用于教研组长自评，也可以用于教师的评价反馈。

表 1-8 教研活动评价表

评价内容		评价要点
教研目标	目标预设	教研目标基于实践中的真实问题，体现教师的需求。
	目标达成	教研目标达成度较高。
教研准备	时间安排	教研活动的时间安排合理。
	场地准备	教研场地、环境、空间等考虑周全，利于教师的倾听和交流。
	资料准备	教研活动资料紧紧围绕本次教研的主题，准备充分；利于研究和思考，便于教师获得有效信息。

续表

评价内容		评价要点
教研过程	教研流程	教研流程清晰、环节安排合理，有效地做好时间控制。
	教研形式	教研形式与方法适宜，有利于教研活动开展。
	教研成效	教研问题得到有效解决，达成共识并形成教研成果。
	教研组长	举止自然、平易近人、自信大方。
		能够引领和把握教研方向。
		能够及时总结、提炼和梳理问题，引导教师深入探讨。
		为教师提供充分交流和表达的机会，并积极回应教师的需求。
		能够积极倾听教师的评价反馈，提高教研质量。
	教师	教师积极参与教研、认真倾听和讨论。
		能够围绕教研主题主动思考和发言，发言质量较高。
		表现出实践与行动的热情和主动性。
教研建议（反思）：		

19. 如何做好成果的梳理和跟进？

教研活动后，需要思考教研成果的梳理、分享和落实。对教师而言，这不仅能起到"复习巩固"的作用，还能起到持续的支持、引领作用。幼儿园一般较少梳理和分享教研成果，这不能满足教师持续学习、继续思考的需求。如果缺少教研成果的梳理和教研跟进，教研活动对教师而言可能是"走马观花"。

教研成果梳理的内容

针对不同类型的教研活动，以及不同内容或者主题的教研活动，可以梳理的成果也不完全相同，一般包含游戏案例、游戏观察与解读、活动设计以及形成的指导意见或者相关的方法策略等内容。

分析不同类型的教研活动，可梳理的教研成果如下。

课例研究成果梳理

- 集体教学活动设计文本资料
- 教师开展集体教学活动的视频资料
- 集体教学活动流程和模式参考
- 集体教学活动评价要点
- 集体教学活动设计与实施指导要点
- 集体教学活动观摩记录表

生活环节教研活动成果

- 一日生活作息制度表
- 一日生活保教细则
- 一日生活各环节观察指导要点
- 一日生活各环节发展价值梳理

区域游戏教研活动成果

- 区域游戏空间规划和环境创设指导要点

- 区域游戏材料投放策略
- 区域游戏观察和指导要点
- 区域游戏组织和指导策略
- 区域游戏内容设计
- 区域游戏规则制定

家园共育教研活动成果
- 家长半日活动方案
- 家长进课堂活动组织和实施要点
- 家园沟通的内容和技巧
- 亲子运动会活动方案和组织策略
- 亲子阅读活动方案和组织策略

除以上的教研成果之外，关于教研活动研讨的话题和达成的共识形成的相关量表，如幼儿观察评价表、一日作息表等，以及教师基于本次教研活动后的感悟、相关实践案例等均可以作为教研成果。

以上教研成果并不能涵盖各类教研活动的成果。在一次教研活动后，主要呈现能够持续引领和指导教师实践、引发教师思考的成果，不需要把所有的教研成果都呈现出来。教研成果的梳理是为了推广教研活动成果、进一步提高教研成效。因此，梳理的相关成果资料要及时进行共享，并鼓励教师持续思考和实践。

- 利用QQ[1]建立幼儿园的"教研相册"，将相关资料以图片或者截图的形式呈现。教师可以持续地阅读和学习，并利用"评论"功能进行实时互动。
- 利用网盘进行教研分享，以教研资源包的形式将相关的视频资料、交流案例、表格、教研记录等进行分享。

教研跟进的策略

教研组织者往往会遇到这样的困惑：已经开展了教研活动，教研活动成果也

---

[1] 腾讯公司自主开发的基于互联网的即时通信软件。

已经分享，为什么效果不明显呢？造成教研成效较弱的主要原因是缺少跟进。教研成果梳理和分享后，教师的认识、理解和执行情况如何，又遇到了哪些具体问题等，这些都需要持续跟进。

教研跟进可以采用以下几种方式：
- 与教师进行个别交流，了解教研成果落实的情况和教师的需求；
- 走进班级开展"沉浸式"教研、即时性教研，与教师共同观察现场、互动研讨；
- 以年级组为单位开展小组教研，将教研成果落实到主题、周、日计划中；
- 以专项调研、排查、考核等形式，将教研成果落实作为硬性规定去推动。

为了保证跟进的有效性，需要注意以下两个方面。
- 教研跟进过程中，要遵循"儿童利益优先原则"，不能为了跟进某一个环节而改变班级的一日作息和幼儿的活动节奏。教研跟进关注的应该是常态化的班级保教样态。
- 教研跟进的目的是了解教研成果落实情况和教师的专业成长，不适宜以此为基础开展教师评价。如果将教研跟进发现的问题作为考核和评价的唯一依据，那么教师会有很大的压力，也会在跟进过程中掩饰真实的问题。

另外，教研组长需要引导教师个人做好教研反思，及时将教研活动所涉及的理论和实践知识内化，并将其在保教实践中落实。还可以有针对性地推送相关的文章、书籍等资料，为教师搭建持续学习和实践的支架。

20. 如何撰写教研活动总结报告？

一次系列教研计划的结束并不意味着围绕某个实践问题的思考及教研工作的终止。教研组长需要撰写教研活动总结报告，以明确在观念和操作两个层面分别达成了哪些共识，还有哪些问题没有解决，需要解决的问题是什么……通过分析梳理，明确下一步需要做什么。教研活动总结报告一般包含概述主要情况、分析教研效果、提炼教研成果、规划后续工作等几个部分。

概述主要情况

该部分主要介绍系列教研活动的由来和主要目的，可从以下几个方面考虑：主要针对保教实践的哪一个突出问题、想要提升教师哪些方面的专业能力、期待发展幼儿哪些方面的能力等。除此以外，还应该包含开展了几次教研活动、采用了哪些教研方式，初步形成了哪些主张、对策和方法等。

"晨间来园活动"系列教研活动主要情况概述

通过观察和调研，我们发现班级"晨间来园活动"存在环节不清晰、组织不流畅等主要问题。在充分调查、了解和研究的基础上，我们设计和组织了"晨间来园活动"系列教研活动，以期帮助教师认识到"晨间来园活动"的价值、掌握"晨间来园活动"的组织策略等，树立用"课程视角"看待和解决一日生活的意识。在此基础上，我们期待各班"晨间来园活动"组织流程能够更加合理，幼儿能够感受稳定、有序的晨间来园活动。

聚焦晨间来园的各环节，我们共开展了7次教研活动，包含集体性的全园教研活动、按照幼儿年龄段开展的分组教研活动、按照教师发展阶段开展的分层教研活动等。

分析教研效果

该部分主要分析教研的成效，往往包含教研活动设计与组织的效果，以及教研成果落实的效果两个方面。教研组长可以结合教研现场及活动后的反馈、教研成果推广等情况，对教研效果做出判断。分析和判断教研效果的重要意义不在于评价，而在于寻求促进教研活动持续深入推进的方向和方法。

在具体分析时，可以从教研内容的选择、教研活动的组织、教研成果的推进等各方面进行综合性的分析和判断。

"晨间来园活动"系列教研活动教研效果分析

通过组织系列教研活动，教师对"晨间来园活动"的教育价值有了充分认识，明晰各年龄段晨间来园活动适宜的组织方式和组织指导策略等。每次教研活动后，我们都及时开展评价和反馈工作，了解教研活动组织、教研跟进等方面的成效。

教研内容的选择

"晨间来园活动"教研内容的选择来源于保教实践中存在的真实问题和教师组织实施晨间来园活动的真实困境。该教研内容的确定反映了我园注重"一日生活皆教育"的课程理念。系列教研活动让教师充分认识了"生活即教育"的深刻含义，对于转变教师的教育理念、课程理念都起到了积极的促进作用。教研内容选择遵循从概括到具体的原则，首先聚焦晨间来园各环节的设计，再到组织流程的优化，最后聚焦"来园签到"这一具体环节的组织与实施，帮助教师从整体到局部全面思考"晨间来园活动"的实践。

教研活动的组织

"晨间来园活动"系列教研活动采用了现场观摩和集中教研相结合的教研方式，帮助教师从具体案例中发现教育智慧、提炼问题。聚焦现场观摩的研讨活动是最受教师欢迎的教研组织方式，因为大家看到的是同一个保教现场，有共同的讨论对象。

同时，采用自主阅读和读书沙龙相结合的形式，提升了教师的理论素养和反思意识，帮助教师从实践到理论，再从理论到实践，不断研究"晨间来园活动"的价值、意义和策略，有效帮助教师通过教研活动获得专业成长。

另外，还采用级部教研、课程审议和即时教研相结合的形式，既解决共性问题，又关注教师个体在理解和实践上的差异性……

教研成果的推进

成果推进及时有效，并关注到教师专业能力发展的差异和班级之间的区别。采取分层逐步推进的方式，先从骨干教师班级开始推进，形成高质量来园活动的样板。这样的推进方式能够有效缩小成果转化的时间，因为骨干教师的理解能力、执行能力都相对较强。

提炼教研成果

该部分主要梳理系列教研成果，往往包含各项指导要点、支持策略、实施建议、评价量表等，以及达成的各项共识、形成的各项教研活动资源包，一般指向实践操作层面的成果资料。

"晨间来园活动"系列教研活动主要成果资料

在系列教研过程中，我们注重及时梳理阶段性教研成果，并将其及时发送到班级，以便教师运用教研成果调整和优化晨间来园各环节的组织与实施。目前，已经形成以下教研成果。

高质量晨间来园活动的评价标准：助力教师以高质量的标准评价和反思班级晨间来园活动的优秀经验和存在的问题。

晨间来园活动观察记录表：助力教师在保教实践中开展观察记录，以对班级晨间来园活动进行自我评估。

幼儿园晨间来园环节观察指导要点：助力教师基于观察，科学、合理地组织和指导晨间来园活动。

> 各年龄段来园签到的实施策略：帮助教师树立课程视角，用课程的思路解决来园签到问题，引导教师挖掘来园签到的多元发展价值。

规划后续工作

该部分主要是基于对系列教研的分析反思，思考下一步教研工作的安排，预设下一轮教研活动的内容、方式和时间等，以及本次教研活动没有解决的问题如何在后续工作中解决等。

> **"晨间来园活动"系列教研活动后续工作规划**
>
> 1. 将"晨间来园活动"的教研成果纳入幼儿园保教常规管理制度之中，如将部分内容添加到幼儿园的一日生活保教细则和评价标准中。
> 2. 将"晨间来园活动"的教研成果作为混合研修的重要内容，纳入3年内教师培训的计划。
> 3. 将"来园签到"的实践研究经验迁移到对晨间来园活动其他环节的实践研究中。鼓励班级围绕其中一个环节开展个性化、班本化的研究。

第二章

教研制度的设计与实施

21. 什么是"轮流主持"教研制度?

教研活动一般由教研组长主持,一线教师仅是参与者。长此以往,会造成教师教研主体性的缺失,教师参与教研的积极性和主动性减弱。因此,教研活动不应该由教研组长一个人主持,应让更多的教师轮流走到教研活动的前台。让教师从参与者走向主持人,成为教研活动的主角。

"轮流主持"把一线教师推到了教研活动主角的位置,为教师搭建了锻炼和体验的平台,让教师体验工作的成就感和价值感。

"轮流主持"教研制度的内涵和基本特征

教师轮流主持教研活动,是教研管理工作的创新策略和教研活动的有效组织方法,其强调轮流性和实践性。

轮流性

教师轮流主持教研活动,不是随意的、偶然的一次安排,而是一种常态化的、普遍认可的、有保障的管理制度。其规定了教师"轮流主持"的方式和方法,具有一定的可操作性和规范性。

实践性

教师"轮流主持"的教研活动一般需要选择实践性强的教研内容,以便教师能够结合自己的教育教学实践开展教研活动。这样的教研活动往往具有明显的实践指导意义。

"轮流主持"教研制度的价值和意义

"轮流主持"教研制度的设计与实施,为教师提供了更多学习与反思、交流与合作、实践与感悟等专业成长机会。

提高教研活动参与度

成功主持教研活动能够给教师带来自信和成就感,获得更多的认可,进而提升自我效能感。让教师主持教研活动,他们会带有一定的任务意识和责任感,从而主动生发更多的思考。角色的转变促使教师转换看待教研活动的视角,参与教研活动时可能会思考"如果我是主持人，我需要做哪些准备和储备""我会提出哪些观点""有哪些实践案例跟这个观点匹配""如何设计这个教研活动会更加合理""如何主持会更加有效""哪些话题或者问题需要继续研讨"……有了思考就有了更多的思维参与，进而逐渐转变参与教研活动的态度，即从被动参与者向主动参与者转变，提升参与度和参与水平。

提升教师专业理论素养

为了能够更好地进行专业引领，主持教研活动的教师必然要学习相关的理论、前沿的教育主张和理念等，进而提升理论素养。另外，教师专业理论素养的提升不仅指教育学、心理学等相关理论的学习与运用，还指向教师朴素的教育理论的不断更新与提升。为了主持教研活动，教师需要做好资源搜集、案例筛选、学习讨论、实践反思、总结提炼等多方面的工作。在主持教研的过程中，需要不断反思、提炼和总结自己朴素的教育主张和教育理论，这是一线教师提升专业理论素养的重要途径之一。

提高教师实践研究能力

主持教研活动让教师的视野更宽广，思考问题的角度更多样，对教育科研的方法有更多的了解。教师掌握了教育科研的研究方法，能避免低效研究和盲目实践。另外，教师的思维经历长时间的反复锤炼后，在开展实践研究时会更加深思熟虑，进而提高实践研究的价值。

"轮流主持"教研制度的设计与实施，能够营造相互尊重、理解的教研氛围，可以有效提升幼儿园教研管理的成效和水平。

提高教研活动实效

轮流主持的教研活动是以实践问题为导向的教研，能够有效保证教师将教研成果落实在日常教育教学工作中，这也是教研实践的重要逻辑起点。

完善教研制度

"轮流主持"教研制度具有一套帮助教师解决实践问题的机制，能够从制度层面提高园本教研的管理水平，进一步丰富和完善幼儿园的教研管理制度。

营造教研氛围

轮流主持教研活动强调教师与教研组长之间的对话与协商，而不是自上而下的权威管理与强制推行。它有利于建立互助合作的学习共同体，形成平等、合作的教研氛围。

"轮流主持"教研制度的设计与实施

作为一项教研管理制度,"轮流主持"教研制度应该包含一些基本的内容,如轮流主持的人员分工、组织流程、评价考核等,并将其纳入制度范畴。

对时间和人员的规定

设计和实施"轮流主持"教研制度时,首先需要思考"如何确定轮流主持的人员"。幼儿园可以根据自己园所的教师总人数、骨干教师比例等实际情况确定。

有的幼儿园按照自主申报的形式确定人员,比如,"学期初,幼儿园公布本学期年级组和园部教研计划。教师根据自己的优势和特长自主申报,并在规定时间内提交'轮流主持'申请。教研组长按照申报内容和人员,确定本学期轮流主持的人员安排,每位申报的教师每学期主持1次年级组以上的教研活动"。

有的幼儿园按照分层申报的形式确定人员,比如,"园级以上骨干教师需轮流主持园部教研活动,骨干教师可独自组织教研活动,也可寻找其他骨干教师一起合作;主班教师需轮流主持年级组教研活动。教龄为3年以内的新教师每学期需协助1位轮流主持的教师做好教研主持工作"。

操作要点

教研组长应该指导教师做好教研主持的工作,如"教研组长要提前确定好本次教研活动的主题和主要内容,并与主持的教师共同商量教研活动的流程,起到引领和指导的作用"。轮流主持的教师有责任与教研组长密切沟通与协作,共同完成教研活动的主持工作。

主持人的主持质量会直接影响园本教研的效果,为了让"轮流主持"取得实效,需要制定主持前、主持中、主持后的具体要求,以规范轮值教研工作。

幼儿园轮值教研操作规范要求

主持前:总结自身经验,查找相关资料,细化教研活动流程。

主持中:运用《纲要》《指南》等法律法规和文件,根据研讨的具体情况

"抛、接"教师的话题，对参研教师给予启发、鼓励，对研讨中的观点给予欣赏、概括、总结。

主持后：反思教研活动过程，撰写主持教研活动的小结，整理教研活动资料。

对考核和评价的规定

考核和评价可以激发和鼓励教师更好地执行教研制度。

有的幼儿园采用量化评价的方法对教师的主持工作进行评价。可以采用自我评价和他人评价相结合的方法，如"分别从教研准备、教研中的互动、教研后的总结等方面对教师的主持工作进行评价，从低到高按照1~10的分值分别打分"。

有的幼儿园将主持教研活动纳入月考核，如"担任园部教研主持人在当月考核中加3分；担任年级组教研主持人在当月考核中加2分；协助他人主持教研活动在当月考核中加1分"。

需要注意的问题

重视专业引领

同伴互助、合作反思是基本方式，但国内外长期的实践经验证明，如果没有科学的专业知识、技能和革新的理念做引领，会自囿于同水平反复，甚至走入误区。因此，适时的专家名师介入、专业理论引领是必要的。

关注教研品质

教师的积极合作行为，是提高园本教研"轮流主持"有效性的重要因素。教师群体趋向积极的行为习惯，有利于教师积极地自我调适与相关心理机制的培育，并促进教师个体对身份、角色和专业价值的合理认同。

关注教师活力

要建立并丰富教师成长档案，注重收集和彰显教师"包括价值、信念、情感和伦理在内的意识形态和教学思想的改变、教育行为的改变，或是材料和活动的改变"的具体案例,从生命关怀的角度研究教师的发展,将教师专业发展与个人成长相结合,关注教师的生命意义和价值。总之,开放、信任、关怀、富有支持性的教研氛围,能有效促进教师专业发展中"自我"的觉醒与生成,从而形成持续的教研活力。

22. 什么是执行教研组长制度?

教研组长是教师专业发展的引领者,教研活动的执行者,教研工作的组织者和管理者。执行教研组长制度是教师培养工作中的一项创新制度,主要是让教师担任教研活动的策划者和管理者,让教师在教研组长的岗位上得到深入锻炼和深层发展,催化专业成长。

执行教研组长制度的内涵和基本特征

执行教研组长制度是教研管理工作中的一项重要制度,是教研组长后备人才培养的重要举措,强调全面性和发展性。

全面性

执行教研组长制度要求执行教研组长全面负责和跟进某一个教研活动的全过程,包含教研主题选择、教研方案制定、教研活动组织、教研成果梳理和教研跟进等。

发展性

执行教研组长制度强调对教师教研能力的培养,关注教师在执行教研活动过程中的收获和成长。因此,执行教研组长制度不是做"甩手掌柜",而是要关注教师研究能力和管理能力的发展。

执行教研组长制度的价值和意义

执行教研组长制度为教师搭建了成长和锻炼的平台,可以有效提高教师教研活动的积极性、教研管理能力和领导力。

发展教研管理能力

担任执行教研组长的经历是一次管理经历,也是深入开展一项专题研究的经历。执行教研组长制度能促进教师专业能力、教研管理能力的提升,激发教师的教研主体意识,在充满挑战与活力的过程中得到锻炼。

提高问题意识和解决问题能力

为了能够更好地策划和组织教研活动,执行教研组长需要具有较强的问题意识，以分析、判断教师教育实践中需要解决的问题，准确寻找解决问题的方法。

转变看待问题的视角

执行教研组长从参与者到教研的策划者，身份和角色都发生了转变，其看待问题的视野更宽广，思考问题的角度更多样，能够整体、系统地看待问题。

执行教研组长制度是教研制度的重要组成部分，是教研管理工作的创新举措，能够增加幼儿园教研团队的力量，培养教研后备人才。

培养后备教研人才

幼儿园往往会面临"如何培养教研人才"的问题。幼儿园希望新手教研组长能够快速、独立地承担教研活动，从而避免人才断层给幼儿园教研工作带来的问题。执行教研组长是培养和储备教研组长的重要途径。

助力教研活动有序推进

在某些幼儿园，教研组长往往身兼数职，需要负责很多常规工作。如果教研活动完全依赖教研组长一个人策划和组织，那么难免会遇到时间冲突和精力有限的问题，往往会导致教研活动延期或者仓促开展，进而打乱教研计划或者降低教研成效。推行执行教研组长制度，可以增加教研团队的力量，以保证每次教研活动都能够做到充分准备、有质量地展开。

执行教研组长制度的设计与实施

作为一项教研管理制度，执行教研组长制度应该包含一些基本内容，如执行教研组长的人员分工、组织流程、评价考核等，并将其纳入制度范畴。

对时间和人员的规定

设计和实施执行教研组长制度时，首先需要思考"如何选择执行教研组长"。幼儿园可以根据本园教师培养计划和教师教研能力等实际情况确定。

有的幼儿园将执行教研组长制度与骨干教师培养计划相结合，比如，"园级以上骨干教师每学年需要独立担任1次执行教研组长，全面负责1次教研活动"。

有的幼儿园将执行教研组长制度与年级组长工作相结合，如"年级组长和备课组长每学期要担任1次执行教研组长，在教研组长的指导下制定教研活动方案、组织教研活动过程、整理教研活动资料等"。

操作要点

执行教研组长制度作为教研制度的重要组成部分,应包含哪几个步骤和阶段、每个阶段需要做什么事情等具体内容,并将其纳入制度之中,以便幼儿园和执行教研组长清楚执行教研的规范和要求。以下是某幼儿园执行教研组长制度的实施步骤。

执行教研组长制度的实施步骤[1]

第一步——上岗培训

对即将担任执行教研组长的教师采用参与式培训的方式,让每位上岗人员明确执行教研组长的职责和工作流程,以及各自执行的教研活动的时间、教研主题、要求等。

第二步——策划准备

执行教研组长至少在活动前一周做好活动的各项准备工作,包括搜集、筛选研讨素材,分析、准备研讨过程,组建工作团队,现场场地布置,道具、材料准备等。

发现问题:发现日常教育实践中具有典型意义的个体(或群体)教育事件,并依据教研主题提出讨论话题、选取案例。然后,对各类典型案例进行筛选与统筹。

组建团队:执行教研组长可以招募教师组成团队,并自主协商分工,讨论制定教研活动方案,落实教研过程的准备、组织和反馈等任务。

第三步——执行教研

执行教研组长介绍自己的团队,并独立组织教研活动,运用充分准备的资源,一步一步向预设的研讨目标迈进。

可通过"体验分享""案例解读""策略研讨""信息资源拓展"等方式,采用"连环跟进式",根据需要开展专题研讨活动2~3次。

---

[1] 祝晓燕. 幼儿园园本教研制度新思维[M]. 北京:世界图书出版公司,2011:52-57.

> **第四步——回顾反馈**
>
> 执行教研组长需要认真收集整个阶段中的各种材料，分类归放，汇集成册，并撰写活动后的分析反思材料。
>
> 同时，需要持续跟进教研活动，如及时公布"研讨过程实录""相关信息资源"等，支持教师继续反思交流、反馈实践、拓展学习、深化体悟。

对考核和评价的规定

有的幼儿园将执行教研组长纳入幼儿园月考核项目奖励范围，比如，"担任执行教研组长组织教研活动享受等同于'园级公开教学活动'的月考核加分，并在学期末根据考评和民主测评情况享受相应的项目奖励"。

> ### 需要注意的问题
>
> **关注执行教研组长领导力的培养**
>
> 教研组长领导力影响教研活动的质量和幼儿园教研的发展方向，决定着教研活动的高度和水平。在设计和实施执行教研组长制度时，需要围绕领导力的要素和层次，科学、有效地帮助执行教研组长提高教研领导力，如助力执行教研组长知识结构优化、发展人际沟通和人际交往能力、发展团队建设和组织管理能力，以及谦虚助人的品质等。
>
> **尊重执行教研组长的差异**
>
> 教师的专业发展归根结底是为达成自我实现的价值追求。教研过程如果没有了愉悦感和成就感，教师就会失去"价值感"，教研活动便会逐渐失去活力。应尊重教师各方面的差异，珍视每个人的贡献，相信每位教师是独特的、优秀的；心理支持和物质激励相结合，让教师得到更多来自具体言行的赞美，得到学习机会、物质奖励等惊喜。

23. 什么是分层教研制度？

分层教研制度根据教师队伍的具体结构，按照工作经验和专业发展水平，将教师分为若干层次，如新手型教师、胜任型教师和骨干型教师，采用分层教研和培养的模式，使不同年龄、不同层次、不同需求的教师经过分层教研后，在专业化水平和教科研能力上得到有效提升。

分层教研制度的内涵和基本特征

分层教研中的"分层"意指把全园教师按照工作经验、专业水平、个人特长等分成若干梯队。"分层教研"即按照不同梯队教师的培养目标和发展规划，为其设定不同的教研目标、教研内容和评价标准，实施有目的、有计划的教研活动，使每位教师在各自的"最近发展区"得到最大限度的发展。

分层教研制度是保障教师梯队进阶发展的有效机制，指向不同发展阶段教师的分层次研修。分层教研制度规避了教研活动"齐步走""一刀切"的弊端，为不同发展阶段的教师提供最适切的教研指导，加速专业成长。

分层教研制度的内涵和特征包含以下几个方面。

教师发展需求化

分层教研针对不同发展阶段教师的期待和需求，为其设定不同的发展目标，合理选择教研内容，以满足不同层次教师发展的需要，使每一位教师更多地关注自我发展，主动地发展自我。

教研目标分层化

分层教研往往与教师的近期发展规划相结合，关注教师的"最近发展区"，在分层教研中将目标细化、分层。将远期的目标化为近期目标，使教师目标明确，做事方向性强。

教研内容多元化

教研内容分层，尊重差异。教研内容的分层，充分考虑到教师不同的兴趣爱好，大大激发其内在发展积极性。同时，教研内容的分层，对教研管理提出了新的挑战，真正体现了幼儿园需求和教师需求的统一。

分层教研制度的价值或意义

分层教研制度是支持教师实现自主专业发展的基本途径,为人人参与教研提供最大可能,有效助力教师的专业发展。

对教师专业发展的积极意义

为教师专业成长增速。立足园本实际的分层教研制度,能够积极为各类教师搭建多元发展的平台,提供有层次、有梯度、有质量的教师教研框架,量体裁衣地设计分层教研内容,为教师的专业成长增速,从而达到真正意义上的教研相长。

为教师自主发展助力。实施分层教研制度,针对不同层次教师的共性问题和发展需求开展教研,使不同层次教师的反思和自我学习能力都能得到加强;有目的地分层,使不同层次教师的专业素养都有"质"的突破和提升。

对幼儿园教研工作的积极意义

有助于建构研训一体化教研机制。分层教研制度关注不同层次教师的实际问题,并通过分层教研体系,在分层要求、分层实施、分层管理、分层评价中实现教师的专业成长。它将教研与培训很好地结合,构建研训一体化的教研机制,为每个层次教师的发展指明了方向,有效促进教师队伍建设。

有利于长远规划园本教研的方向。教师的专业发展与幼儿园的整体发展密不可分,分层教研制度以教师的专业发展为目标,落实教师层级发展管理。分层教研中阶段教研目标的达成,在一定程度上影响着园本教研的方向。因此,幼儿园教科研负责人要重视教师的分层教研管理,并根据分层教研的质量设计和思考幼儿园整体教研活动的方向,对园本教研进行长远规划,从而形成教研序列。

分层教研制度的设计与实施

分层教研是幼儿园的一种教研形式,一般以教师的教龄和专业能力为依据,分成不同专业发展阶段的教研小组,从而制定与其相适宜的教研目标、教研内容、教研方式和评价标准来实施教育教学研究,解决不同阶段教师发展的专业瓶颈问题。分层制度应包含一些基本内容,如分层教研小组的划分、分层教研的组织方式,以及考核和评价等。

层级划分标准与方法

幼儿园可以根据教师专业发展的不同阶段和不同需求进行教研小组的划分。

我们以《幼儿园教师专业标准（试行）》为依托，结合幼儿园的各项教育工作考核标准，综合教师的年限、工作经验、专业表现、专业能力等，将教师分为三个层级，再将处于同一专业水平的教师组成一个学习共同体，有目的、有计划、有步骤地开展研修活动。这其中蕴含研修内容、研修形式、研修效应的分层，如表（表2-1）：[1]

表2-1

教师层级	人数	研修主题	具体内容	保障机制	专业发展目标
新手型教师	10	熟悉教学常规，掌握基本技能，解决基本的行与知的问题	说课、基本技能运用、家长工作、备课、半日活动、五大领域……	师徒结对	规范教育行为，成长为合格的课程实施者，向更高层级跃进
胜任型教师	12	对课程的深度理解、丰厚创造	侧重优质的活动设计、教育特色、亮点的提炼、经验分享、改编教材……	团队互助	优化教育行为，成为优秀的课程设计者，向更高层级跃进
骨干专家型教师	11	创造性地开发课程，形成自己的特色课程	课程的建构、课题的参与、特色提升、风格的形成……	专家引领	精彩教育行为，成为行业内的领军人物
备注	全园教师33人、教育管理人员7人，合计40人				

分层教研的实施途径与管理方法

有的幼儿园根据教师专业成长的不同阶段和不同需求，将研训管理分为两个模块——共同模块（日常的集体研训）和专修模块（面向不同层次教师的研训），使每一层次的教师都能在原有的基础上发展提升。[2]

有的幼儿园针对不同层级教师专业成长中的具体问题和困惑，收集、筛选形成"问题库"，基于教师实际问题层次化教研目标和内容，然后根据共性问题和个

---

[1] 王岚. 建构幼儿园分层教研制度 促进教师专业成长[J]. 成才，2017（3）：50-53.

[2] 祝晓燕. 幼儿园园本教研制度新思维[M]. 北京：世界图书出版公司，2011：44.

性问题组织不同的教研活动,按需补给——通识培训,解决教育理念层面和实践层面的共性问题;分层研修,解决教育技能层面的个性问题,以满足教师在能力不断提升过程中专业知识的需求。

对考核与评价的规定

分层教研是促进教师专业发展的重要举措,对教师分层教研的考核与评价应与其自身专业发展相结合。很多幼儿园将此类教研的评价与教师三年成长规划的评价相结合。

有的幼儿园采用"教师成长档案"的方式进行考核与评价,对标教师个人三到五年的成长规划和阶段性发展目标,对自我专业成长进行自评,让教师及时了解自己所取得的成绩和不足;对标同层次的其他教师,明确努力的方向。

有的幼儿园加大教师教育成果奖的比例,结合个人实际教育成果量化考核与评价,对积极参与园本教研活动且成绩突出的教师进行奖励,比如论文发表或获奖、个人课题研究等,以调动教师教研的积极性。

除了同层级教师间的考核评价外,对不同层级教师的分层教研也可采用分组互评的方式进行评价,各层级教师教研团队可以通过网络反馈、表格反馈、便条留言、递交作业等多种不同的方法,横向、纵向地多角度、动态评价其他教研团队的专业发展。

需要注意的问题

实施分层教研活动需要转变教研管理理念

幼儿园分层教研需要以教师发展为本,改变教研管理理念。我们常常提出对学生进行因材施教,其实对教师的培养也应遵循此原则。对幼儿园分层教研管理进行特点与规律、意义与作用、任务与要求、手段与方法的分析总结,尝试建立一套完整的分层教研管理基础理论。对管理层、教研部、教师等各个层面进行分层教研管理理念的培训。[1]

---

[1] 高微佳. 分层教研:校本管理的创新[J]. 新课程(综合版),2011(10):7-8.

分层教研应优化形式、提高实效

分层教研较之全员大教研活动，人数相对较少，因此可以采用较为灵活多样的教研形式，如主题沙龙、现场诊断、观摩交流等参与性、自主性强的形式。

分层教研应与全员教研活动相结合

分层教研制度的实施应与幼儿园其他管理机制相结合，特别是与教师培养制度紧密结合，并且要跟进整个园所的制度改革。更重要的是，分层教研是和幼儿园整体研训活动相辅相成的，因此要处理好全园教研和分层教研的关系，并找到最佳的结合点。

24. 什么是合作式小组教研制度?

合作式小组教研就是以"小组"为教研单位,采用教师自主合作的形式解决自身在实践中遇到的问题。在合作式小组教研制度中,教师之间的互动交流是自发自主的,更具实效性和自觉性,即时性问题探讨更加追求"随需所获,学以为己"。

合作式小组教研制度的内涵和基本特征

合作式小组教研,即在课程实施过程中以"合作"的方式,并且以"小组"为单位的教研形式有效解决教师在实践过程中遇到的问题。合作式小组教研既是一种研究方式,更是一种学习方式,倡导的是"民主、宽松、自主""互助共享"和"共同成长"。[1]

合作式小组教研以教师合作学习为切入点,基于具体问题的研究自由组建小组,在人人参与研讨中将日常的问题探讨变成研究的主题,并由此形成教研制度。

合作式小组教研制度的内涵和特征包含以下几个方面。

合作性

当教育从"独立"走向"共享"时,教研活动也变为独立合作。合作式小组教研就是教师与小组同伴一起,在发现问题、协商问题、解决问题的过程中,以开放的心态随时听取同伴的意见、多角度考虑问题,并相互分享教育成果、经验和问题,合作学习、取长补短、共同进步。

团队性

合作式小组教研鼓励教师根据兴趣和共同问题自由结伴、就近结盟、共商规则、共享共研,促进教师主动形成一定的合作共同体。

师本性

教师之间更多进行的是互助、平等、对话式的交流和研讨,只要言之有物、言之有理,每一位教师都有可能成为教研的引领者。教研更多的是教师的自觉行

---

[1] 祝晓燕. 幼儿园园本教研制度新思维[M]. 北京:世界图书出版公司,2011:82.

动，教研现场更是互帮互助互学的"众言堂"。

实效性

合作式小组教研以合作为主要途径，以伙伴式成长为主要形式实践教育研究，此种教研模式着眼于形成师资成长的长效机制，趋向研究具体问题、细节问题，体现实效性。

合作式小组教研制度的价值或意义

设计和实施合作式小组教研制度，能够引导教师在互助合作的学习中发展，同时能以较小的投入获得较高的教育效果，有利于良好教师团队的建设。

对教师专业成长的积极意义

*牢固树立"以幼儿发展为本"的教育理念。*合作式小组教研将具体问题、细节问题的解决作为实际教研的内容，教师在与同伴合作探讨、解决问题的教研情景中，以幼儿发展为本寻找解决策略，内容选择更具可行性，总结反思更具针对性，从而牢固树立"幼儿发展为本"的教育理念。

*教师合作实现从工作型向研究型转变。*合作式小组教研制度规范化、制度化地保障了教研时效，它让教师看到了团队教研的力量。同时，在温馨、平等、互助、共赢的团队教研中，教师的学习反思成为一种工作的常态、主动研究成为一种习惯，这有助于教师从事务性的工作型合作向研究型合作转变。

对幼儿园教研工作的积极意义

*"以点带面"提升园所教研质量。*合作式小组教研侧重于教育实践中具体问题、细节问题的发现和解决。在小组合作研修中，教师将平时探讨的问题变成研究的主题，这种非正式的合作学习方式能够"以点带面"地提升全园各领域教育活动的质量以及园本教研的整体质量和水平。

*为园本教研制度创新提供借鉴。*通过在园本教研中引入教师合作学习模式，可以从多个视角出发，发现园本教研中存在的问题以及策略保障、制度约束缺口。同时通过群体剖析原因，制定出真正促进教师专业发展的园本教研策略，逐步组建互助、平等、对话式学习团队，进一步提高幼儿园教师专业素养及幼儿园保教

质量，为园本教研制度的构建、创新提供借鉴。[1]

合作式小组教研制度的设计与实施

合作式小组教研制度应该包含一些基本的内容，如合作式教研小组的组建、合作式小组教研活动的基本模式和实施路径以及考核和评价等。

组建方式

幼儿园组建合作式教研小组应以"优势互补、资源互通、成果共享"为原则，可根据需要就"近"结盟，如同班级和邻班级的教师、执教年龄段相同的教师、有共同研究兴趣点的教师等。

有的幼儿园以学科为载体，基于幼儿园课程特色，成立以学科为单位的合作式教研小组，如"以各年级组美术特长教师为主，抱团成立的创意美术研究小组；以幼儿绘本阅读研究为个人兴趣的教师为主，自主成立绘本阅读研究小组等"。

有的幼儿园以项目为载体，基于班级项目研究，成立以项目为单位的合作式教研小组，比如，某幼儿园小三班和中三班都基于幼儿户外骑行游戏开展了班级项目课程，因此两个班级的四位教师自发以户外骑行区游戏为具体研究主题，组建合作式教研小组。

有的幼儿园以微型课题为载体，基于课题研究，成立以课题小组为单位的合作式教研小组，比如，某幼儿园几位教师基于微型课题"幼儿健康生活与保健的实践研究"成立了合作式教研小组；另外几位教师基于微型课题"户外自然教育活动实践研究"成立了合作式教研小组。

基本模式和有效路径

合作式小组教研聚焦教师的"最近发展区"，着眼于形成师资成长的长效机制，基于不同的教研分组，形成不同的教研模式和实施路径。

以学科为载体的合作式小组教研，注重各学科教学中对存在问题的解决。教研小组针对具体学科教学中的实际困惑，如教学活动设计、教学过程中的师幼互动、有效提问的方法等开展不同层次、不同深度的小组教研。以学科为载体的合作式小组教研，一般以最具说服力、形象化的课例，确定合作研究的走向，开展

---

[1] 李松钦. 教师合作学习提升园本教研的有效策略［J］. 当代家庭教育，2021（15）：15-16.

一课三研和同课异构活动、相关教育理论的学习和研讨、有效教学的专题式讲座等，在宽松与和谐的氛围中有效助推教师的专业成长。

以项目为载体的合作式小组教研，注重阶段性共同问题的解决。教研小组的成员基于共同的项目内容，阶段性针对共性问题进行探讨交流，加速教师之间思维的碰撞、研究型地合作。根据班级项目研究的内容，合作式小组教研可采用的具体实施路径有学习故事分享、教育叙事交流、视频案例分析等，每位教师在讨论交流、反向思考中表达自己真实的想法，碰撞出激烈的思维火花。

以微型课题为载体的合作式小组教研，注重实践层面重难点问题的解决。教研小组基于课题研究对小组成员进行分工，因此完成课题成为教师合作式小组教研学习的主要任务之一。

对考核与评价的规定

合作式小组教研为教师合作学习的实践进程提供制度保障，幼儿园应积极鼓励教师自主合作、参与小组教研，并通过激励的措施进行考核与评价。有的幼儿园采取积分激励的方式，比如，积极参与合作教研小组的教师在学期考核时可以加 2~4 分；有的幼儿园采取评优的激励方式，比如，积极参与合作教研小组且教研成果显著的教师学期末可被评选为教研先进个人。

不同形式的合作教研小组的考核评定也可有所区别，学科类的合作式小组教研的考核可与幼儿能力测评相结合，幼儿学科测评的结果即教研考核的结果；项目类的合作式小组教研的考核则与班级项目活动的成果挂钩；课题类合作式小组教研的考核以课题的中期评估、结题为考核依据。

需要注意的问题

以学期为单位统筹管理

合作式小组教研是多元化园本教研的重要形式之一，幼儿园以学期为单位，基于园本教研的核心主题，充分调查分析教师现状、存在问题、心理想法等，在此基础上统筹规划本学期的合作式小组教研活动，从而保障与幼儿园整体研究方向一致，步调协调。

注重发挥"青蓝结对"的作用

合作式小组教研鼓励教师人人参与，在互助合作中学习，因此幼儿园要研究"青蓝结对"的重要价值，通过一对一的结对活动，调动不同发展阶段、不同兴趣爱好的教师积极参与此教研模式。注重发挥骨干教师的示范引领作用，将合作式小组教研模式与幼儿园师资分层培养工作整合起来，以点带面充实园本教研的内涵。

25. 什么是自助式教研制度？

《教师教育课程标准（试行）》在基本理念部分指出："教师是终身学习者，在持续学习和不断完善自身素质的过程中实现专业发展。"教师个体在自我专业发展和专业能力提升中，有着各自不同的学习需求，而有时幼儿园组织的教研或培训在内容上相对统一，不能满足教师个体的个性需要，甚至出现教师"吃不饱"或者"不要吃"的现象。构建自助式教研制度，能够在制度上保障教师的专业自主能力得到有效提高。

自助式教研以教师发展为本，按需设置教研主题和内容，教师根据需要"菜单式"自选参与，助力教师个体的全面发展。实行自助式教研制度，个性化定制教研内容，让一线教师能真正基于自己的需求选择内容、主动参与学习。

自助式教研制度的内涵和基本特征

"自助"用在教育领域，可以解释为"自己学习，帮助自己"，是建立在"自助"环境中的一种自我学习和研究方式。自助式教研类似生活中的"自助餐"：幼儿园提供菜单式的教研内容，不同能力水平的教师可根据自身需要选择性地参与教研活动。自助式教研制度不仅满足教师个性化学习的需要，促进教师专业能力的提升，而且能丰富教研内容，有助于形成完整的教研体系。

自助式教研制度的内涵和特征有以下几个方面。

规划性

自助式教研是满足教师个性需求学习的教研，教研内容一般需要通过调查汇总后进行筛选。幼儿园需要对教师的各类需求进行分析，经过慎重筛选后形成教研菜单，并根据教研内容落实相关负责人，对系列教研活动进行整体规划。

选择性

自助式教研赋予教师更多的自主选择权，教师可以针对自己的实际需要有选择地参与其中，使教研活动成为教师真正想要的、感兴趣和实用有效的学习。

团组性

根据不同的教研内容，幼儿园以专题班组的形式组织教研活动，因此在形式上往往是分小组教研、建团队共研等，从而提高教师参与教研的积极性。

自助式教研制度的价值或意义

自助式教研制度是一种开放性、按需性、个性化的教研形式，它通过调查教师需求，筛选、设计菜单式的教研内容，以满足教师"各取所需"的学习需求。

对教师专业成长的积极意义

*助力教师全面发展。*自助式教研活动使教师能够按照自己的需要和兴趣有选择地参与教研活动，教师的个体需要被尊重，极大地调动了教师参与教研学习的积极性。同时，教研内容正是个体所需的，参与教研能够使教师习得相应的教育理念、反思自己的教育实践、启发自己的教育思考，从而转变教育理念和教育行为，有助于教师专业能力的全面发展。

*增强教师团队建设。*自助式教研打破了教师集体性的教研模式，将教师根据自由组团分割成若干个小组，而小组内的研讨较之大组和集体性的共研，有更多参与和互动，更多思维的碰撞，因此小组成员更容易达成共识、凝聚力量。在小组群体中，教师之间彼此交流沟通多、教师个体受关注多、参与机会多，也更容易产生归属感。因此，互助式教研在一定程度上有助于教师团队建设，增强教师群体的凝聚力。

*提升教师的职业幸福感。*在自助式教研中，每位教师都是有效的资源，教师可根据自身特长应聘，试着"毛遂自荐"当一次培训师，这让不同层面的教师有了一个自我展示的机会。在活动中，他们可以传授自己的经验，说出自己的感悟，亮出自己的观点，实现资源共享。这种不一样的培训经历能让教师感受这个职业的魅力所在，从而调整心态，产生职业成就感、幸福感。[1]

对幼儿园教研工作的积极意义

*弥补园本教研内容的缺憾。*基本上，每所幼儿园都会根据园本课程统一规划设计相应的教研内容"大餐"，而自助式教研更像是"甜品或者点心"，更多地从教师个体的发展需要出发筛选有价值的教研内容，是对园本教研内容的补充。

*构建积极主动的教研氛围。*自助式教研中教师的个性发展需求是第一位的，

---

[1] 祝晓燕. 幼儿园园本教研制度新思维 [M]. 北京：世界图书出版公司，2011：137.

教师自主、自愿参与教研，并在教研过程中始终起着主导作用，形成"自我需要—自主进行—自我完善"的良性循环，直至自我研训成为教师的终身习惯和职业需要。

自助式教研制度的设计与实施

自助式教研制度应该包含一些基本的内容，如自助式教研内容的筛选、教研活动中的人员分工、组织形式、评价考核等。

对教研内容的筛选确定

自助式教研的内容应来源于教师的实际需求，如教师在实际教学过程中产生的困惑，教师自身对专业领域发展的兴趣等，一般采用自主申报的方式锁定教研内容，因此可以通过调查的方式进行意见征询（见表2-2）。

表 2-2　教师自助式教研需求征询表

序号	现阶段的教研需求	所期待的教研形式	所期待的讲师或讲师团

自助式教研内容基本以教师的意愿为主，如果教师在某一阶段遇到困惑和难以自行解决的问题，就可即时向教科室反馈，教科室了解并经过认真分析后，有选择地将其纳入自助教研菜单中，并利用合理的方式进行活动。

对人员分工与组织形式的规定

自助式教研选题开放，形式多样，针对性强，在调查、选择和设计菜单式的教研内容后，一般采用教师互助的形式组团活动，教师之间互为导师，建立起学习化互助平台。

在人员分工上，倡导"导师制"，如有的幼儿园发挥骨干教师的引领作用，以骨干教师为主成立导师团；有的幼儿园以"招投标"的方式招募导师，每位教师都有自身独特的亮点，凡是有特长、有意向的教师都可以填写"招投标"招募申请书（见表2-3），担任教研活动的导师。

表 2-3　自助式教研活动导师"招投标"招募申请书

申请人（组）	
申请项目	
教研时间	
自身优势说明	
教研组织方案（含项目准备、时间安排、地点等）	
备注	

在组织形式上，倡导应需灵活，根据问题和感兴趣的教研内容，教师自由组团形成互助式的教研小组。如同龄小班组的教师，可以就小班幼儿生活自理能力形成教研团队；三年内新教师可以就班级常规管理自主构建教研小组；有共同兴趣的教师可以就感兴趣的话题组成教研小组等。

在研讨中，每位教师都是闪亮登场的主角，是问题的发起者，更是问题的解决者，既有"形"的参与，又有"神"的投入，可以提高教师的实战能力。[1]

对考核与评价的规定

自助式教研需要合理的激励评价机制来助推，以激励教师全身心投入教研，自觉实践与研究。

可以尝试实行教研积分制，教研活动中对发言频次进行记录，对发言质量进行评估。以民主评选的方式评出"勤奋星""智多星""优秀教研组""潜力主持"，同时将教研评估纳入骨干复评、科研考核，评优优先。[2]

可以尝试实行外出培训福利制，将外出跨市、跨省培训的机会视作"福利"，对积极参与教研活动、持续学习良好的教师，优先给予外出培训学习的机会，并以此形成良性循环。

---

[1] 戴晓梅. 在自主式教研活动中提高教师参与的积极性[J]. 华人时刊（校长），2013（1）：118.

[2] 时丽亚. 自探　自悟　自得　自能——谈自助式园本教研的实践与思考[J]. 家长，2020（33）：40-41.

需要注意的问题

自助式教研应形式灵活,避免简单说教

自助式教研活动虽然主题小,但更具"草根性",体现了教师内在的需求。教师需要来自同伴的实践经验指导,因此教研活动不应是"一言堂",而是"多言堂",说教式的教研不宜采用。教研活动组织者要灵活采用实践操作、案例分析、组内辩论、观摩研讨等比较活跃的方式,同时在交流方式上可采用点兵式、接龙式、环扣式等,以提高教研活动的实效性。

自助式教研应持续深入,避免浅尝辄止

自助式教研可根据需要开展一次或多次,即时性的问题可以通过一次教研短时高效地解决问题,而更多的主题需要通过多次延续的教研,使教师在几次的研讨交流中,不断反思和调整自己的教育行为。因此,自助式教研同其他教研活动一样,应持续深入,使教师在分享自己的想法、提出自己的疑惑中,成长为研究型教师。

26. 什么是持续性沉浸式教研制度？

随着幼儿园课程改革的深化，《意见》指出，"以儿童为主体的课程必须持续跟踪儿童学习活动，掌握其学习特征，才能制订或调整教育方案"。幼儿园课程改革对教师专业能力提出更高的要求，但幼儿园的教研方式和保障还没有完全跟上，表现为更多的是以"开会"的形式推进，研究的多是教师的"教"而不是幼儿的"学"。

因此，教师无法在真实的教育教学现场获得帮助，也无法获得持续性的指导。这就要求教研组长走进班级保教现场，沉浸到幼儿的生活、游戏和学习中，进而陪伴教师共同研究。设计和实施持续性沉浸式教研制度，能够有效解决教研方式不科学、条件保障不到位等现实问题。

持续性沉浸式教研制度的内涵和基本特征

"持续"是指延续、继续、不间断。"沉浸"的基本解释是"沉浸在水中"，往往指潜心于某种境界或活动中，全神贯注于某件事情。就幼儿园教研活动来说，可理解为教研人员和教师共同沉浸于班级保教现场，并专注投入地观察和研究幼儿的生活、学习和游戏活动。持续性沉浸式教研是指持续进行沉浸式的教研活动，是幼儿园实施教研工作的一种策略。持续性沉浸式教研制度从制度层面阐释了该策略的价值意义，规定了其实施方法和要求等基本内容。

持续性沉浸式教研制度的内涵和特征包含以下几个方面。

持续性

具有连续、跟踪的基本内涵。持续性指时间的持续性，包含单次观察的持续性，如对班级幼儿游戏的观察时间要 1 小时以上，避免蜻蜓点水式的观察；以及对教研周期的规定，如以一周、一月的儿童行为为研究单元等。持续性还指内容的持续性，即观察和研究的内容是连续、递进的，而不是每次更换、缺少跟踪。持续性还可能指教研对象的持续性，如持续跟踪观察同一个班级、同一个教育场景或者同一名幼儿等。

沉浸式

沉浸式具有在现场、陪伴式的基本内涵,指教科研负责人要深入班级,与教师一起观察、研究和研讨。教科研负责人陪伴教师一起审视教育现场,发现教育现场中真正存在的问题,而不是凌驾在教师之上或者脱离真实现场进行隔空指导。从教研成果落实的角度来看,"沉浸"还指教研活动与实践相互融合,教研过程和成果能够在班级主题、周、日计划中落实。

即时性

具有灵活、个别的基本内涵。持续性沉浸式教研更强调灵活性和个别化,更关注在现场真实看到的具体现象,对幼儿的游戏行为与教师进行即时性研讨,并在此基础上识别共性问题和个别问题等。

持续性沉浸式教研制度的意义和价值

持续性沉浸式教研制度的意义和价值,对教师而言不仅是在教育现场观察幼儿和解决某一个具体的问题,更是在实践中学习和理解新的教育理念、学会识别和解读幼儿的行为,进而转变教育行为,提升思维品质,提高专业能力。

对教师专业成长的积极意义

提高教研活动参与水平。持续性沉浸式教研强调在现场一对一地指导,教师本人作为研究者之一,不是被研究的对象,必然会提高教师参与教研活动的水平。

提高教师观察解读能力。持续性沉浸式教研的观察重点是幼儿的生活、学习和游戏行为,在共同观察和研讨的过程中,教师会通过学习他人的观察和解读提升自身的观察技巧和解读幼儿行为的能力。

持续性沉浸式教研制度能够营造相互平等的人际氛围,便于幼儿园了解和掌握真实的问题,进一步创新教研方式,提升教研服务的质量。

对幼儿园教研工作的积极意义

了解真实问题。教科研负责人与班级教师拉近距离,平等对待,亲切自然,没有隔阂,有助于一线教师说明真实需求,以分析和挖掘教育教学问题的深层原因。

创新教研方式。创新教研方式,有利于多种教研方式的综合运用,如可以把讲座转变为"对话式的研讨",把理论学习落实在真实的互动中;在进行个别指导的过程中能够实现集体培训与个别指导的结合,实现研训一体化。

夯实教研实效。教研活动是服务于教师专业成长，提高教师专业能力的重要途径。持续性沉浸式教研呈现了教师真实、复杂的教育教学工作现场，便于诊断教师观察、解读和指导幼儿行为的能力。进行一对一的及时指导有益于改变教师观念，促进教师个人专业发展，教研成效明显。

持续性沉浸式教研制度的设计与实施

持续性沉浸式教研作为幼儿园实施教研工作的策略，为了更好地保障持续性沉浸式教研活动质量，需要对教研活动的操作规范、要求、流程、评价以及相关人员的责任等进行规定，并将其纳入制度范畴。

对时间的规定

持续性沉浸式教研强调时间上的持续性。因此，需要就时间安排做出规定。比如，每月开展2次以上持续性沉浸式教研活动，每次以半日为一个时间单元，持续观察1小时以上。

对教师的要求

沉浸式教研是一种针对教育现场的教研模式，教师只有在同一个保教现场才能针对幼儿生活、游戏和学习的具体活动有效地进行互动式对话。因此，沉浸式教研制度需要对参与教研活动的教师提出相应的要求。

幼儿园沉浸式教研活动要求

对教研组长的要求：教研组长要沉浸到班级保教现场与教师共同观察和研究幼儿的生活、游戏及学习情况，基于现场观察进行教研和研讨。

对参加教研活动教师的要求：开展沉浸式教研时，参与教研的其他教师均需要按照约定的时间走进指定保教现场，积极沉浸在保教现场进行观察和反思。

对班级教师的要求：班级教师应该沉浸到幼儿的活动中，开展持续性的观察记录和实践研究，利用个案跟踪、学习故事、观察记录等形式与班级其他保教人员共同开展班内教研。

操作要点

持续性沉浸式教研活动的质量受教研组长自身专业能力、教研理念等方面的影响，也受幼儿园教研氛围、教师专业能力等方面的影响。需要清晰教研活动前、中、后应该做什么、怎么做、达到怎样的程度等。

持续性沉浸式教研活动操作规范和要求

观察前：就本次持续性沉浸式教研内容进行预研究，包括阅读相关资料、提前做好一轮观察等，并就观察、解读和课程实施中的问题进行简单的梳理。

观察中：专注投入地观察和记录幼儿的活动，拍摄相关视频或者照片等研讨资料，做好观察和资料收集。

观察后：在现场观察当天安排的研讨活动，并以图片、视频、幼儿作品等为依据进行具体分析和研讨。教研组长要适时给予回应和引领。

需要注意的问题

明确教师的研究者角色

沉浸式教研中，教师的角色是研究者，教研人员的角色是陪伴研究者。他们共同的研究对象是幼儿，研究内容是幼儿的生活、学习和游戏。让教研活动从"告诉教师：你该怎么做"转变为"让教师学会思考：我该怎么做"，在教研活动中以此激发教师的内在动力。

注重沉浸式观察的实效

强调沉浸式观察，不等于强调观察记录。不能通过增加撰写观察记录的方式开展沉浸式教研，而要注重观察的价值和实效，"教研工作要帮助教师形成观察意识和观察兴趣，鼓励教师采用多种方式做有用的观察，避免单纯地追求观察记录"[1]。因此,在持续性沉浸式教研的过程中,教研组长不仅要引导教师学会如何观察,还要引导教师思考基于观察实施课程,通过具体的案例引导教师转变教育理念。

---

[1] 江苏省教育厅. 省教育厅关于加强学前教育教研工作的意见［EB/OL］.（2017-09-22）［2021-08-26］http://jyt. jiangsu. gov. cn/art/2017/9/22/art_58961_7628321. html.

27. 什么是师徒结对制度？

师徒结对就是教师之间以师傅和徒弟的形式两两组合，通过结对子"传帮带"，开展互助互学、共同研究的活动。师徒结对是教师专业成长的有效途径，能够促进幼儿园教师的可持续发展。

师徒结对的有效落实必须要有相应的措施做保障。师徒结对制度根据教师发展现状，从幼儿教师个体发展的差异、特点和需求出发，聘请有理论修养和实践积累的教师担任青年教师的师傅，在"传帮带"相互成长的过程中对结对的师徒双方及园方应履行的义务等形成一系列的规定和要求。师徒结对制度的建立有助于对幼儿园青年教师进行科学、合理、有效的培养。

师徒结对制度的内涵和基本特征

师徒结对是一种传统活动，通过师傅带徒弟的形式一对一指导青年教师，同时实现双方互动、共赢。

"师徒双赢"为结对的出发点及最终目标

师徒结对制度是基于教师专业发展而制定的制度，以师徒双方的自我发展需要为前提和动力，以师徒自愿的双向选择为结对原则，以师徒民主平等的对话、交流、合作为理念，以相互观摩日常教学活动为形式，促进师徒双方共同发展。

"平等对话"为师徒结对的文化和要求

师徒结对制度强调师徒之间自愿结对和平等对话。在这种合作关系中，师傅是徒弟发展的引领者，其主要作用在于启发和引导，师傅视徒弟为合作的伙伴，师徒间以共同探讨教育教学中的问题为工作的主要内容，师傅要善于发现和学习徒弟身上的优势和闪光点，善于倾听徒弟的意见。徒弟要敢于向"权威"质疑，具有独立思考和反思批判的精神，在与师傅的意见不能达成一致时可以大胆提出自己的观点和看法，并与师傅共同交流和探讨。只有师徒双方以平等的身份参与交流和对话，才能在更深层次上结成"学习共同体"。[1]

---

[1] 范蔚，廖青. 基于教师专业发展的"师徒结对"的内涵及特征[J]. 教育导刊，2012（9）：45-47.

师徒结对制度的价值或意义

师徒结对制度对幼儿园的教师队伍培养、教研活动开展等具有积极意义，对教师个人的专业成长也有重要价值。

对教师专业发展的价值

对徒弟的价值。师徒结对的方式对于新手教师的专业成长具有十分重大的意义，为教师的个性化成长提供了有力保证。与"一对多"教师培训方式—— 一名培训者面对多名新教师开展培训的特征相反，师徒结对实现"一对一"，有利于教师的个性化培养。师徒结对有利于新教师对资深教师教学实践进行深入观察、模仿，得到资深教师的具体指导，逐渐体悟职业的隐性经验或缄默知识，不断掌握专业技能和专业智慧，以便新手教师快速掌握教育教学的技能，实现"一年入门，二年熟悉，三年过关"的成长目标。

另外，有研究显示，新手教师对其指导教师通常都有很高的评价，有人表示如果没有指导教师，他们早就丧失自信，与指导教师的关系能提高他们的教学能力，增强他们对教师职业的满意度，并且帮助他们理解学校的理念。[1]

对师傅的价值。师傅通过师徒结对，在帮助徒弟专业成长的过程中也能够促进自身专业提升。师傅会认真揣摩、不断审思自己的教育教学工作，摸索出具有自身特色的教学风格。

在工作的情感态度上，师傅会受到徒弟对幼儿教育工作积极向上的态度和勇往直前的冲劲的感染与影响，从而增强工作动力。另外，新教师看待教育问题的思维方式、使用的教育策略、处理班级事件的方法，都会给师傅带来新的视角，促使师傅重新审视自己过去的教育行为，对自己提出更高的要求，从而改进今后的教学工作。

对幼儿园教研工作的积极意义

幼儿保教质量日益受到重视，幼儿园也相应加大了对教师的培训力度和教研活动力度。全园性的新入职教师的专项培训活动往往面向的是全体新教师。师徒结对的形式能够有效弥补其缺乏个性化、无法关注新手教师个别化需求的问题，

---

[1] 廖青. 基于教师专业发展的"师徒结对"研究 [D]. 重庆：西南大学，2010：3-4.

帮助新教师尽快提升保教实践能力和研究能力，进而整体提升幼儿园保教质量。

师徒结对制度的设计与实施

师徒结对制度应该包含一些基本的内容，如师徒结对制度的基本要求、主要职责、考核评价和奖惩措施等。

基本要求

师徒结对制度要从整体上对幼儿园开展师徒结对活动提出基本要求，比如，"幼儿园应该每年开展师徒结对活动，并对师傅和徒弟的学习活动进行过程管理。幼儿园统筹印制师傅结对协议书，并举行签字仪式"。此外，还需要对师傅和徒弟的权利及义务等提出基本要求，比如，"师徒关系确立后，双方须履行各项职责。经过一学年的指导与学习，徒弟的教育教学水平和能力能上一个台阶，师傅可根据徒弟的教育教学实践、教育教学研究能力等给予评价"。

师傅职责

师徒结对制度需要对师傅的职责进行明确规定，提出适宜的、可操作的、可行性较强的要求，例如，某幼儿园对师傅职责的规定如下。

1. 言传身教，热情指导，主动关心徒弟的成长，帮助徒弟明确努力的方向，鼓励徒弟积极参加各级各类教育教学比赛、展示等活动，让徒弟得到更多的锻炼和提高。

2. 精心指导徒弟观察儿童和钻研课程，每月月底审议徒弟的主题、周、日计划，并给予悉心指导。

3. 每月走进徒弟班级观摩半日活动1次以上，做到"活动前指导、活动中观察、活动后共研"。

4. 师傅每月向徒弟开放1次班级活动现象，或者开放1~2次示范课。

5. 指导徒弟进行课题研究，做到及时积累、整理与提升；每学年指导徒弟撰写1篇以上的论文或案例等。

徒弟职责

师徒结对制度需要对徒弟提出适宜的任务要求，以明确徒弟需要达成的目标和各项任务的时间节点，例如，某幼儿园对徒弟提出的要求如下。

1. 学年初，在师傅的指导下对自身的教学情况和业务水平进行认真剖析，明确自身提高的方向与成长的途径，制定适宜的发展目标。

2. 在师傅的指导下，积极学习教育理论，更新教学理念，不断改进教学方法，并积极参与各级各类比赛和展示等活动，每学年协助师傅开展1次以上的年级组教研活动。

3. 每月邀请师傅观摩半日活动1次以上，并详细撰写半日活动计划，认真记录师傅的指导意见和自己的反思。

奖惩情况

师徒结对制度需要明确对师傅和徒弟的各项检查、监督和考核奖励等方面的规定。比如，"幼儿园建立激励机制，每一学年评选'优秀师徒'""每学年对师傅指导徒弟的过程性资料和成果进行考核，并记入双方的业务档案中，作为评优晋级的材料"。

需要注意的问题

可进行多样化的结对形式，避免形式单一

传统的"师徒结对"多采用"一对一"的结对形式，也就是一个师傅带一个徒弟。基于教师专业发展的需要，也可以突破传统模式，根据教师专业发展的内在需求和教学实践的需要灵活运用多样化的结对形式，如"一师多徒式"，让一个师傅带多个徒弟，可以解决学校骨干教师资源不足的情况；如"一徒多师式"，可让一个徒弟拥有多个师傅，青年教师可以学习每一位骨干教师的优势领域和强项，以加速自身的成长。另外，除了园内的师傅以外，也可以利用园外资源开展师徒结对活动，如与其他幼儿园的优秀骨干教师或者区级骨干教师等结对。

丰富结对内容，避免内容单一

教师专业发展的内涵十分丰富，包括丰富专业知识、锤炼实践技能、培育专业情感和职业理想等。因此，基于教师专业发展的"师徒结对"应具有全面丰富的结对内容，除了强调教育教学经验和技巧的传授、教育教学能力的培养之外，还应该将教师自主发展意识的唤醒、职业道德的养成、心理素质的训练、人际交往策略的指导以及教育科研能力的提升等丰富多彩的内容纳入其中，避免出现片面发展的现象，使教师得到多方位的、立体的、全面的专业成长。[1]

---

[1] 范蔚，廖青. 基于教师专业发展的"师徒结对"的内涵及特征［J］. 教育导刊，2012（9）：45-47.

28. 什么是混合研修制度？

《幼儿园教师专业标准（试行）》在基本理念中强调"能力为重"，指出"学前教育理论与保教实践相结合，突出保教实践能力……坚持实践、反思、再实践、再反思，不断提高专业能力"。教师培训和教研活动对于提升教师专业能力具有非常重要的意义。

《国家中长期教育改革和发展规划纲要（2010—2020年）》中对继续教育提出了"为学习者提供方便、灵活、个性化的学习条件"的发展要求。幼儿园要创新教师培训形式，发挥教研活动对教师培训的积极作用，促进教师岗位成长。应采用多样化的混合式研修模式，通过基于教师能力诊断的教研、实践问题导向的教研等，提升教师培训实效。

混合研修制度的内涵和基本特征

混合研修制度首先指向的是内容方面的融合，即尝试将教研活动与培训活动相结合，把教研活动作为实施教师继续教育的重要途径。促进教师专业发展是混合研修制度应有的属性。

就形式而言，专业化的混合式研修"需要在五个维度敲合：（1）在线或在场；（2）学习与实践；（3）教师指导与自我指导；（4）结构化与非结构化；（5）个体与群体"[1]。因此，混合研修不仅仅是线上与线下的融合，还涉及学习与实践、自我指导与他人指导、结构化与非结构化、个体和群体等诸多混合元素的融合。

线上与线下融合

混合式研修要实现线上和线下的有机融合。线上指的是借助信息技术、利用网络资源等开展教师培训和教研活动。线下是指教师的培训和教研活动发生在真实的环境中。研究者一般认为的混合式研修就是指向这两种混合元素的融合。在线培训的方式灵活，有利于优质资源共享，以及广泛的互动；线下集中培训效率高，互动深入，现场感强。

---

[1] 魏非. 面向混合式研修的教师培训机构能力成熟度模型研究［D］. 上海：华东师范大学，2016.

学习与实践融合

混合式研修要实现学习与实践的融合。教师培训和教研活动只有与日常工作及教育教学实践紧密相关，才能真正促进教师的专业发展。未经实践内化过的专业知识不能有效地转换为专业能力，而盲目的实践也很难重构和发展已有的能力结构。专业能力的发展是在学习与实践的互动过程中生成的。脱离实践的教师培训和教研活动往往是低效的。

自我指导与他人指导融合

混合式研修需要融合自我指导与他人指导，以帮助教师步调一致地成长，同时满足个性化的发展需求。在教师培训和教研活动中，"自我指导"强调教师学习与发展的自主性和主动性，是源自内部动机的学习，具有自己的学习节奏等；"他人指导"指的是教师学习与发展的外部支持，即来自教研活动、教师、专家等方面的指导和帮助。

结构化与非结构化融合

混合式研修需要建立结构化与非结构化学习、培训的融合。结构化是指教师培训和教研活动具有组织良好的培训内容体系，并预先规划好学习和教研进度。结构化的学习能够夯实基础知识和基本技能。非结构化不强调内容的体系性，也不规定统一的进度，为教师提供了选择学习资源、路径，自己规划学习节奏的机会。

个体与群体融合

混合式研修需要融合个体活动与群体活动，个体活动意味着教师个人独立学习，独自管理和控制自己的学习与培训；群体活动意味着和其他教师共同学习，也可理解为小组学习、协作学习的方式。

总之，要重视教师已有的经验，采用最为适当的研修方式，实现五个维度的大致平衡和融合，为教师提供学习机会和学习资源。

混合研修制度的意义和价值

混合研修制度的意义和价值，对教师而言不仅在于提供了多样化学习的机会、更多的专业发展途径和可能，还在于助力教师的自主学习与成长。

对教师专业发展的积极意义

提升教师专业发展自主权。混合研修制度强调个体与群体的融合、自我指导与他人指导的融合，即重视自下而上学习与自上而下培训两者的结合。为教师自我专业成长提供了制度上的保障，能够有效提升教师的专业发展自主权。

提高教师专业学习的质量。混合研修制度强调结构化与非结构化融合，兼顾教师个体学习的灵活性和教师培训的规定性，能够让教师的学习从自发、无序、低效等消极的学习状态转变为有引领、有序、高效的学习状态。

对幼儿园教研工作的积极意义

有助于发展现代化研训思维。以信息技术和网络为平台，可以将教研活动、科研活动和教师培训融为一体，必然会冲击传统研修管理的体系和方法，也必然需要新的研训思维与之匹配。其他混合元素的融合也需要教研组长重新思考研训的方式和方法，需要跳出常规研训的思维，借助现代学习理论、教师培训理论和现代化的教研活动理念来塑造现代化研训思维。

有利于探索多元化研训模式。要实现线上与线下、学习与实践、自我指导与他人指导、结构化与非结构化、个体和群体的有效融合，就需要改变原有的研训模式，探索多元化的研训模式。例如，要实现青年教师观察技能培训与工作实践的融合，就需要改变原有的自上而下、讲座式的技能培训模式，可采用"个体—群体—个体"的研训模式，如首先请青年教师自行拍摄游戏视频、提交相应观察记录，然后利用线下教研活动开展集中研讨和交流，最后有针对性地开展讲座培训活动和网络学习活动，以及青年教师在学校规定的观察培训菜单中自主选择学习内容。

混合研修制度的设计与实施

混合研修制度应该包含一些基本的内容，如混合研修的时间安排、操作要点以及考核和评价等。

对时间的规定

混合研修要考虑时间安排，要体现一定的周期性和计划性，如"幼儿园以一年作为混合研修的设计单位，每月应该围绕一个研修主题开展持续性的研训活动"。

操作要点

教师培训的目的是提高教师专业能力，培训内容要具有针对性和实效性，考虑学习与实践的融合。教师培训和教研活动可以保持一致，如"混合研修内容应该由幼儿园整体设计，研修主题与各阶段的教研活动主题基本一致。教研活动形成的资源包可作为教师培训活动的素材。教师在学习研修资源包的基础上，可在实践中落实教研成果或者开展进一步学习，并提交相关的研修作业"。

研训活动还需要考虑结构化与非结构化融合，兼顾规定性和灵活性，如"由幼儿园根据教师发展需求统一制定的研训内容占 80% 左右，每学年初以菜单的形式提供给教师。由教师根据自己个性化的需求制订的自我学习计划占 20% 左右，每学年在个人发展规划中体现"。

研训活动还需要考虑线上与线下的融合，兼顾他人指导和自我指导，如"幼儿园要根据教师专业发展的规律，开展分层研训活动。为不同发展阶段的教师配备 1~2 名指导教师，负责该阶段教师的培训指导工作。指导教师需要定期开展线下实践指导和线上学习指导"。

对考核与评价的规定

考核和评价可以激发教师更好地执行混合研修制度。可以采用量化的评价方法，比如，每一项研训活动按照参与活动的积极状态和完成活动的质量，从低到高分别按照 3~5 分记分。

也可以采用非量化的评价方法，分别针对参与研训的教师和指导教师进行考核和评价。针对研训教师的考核和奖励，比如，积极完成每学年规定的继续教育任务和幼儿园指定的研训活动，对于研训目标达成度较高的教师，在学期考核中可适当加分；针对研训指导教师的考核和奖励，比如，每学期考核和评价教师的研训活动，每学年评选 3 名优秀研训指导教师，给予一定的奖励。

需要注意的问题

混合研训活动应该避免线上线下的简单相加

线上与线下结合是混合式研修突出的特点，旨在回应教师专业发展的个性化学习节奏和学习特点。线上线下的融合是最容易实施的一种融合方式，但是形式上的变化容易停留于"形式"层面。线上的学习和线下活动应该实现相互配合、有机整合，甚至是相互补充和延伸。

混合研训活动应该关注教师的主体精神

预设性过强的研训内容安排和时间安排，往往会忽视教师作为学习者的主动精神与探究意识的培养。教师是研修主体，有权建议甚至决定研修内容、路径与策略等。过度预设，无法满足学习者动态、个性化的需求，因此应重视教师已有的经验和学习需求，采用适当的研修方式，为教师提供教研机会和学习资源，从而实现对学习效果和教研成效的最大化追求。

29. 什么是专业书籍进阶阅读制度？

《幼儿园教师专业标准（试行）》在基本理念中强调终身学习，"学习先进学前教育理论，了解国内外学前教育改革与发展的经验和做法；优化知识结构，提高文化素养；具有终身学习与持续发展的意识和能力，做终身学习的典范"。教研活动承担了传播和介绍先进教育理念，优化教师知识结构，进而指导保教实践的重要任务。

然而，终身学习离不开教师自身的自主学习，过多从上到下的"灌输"，容易造成教师学习的僵化和思维的惰性。仅仅通过教研活动，教师对理念、理论的学习往往是囫囵吞枣，难以深入理解并用来指导实践。专业书籍进阶阅读能够让教师参与自主学习的行动中，有效解决教师专业阅读缺少组织化、专业化支持和指导的问题。

专业书籍进阶阅读制度的内涵和基本特征

"进"是指向前、向上、进入等移动和发展的方向，"阶"本义是指用砖石堆砌或者依照地势做成的台阶。字面理解"进阶"为沿着台阶而上，俗语有"一步一个台阶"。在学习研究领域，学习进阶中的"进"指的是人的认知发展的方向，"阶"则是认知发展过程中的关键点。因此，幼儿园的"进阶阅读"可以理解为在关注专业理解能力、阅读指导实践能力等不断发展基础上进行的阅读活动。

专业书籍进阶阅读制度是提升教师自主学习、终身学习的管理策略，是针对教师阅读管理的一种制度。它强调引领教师开展进阶阅读、管理和评价教师进阶阅读的过程和结果，明确了教师专业书籍进阶阅读的意义、内容、方法和要求等。专业书籍进阶阅读制度的内涵和特征包含以下几个方面。

进阶性

站在"学习进阶"的视角看待教师阅读，强调关注教师阅读过程中认知结构的优化与发展。"阶"指阶段，即教师阅读可以按照一定的阶段进行规划，还可能指不同发展阶段教师的阅读指导。

实践性

专业书籍阅读要与实践工作相联系,开展阅读指导下的实践。通过阅读指导实践,提升教师观察解读幼儿行为的能力,鼓励教师随时随地依据专业阅读所得分析自己观察到的幼儿学习和游戏行为。

自主性

专业书籍进阶阅读制度关注教师自主发展、终身学习的意识和能力,强调激发教师自主阅读的兴趣和能力。因此,在设计和实施专业书籍进阶阅读制度时,需要考虑如何促进和引导教师个体的自主阅读,而不局限于共读、领读等活动。

专业书籍进阶阅读制度的意义和价值

专业书籍进阶阅读的意义和价值,对教师而言不仅在于阅读专业书籍,更在于促进教师的自主学习,培育教师的批判性思维,提升教师反思性实践的能力。

对教师专业成长的积极意义

促进教师自主学习。专业书籍阅读是教师专业成长的基石,是教师自主专业发展的有效路径。阅读与其他教研活动相比,更加个性化、个体化,具有较强的灵活性和自主性。教师可以自主安排阅读的时间、内容和进度,能够根据自己的节奏自主学习。

培育批判性思维。教师可以通过阅读书籍与专家对话、与自己对话,通过阅读反思、提升自己的思维品质,如思维的流畅性、批判性等。因为语言是外化的思维。反之,通过阅读专业书籍中的语言表达方式和观念也能够塑造思维。达到一定量的阅读后,教师会在观点、理念和思维的碰撞中逐步发展批判性思维。

提高反思性实践能力。在专业阅读的过程中,教师对相关理论、理念会形成自己的理解和解释,甚至在阅读到某些观点或者具体案例时会联想到自己实践中的案例。将书中案例与教师的实践相比较,会激发教师在实践中验证或者进一步实践的想法,形成"阅读—实践—再阅读—再实践"的良性循环,进而提高反思性实践的能力。

对幼儿园教研工作的积极意义

营造积极的学习氛围。专业书籍进阶阅读能够将教师的精力聚焦在专业发展上,同事之间会相互启发、相互促进,形成良好的学习和教研氛围。

提升教研活动的质量。对专业发展的追求，促使教师更加积极、主动地参与教研活动。教师通过专业阅读将提升专业理解，有更加专业的思考。建立在专业书籍进阶阅读之上的教研活动，其质量会得到保障。

专业书籍进阶阅读制度的设计与实施

专业书籍进阶阅读制度应该包含一些基本的内容，如专业书籍的采购与管理、进阶阅读的方法和措施以及考核和评价等。

组织架构和实施策略

应该明确具体管理的人员或组织，让教师的专业阅读更加组织化和规范化。

有的幼儿园明确提出：依托园领导的组织架构，对教师进阶阅读实行统一管理，各年级组协助教研室开展阅读管理，如"依托园领导机构成立阅读管理组织，由园长任组长，分管园长和后勤园长任副组长，分管园长负责阅读氛围的营造，后勤园长负责保障图书数量。三位园长共同负责阅读环境的创设"。在此组织架构下，提出具体的实施策略，如"为不同发展阶段的教师提供阅读建议，为新教师、青年教师和骨干教师三个不同发展阶段的教师提供阅读书单，教师依据自身发展情况在书单内选择1~2本专业书籍精读"。

有的幼儿园以骨干教师为依托，成立骨干教师阅读指导团，其他教师自己选择阅读团队，如"年级组长、骨干教师应该起到示范带头作用，每学年成立一个读书小组，担任阅读指导教师，在年级组活动中开展领读、荐读、导读等活动"。

有的幼儿园鼓励教师自主成立读书小组，并自主推荐小组长，在自主管理的基础上定期开展交流、汇报，如"以新教师、项目组或者园区等为单位，自主成立读书小组，推选小组长，自主负责具体的读书活动组织。读书项目组成员每周在群内读书打卡，并定期推荐好的专业书籍"。

有的幼儿园鼓励教师自由阅读，如"教师自主阅读为主，园部教研活动前安排阅读交流，每学期进行一次全员阅读分享。在全园公开招募领读人，有意向的教师可以填写申请书"（见表2-4）。

表 2-4　进阶阅读领读人申请书

申请人	
起始时间	
优势说明	
拟组织方案（含阅读章节、时间、准备、共读形式……）	
备注	

书籍管理

设计和实施专业书籍进阶阅读制度时，一般会遇到"读什么书"或"该如何选定书目"的问题。每所幼儿园根据自己园所教师阅读的现状、经费情况和教研重点等自行决定。下文列举了不同幼儿园进阶阅读书籍的管理。

有的幼儿园指出阅读方向，如"结合区域重点推荐和教师需要，每学年初制订本学年园部的阅读计划和专业书籍进阶阅读书目，并统一购买"。

有的幼儿园明确阅读范围，如"共读儿童心理学或者观察评价等方面的经典书籍，提升儿童观察与行为分析能力，每学期选择一本开展进阶阅读，确保全体教师人手一册"。

有的幼儿园给予一定自由，如"共读书目是所有教师必须阅读的书，由幼儿园统一购买。自主阅读书目是教师根据实际需求自行购买的书籍"。

有的幼儿园给予充分自由，如"教师根据实际需要，自主提出购买书籍的申请，由园部统一购买。读完一本并向全园分享后本书就由本人保管，其他教师也可借阅。教师阅读完一本后，可申请下一本进阶阅读的图书"。

有的幼儿园采用网络平台和网络资源鼓励教师登记自己阅读的书籍，比如，教师在"个人阅读管理"公众号中建立个人读书馆，进行"个人图书馆"登记和梳理阅读书目。

对考核与评价的规定

考核和评价可以激发教师更好地执行专业书籍进阶阅读的制度。既然是一种激励措施，宜采用奖励措施，不宜采用惩罚措施。有的幼儿园采用积分奖励的办法，如"积极参与读书组活动的教师，在学期考核时可以加 2~4 分"；有的幼儿园采用物质奖励的办法，如"每学期末评选优秀读书教师，给予书籍奖励"；有的幼儿园采用其他的奖励办法，如"每学期评选2名读书明星，颁发读书明星荣誉证书""建立教师读书活动档案管理，提供读书笔记、读书心得、阅读感悟等资料，并评选优秀读书笔记"。

需要注意的问题

明晰阅读目标，避免形式化

专业书籍进阶阅读制度要关注教师自主发展、终身学习的意识和能力，强调激发教师的自主性。注重阅读过程的指导，避免强制性或者形式化的阅读作业。要明确"读书过程比结果重要，思想碰撞比背诵观点重要，终结目标是形成批判性思维"[1]。

阅读要和教学、教研有机结合起来，聚焦实际工作中的实践问题，围绕研究重点持续进行深入现场的交流与对话。在阅读指导下实践，在实践中理解专业，努力实现自主与可持续发展。

注重专业阅读，避免阅读泛化

新教育实验的发起人朱永新曾说"没有专业阅读，就无法造就真正的教师"[2]。在组织和实施的过程中，在书籍内容的选择、组织方式的确定上避免泛化，应该聚焦在阅读专业书籍、提升专业能力上。"专业类书籍"的阅读有别于工会活动组织的休闲、文化、娱乐等方面的阅读。但是，工会活动的阅读作为教师专业阅读的重要补充，也可以开展有关职业认同和拓宽视野的阅读活动，共同助力教师的专业发展。

---

[1] 江苏省教育厅. 省教育厅关于加强学前教育教研工作的意见［EB/OL］.（2017-09-22）［2021-08-26］http://jyt.jiangsu.gov.cn/art/2017/9/22/art_58961_7628321.html.

[2] 朱永新. 教师个性化书单的意义［N］. 中国教师报，2021-1-13（8）.

30. 什么是课程审议制度?

随着幼儿园课程的园本化趋势，很多幼儿园都在进行园本课程建设。在幼儿园的课程建设实践中，课程审议的形式早就存在，如集体备课，制定主题、周计划等，但实际操作过程中存在不少问题，比如，实际参与审议者少，对课程审议的理解存在偏差，课程审议的内容浮于表面，课程审议的环节之间缺少衔接等。这些问题势必会影响幼儿园园本化课程的建构进程，阻碍教师的专业成长。因此，幼儿园必须建立课程审议制度，完善课程审议的流程，明确各审议环节的重点，注重审议层次间的衔接，调动每位教师的参与积极性，探索适合本园的、行之有效的课程审议模式。

课程审议制度的内涵和基本特征

审议是指通过对特定对象或现象的深入考察、讨论及权衡做出一定选择的活动。

课程审议是指课程开发的主体对具体教育实践情境中的问题反复讨论权衡，以获得一致性的理解与解释，最终做出恰当的、一致的课程变革的决定及相应的策略。

幼儿园课程审议以幼儿园课程的实施及建设为目的，也就是对幼儿园课程的实施过程及相关情境进行深入考察、讨论和分析，以便对相关的内容、策略等做出选择。它是幼儿园课程开发的重要环节，也是幼儿园课程问题得以解决、课程策略得以形成的过程。[1]

幼儿园课程审议制度是为保证幼儿园课程建设的质量而建立健全的课程管理体制之一，对课程建设和开发进行统一监督与管理，将课程的决策、变革、实施、评价纳入制度化轨道。

幼儿园课程审议制度强调引领性和适宜性。

---

[1] 虞永平. 论幼儿园的课程审议[J]. 学前教育研究, 2005 (1): 11-13.

引领性

幼儿园课程审议制度对审议的流程、内容、主体、形式等做出了明确要求，旨在引领教师创造性地运用已初具推广价值的文本课程，学会选择和补充有品质的教育资源。

适宜性

执行幼儿园课程审议制度，旨在引导教师把研究重心转向幼儿，让幼儿园课程更加贴近幼儿的实际发展水平、学习特点、生活以及幼儿的兴趣与需要。

课程审议制度的价值和意义

在幼儿园课程建设的过程中，以幼儿园课程开发为目的的课程审议，应该成为幼教工作者的一种工作职责。幼儿园课程改革的复杂程度决定了广泛多元、科学规范的课程审议制度的必要。幼儿园课程审议制度会经历探索、反思、不断优化的过程，逐渐突显出以下价值和意义。

明确审议过程的动态性

课程审议是一个循环渐进的过程，它贯穿于课程的开发设计、实施和评价过程的始终。在此过程中，各个审议形式之间环环相扣，每一次审议都可能为下一步行动带来"突破点"，或引发新的问题。这种连续、持久的审议，可以保障课程活动的不断推进，正是在这样动态渐进的过程中，让幼儿园课程更加适宜幼儿的发展。

提高课程实施的有效性

课程审议的过程有助于教师在课程实施的各个时段寻找教育重点。在审议过程中，教师首先考虑的是幼儿的已有经验，并在此基础上把握活动可能给幼儿带来的新经验。而且，教师对于如何围绕新经验展开活动要做到心中有数，幼儿的学习与发展成为审议的落脚点，所以审议后形成的课程实施方案不管从目标定位还是内容预设来看，都更符合幼儿发展的需要，并为幼儿的自主活动留出一定的生成空间，有利于幼儿获得学习的满足感和自主学习的能力。

增强教师发展的自主性

课程开发的过程，是一个不断尝试和实践的过程，需要课程实施者进行深入的探索。课程审议制度的实践会经历分享、学习、对话的过程，教师的经验和能力在这个过程中得到更新和提升。每次的课程审议都由教师轮流主持，审议过程中每位教师都能发表自己的见解、提出自己的困惑并分析问题的成因，从而有所收获。在审议团体的影响与共同作用下，教师的教育理想与观念将会走向趋同，在课程审议的过程中形成新的研究共同体。课程审议倡导减轻教师的文字工作量，让教师有更多时间陪伴、观察幼儿，了解幼儿的学习方式，从而促进教师整体专业水平的提升。[1]

课程审议制度的设计与实施

课程审议制度力求贴合幼儿园真实、自然的教科研过程，其设计与实施需要持之以恒的深入研究。幼儿园可以通过成立课程审议领导小组、建立组织网络、制定管理办法和流程方案等，让教师审议过程更加轻松，实施课程更加真实。

园部审议

园部审议往往采用现场教研的形式，在全园教师理论学习的基础上，对课程审议的理念、内容、方法、成效等达成共识，主要研讨的内容有课程制度优化、流程和细则的修订、基础性课程和选择性课程的整合等。园部审议一般由幼儿园的业务园长主持，每学期开展1~2次。

学期审议

学期审议往往在学期初和学期末两个时间段进行。期初审议一般由年级组长主持，年级组长通过对以往活动的回顾，梳理出新学期主要经历的主题及一些参考活动等；组织年级组教师参考以往活动，一起规划新学期的主题、重点活动、环境创设等；在大家达成共识后完成学期初课程审议研讨记录表，以此作为制订各班级计划、主题计划的参考。年级组每一位教师都能成为新学期主题审议负责人，并参与重点活动负责人的报名、推选。

期末审议一般也是由年级组长主持，年级组教师主要是共同回顾本学期的经历，对主题活动及年级组共同推进的一些重点活动进行梳理和调整，并对课程审议内容、流程提出意见或建议，同时对下学期的主要活动进行初步规划，形成共识。

---

[1] 张皎红. 幼儿园课程审议制度的实践研究［J］. 早期教育（教科研版），2012（2）：52-54.

主题审议

主题审议是对每个主题活动进行规划、调整和反思，可以分为前、中、后三个阶段进行。主题前审议主要结合幼儿的年龄特点、已有经验、兴趣和需要审设计思路，主题中审议主要关注幼儿的生活经验及经验运用审反馈调整，主题后审议主要围绕幼儿的学习与发展情况审反思总结。

主题前审议：一般采用现场教研的形式，结合前期调查，统一对主题的理解，在此基础上对主题实施方案进行整体规划，包括主题目标、环境创设、资源利用、主要活动等。

主题前审议一般在主题开展前1~2周进行，主题审议负责人可以结合主题内容设计主题审议前期调查表，教师结合该主题的前期资源，通过访谈幼儿、家长等，完成前期调查表。调查表的目的是提示每位教师对主题目标、环境、资源、活动做整体思考、规划，做好充分准备参与主题前审议。通过审议形成的主题，在实施时要注意前一主题与后一主题内容上的衔接，方案中主要涉及主题目标、环境创设、资源利用、活动内容等（见表2-5）。

表2-5　××幼儿园大班"我爱我的祖国"主题实施方案[1]

实施时间	9月29日至10月25日（4周）
主题目标	1. 知道自己的祖国地大物博，是个多民族的国家，感受到祖国和家乡建设的伟大成就。 2. 了解升旗的礼仪，有尊敬国旗、爱护国旗的责任感，体验做小小升旗手的荣誉感。 3. 欣赏具有中国民族元素的物品和音乐，能运用多种材料和肢体动作等表现具有中国元素的艺术作品。 4. 了解中国的一些伟大发现和发明，能通过收集、表征、语言等方式表达自己的发现，为自己是中国人而感到自豪。
环境创设	*主题墙* 1. 收集幼儿游览祖国各地的照片，布置"祖国河山美"专栏。 2. 将幼儿绘画的民族娃娃张贴在自制的中国地图或"长城"的底版上，布置"各民族是一家"专栏。

---

[1] 张皎红，杨海玲，徐一辰. 做一个专业的幼儿教师——《幼儿园教师专业标准（试行）》案例式解读[M]. 长春：东北师范大学出版社，2020.

环境创设	**展览会** 1. 动员家长和幼儿共同收集祖国各地的特产，教师与幼儿共同布置"祖国各地的特产"展览会。 2. 收集家乡的特色美食、风景名胜等的图片，幼儿运用自然材料和生活材料自制家乡美食作品等，教师与幼儿共同布置"我爱家乡"展览会。 **区域材料** 1. 图书区：提供古代四大发明图片、《民族风情》等书籍、"我们的祖国真大"的诗歌图标等材料。 2. 美工区：提供京剧脸谱、民族服饰等欣赏和创作的材料。 3. 积木区：提供积木、纸砖、纸板等建构材料，自制大树、红旗等情境材料，张贴古典桥梁、天安门、长城等建筑名胜的图片。 4. 科学区：提供中国地图、放大镜和各地特产、风景名胜图片等材料。
资源利用	**自然资源** 1. 发现周围环境中的美景，如山林、河流和湖泊，和幼儿一起走进大自然，感受中国地大物博、生态多样的特性，产生民族自豪感。 2. 收集有特色的自然资源，如竹子、石头、树叶等，支持幼儿创作地方特色作品。 **社会资源** 1. 欣赏周围社区广场、超市等公共场所中有关国庆宣传和装饰的环境，感受国庆节日氛围。 2. 和幼儿一起参观社区图书馆、博物馆等，了解有关家乡的发展历史。 **文化资源** 1. 鼓励家长利用国庆假期带幼儿外出旅游，感受祖国的美好风光，并协助幼儿收集祖国各地的风景照片。 2. 走进周边的博物馆、历史街区等文化场所，感受历史文化氛围。 **其他资源** 收集"国旗护卫队的故事""京剧唱段""少数民族歌舞"等视频。
活动内容	专题一：我爱祖国（第5周、第6周） | 游戏活动	生活活动	教学活动
---	---	---
美工区：京剧脸谱 科学区：大富翁 图书区：四大发明 表演区：我是小小升旗手 数学游戏：小猫钓鱼 体育游戏：背篓投球 音乐游戏：大中国 益智游戏：祖国之最	来园签到：各地娃娃来报到 晨间播报：我们的升旗仪式 自由活动：国旗护卫队的故事 社会实践：节日的广场	综合：小小升旗手 音乐：大中国 语言：我最爱祖国 综合：我的祖国 体育：背篓投球 社会：首都北京 健康：吃安全健康的食品	

续表

活动内容	专题二：中国元素（第7周）		
	游戏活动	生活活动	教学活动
	美工区：旗袍 数学区：5的分合 积木区：天安门 生活区：穿鞋带 语言游戏：地名大考验 美术游戏：旗袍找不同 音乐游戏：龟兔赛跑 益智游戏：四大发明	晨间播报：中国元素艺术品 自由活动：祖国大拼图 午餐播报：祖国各地的美食	美术：京剧脸谱 社会：京剧 语言：我们的祖国真大 体育：蹴鞠 数学：各地娃娃到北京 综合：为祖国争光的人
	专题三：民族一家亲（第8周）		
	游戏活动	生活活动	教学活动
	美工区：盘扣 科学区：中国拼图 数学区：5以内的数物匹配 音乐游戏：小格桑 益智游戏：聪明的中国人 体育游戏：快乐的小牧民	晨间播报：爱祖国、爱家乡展览会 过渡环节：音乐领头人 自由活动：布置"祖国各地的特产"展览会	综合：祖国大家庭 语言：五十六个民族是一家 社会：马背上的民族 音乐：我们的妈妈是中国 数学：来了几个好朋友

主题中审议：可采用线上或线下的形式进行，主要交流主题进行中出现的困惑和问题，共商解决的策略。这一阶段强调教师的自我审议，教师之间针对各班级情况进行交流，在沟通的过程中寻求同伴支持。审议的内容可涉及活动计划的调整、活动反思与设计、话题讨论等方面。

主题后审议：可采用线上或线下的形式进行，从目标达成、内容设计、策略运用、效果评价等方面进行主题回顾，汇集主题资源。主题审议负责人结合同伴的意见及自己对主题实施的思考撰写主题总结。

班次审议

班次审议是同年级组同班次的教师围绕主题方案的实施进行的现场教研活动，其主要内容是明确一周的教育重点、商议本周的活动内容和形式、进行集体备课、协调周课程实施中的其他注意事项等。班次审议一般由备课组长主持，提前一周进行。

班内审议

班内审议是同班级的三位保教人员围绕班次审议的共识，根据本班实际情况进行补充和调整，共同商议制订一周计划的内容，对一些重点活动的开展形成方案。具体内容为明确一周教育重点、生活观察要点、游戏关注重点、家长配合等方面的要求。

需要注意的问题

有质量的课程审议一定是实践取向的，能够解决实践中的问题；有质量的课程审议一定涉及多方内容，如课程理念的确立、课程方案的编制、课程资源的开发、课程实施与评价等；有质量的课程审议一定能够展现师幼之间的有效互动，用课程的思路解决一日生活的问题。幼儿园在执行课程审议制度时，还需要注意以下方面。

从问题入手，开展论证性审议

幼儿园课程建设的过程，是一个不断尝试和实践的过程，各所幼儿园在探索实践的过程中，常常会出现这样或那样的问题。论证性审议，就是针对幼儿园园本课程方案或某个活动计划、设想的可行性和合理性问题展开的审议。基于问题，从幼儿的学习特点、以往的实施经验、现有的课程资源等因素出发审议、比较，不断完善课程方案。

从理念入手，推进形成性审议

幼儿一日生活的每一个环节都蕴含着教育价值，可能成为课程。课程审议中，教师对幼儿学习发展线索的捕捉、设计、实施是关键。形成性审议，是以新的观念、新的内容、新的方法、新的策略、新的资源等的创新为目的的课程审议，把课程审议变成集体创造的过程，通过头脑风暴、学习研究共同体等活动体现教师群体的创新力量。不断的课程审议，能够帮助教师学会用课程的思路解决一日生活的问题，同时在理念分享、思维碰撞的过程中总结课程实践的经验。[1]

从内容入手，进行展开性审议

展开性审议，就是从各个课程内容之间的逻辑关系入手，拓展课程开发的思路。幼儿园在审议和改造课程时，审议的内容可以围绕幼儿园一日生活时间安排、室内外环境创设、课程资源的开发与利用、师幼互动策略的梳理进行。让课程开发呈现丰富的内容、多样化的形式，融合教师的规划、观察、支持等能力，真正促进师幼的共同成长。

---

[1] 张皎红. 区域推进课程审议三步法［J］. 山东教育，2020（增刊6）：8-9.

第三章

有关生活环节的教研活动设计与实施

31. 如何设计与实施关于"晨间来园活动"的教研活动？

思考教研内容

晨间来园活动是幼儿在园一日生活的开始，它不仅能够帮助幼儿尽快适应一天的在园生活，还能帮助幼儿养成良好的秩序感，增强计划性与自主性等。教研组长需要关注晨间来园活动包含哪些具体的环节，各环节的内容、组织流程、发展价值、师幼互动等情况。晨间来园活动的组织需要关注以下几个方面。

各环节的设计和组织应该科学、合理、自然

晨间来园一般包含自主入园、问好、物品整理、签到、值日生工作、区域游戏等各环节，各环节之间依据幼儿的节奏自然过渡。其中，区域游戏在某些幼儿园的一日作息中可能不被包含在晨间来园环节。

聚焦各环节的发展价值进行有效观察，积极与幼儿互动

自主入园：幼儿能够独立入园，体验成长感；教师关注幼儿的情绪，帮助幼儿形成积极的入园体验。

互动问好：幼儿乐意与同伴和教师用自己喜欢的方式打招呼，体验主动交往和被接纳的快乐；教师应积极回应幼儿，并表示欢迎和表达关心，可与幼儿进行简短的对话。

物品整理：幼儿能够整理和保管好自己的个人物品，发展生活自理能力；教师关注幼儿个人物品整理的情况，鼓励和引导幼儿有序整理物品，掌握整理的方法。

来园签到：幼儿能够主动进行来园登记，具有初步的时间概念；教师设计和实施蕴含各领域发展的签到方式，提供符合幼儿年龄特点和思维发展水平的签到材料。

值日生工作：幼儿能够积极整理班级物品，照顾动植物，发展责任感和任务意识；教师为幼儿提供适宜、充分的工具和材料，对幼儿的值日生工作表示鼓励、提供帮助等。

区域游戏：幼儿能够自主选择区域游戏，并有一定的计划意识，经历体验、自信、自尊、自主的过程；教师尊重幼儿的自主选择并关注幼儿游戏的情况。

在此基础上,教研组长可结合必要的相关文献或其他幼儿园的成功经验,思考有关"晨间来园活动"的教研活动应该聚焦哪些问题。

- 晨间来园活动应该包含哪些环节?各环节是否存在缺漏?
- 教师是否清楚各环节的发展价值并有效地观察与指导?
- 晨间来园活动各环节的流程是否合理,是否让幼儿感受到秩序感和安全感?
- 教师是否能够关注到每名幼儿并积极回应幼儿?
- 幼儿是否有机会获得各领域的发展?

调研本园主要的相关问题

了解了晨间来园活动应该关注什么以及教研需要聚焦的问题之后,接下来就需要了解和思考自己所在幼儿园近期的晨间来园活动存在哪些问题。

第一步:梳理调研内容

可利用调查表请班级教师自查,同时要深入幼儿园保教现场,开展相关的调查、研究活动,了解幼儿园"晨间来园活动"的环节设计、组织流程、教育价值、师幼互动、幼儿学习与发展等情况。

表 3-1 ××幼儿园晨间来园活动调查表

观察时间		观察班级		观察者	
环节设计	观察记录			分析解读	
	幼儿行为		教师行为		
自主入园				(可以从环节、流程的合理性;教育价值体现;师幼互动质量、环境资源利用等方面进行分析解读)	
互动问好					
物品整理					
来园签到					
值日工作					
物品整理					
区域游戏					
其他					

填写说明:调查表主要用于记录和分析各班级在晨间来园环节值得推广的经验和需要改进的方面;可记录各环节中幼儿的活动和教师的观察、回应等情况,如缺少相关环节,可在对应环节中填写"没有观察到该环节";分析解读可以按照各环节分别进行,也可以总体分析。

第二步：思考调研方法

教研组长、骨干教师或邀请的专家等可以通过观察记录、交流反馈的形式，了解教师对晨间来园环节发展价值的认识和组织策略等方面的困惑和问题，在调研中可采用以下方法。

不同年龄段幼儿的横向观察：在同一个时间段，对小、中、大班分别进行观察，了解不同年龄段幼儿的晨间来园活动各个环节的价值和组织流程的区别。

同一个年龄段不同班级幼儿的横向观察：在同一个时间段，对同一年龄段各个班级幼儿的晨间来园活动现状（或其中的某一环节的问题）进行对比观察，了解各个班级在晨间来园活动各环节的教育价值和师幼互动的差异。

一个班级的纵向观察：针对一个班级进行跟踪观察，如每周跟踪观察1次，持续2~3周，了解一个班级晨间来园活动各环节的变化。

第三步：分析调研问题

调查的目的之一是厘清本园晨间来园环节存在的主要问题，及时解决个别问题，确立需要通过教研解决的共性问题，分析其产生的原因并有针对性地解决。因此，针对问题分析，调研需要做好以下几点。

针对个别问题：需要及时跟班级教师沟通，做到即时教研、个别解决，如个别教师忙于准备材料或教具，对幼儿晨间问好的积极回应不足等。

针对共性问题：需要整理调研观察记录表和参考表，汇总各个班级的具体问题，并对问题进行归类、总结和提炼。在分析和梳理的过程中，可以通过年级组即时性研讨、教师沙龙等方式，也可以通过集中研讨、头脑风暴等方式。比如，某幼儿园调研晨间来园活动各环节后发现存在以下共性问题。

晨间来园环节有缺漏，比如，某些班级缺少物品整理、来园签到等，有些班级虽然有该环节，但是重视程度不够，组织流于形式。主要原因是教师没有认识到各个环节蕴含的教育价值，不能有效地在一日生活中渗透教育目标。

某些环节之间过渡不够自然，会随意地变换顺序，比如，有的时候先让幼儿做好来园签到，有的时候先让幼儿做值日生工作等，幼儿缺少稳定感和秩序感；环节的设置不符合幼儿的节奏。主要原因是教师没有意识到晨间来园活动常规建立的重要性。

幼儿在晨间来园活动各环节中比较随意，缺少计划性和目的性。主要原因是教师对晨间来园环节缺少有效的组织和引导。

教师在晨间来园活动各环节中主导和干预较多，幼儿自主计划或选择活动受到干扰。主要原因是教师的教育观和儿童观未转变，课程意识比较薄弱。

制订系列教研计划

发现问题、分析原因后就可以设计问题导向的教研计划，思考教研活动要实现什么目标、开展哪些内容的教研活动、用什么样的方式开展教研活动、什么时候开展教研活动、每一次教研活动谁来参加等，形成一份系列性的教研计划。

教研计划可以用列表的形式呈现（见表1-2），表中呈现每一次教研的内容、方式、参与人员等。要考虑全园参与和小、中、大不同年龄段分别参与，以及骨干、新教师、老教师、专家介入等不同人员的参与等问题；要考虑不同的教研形式，如现场调研、观察、即时讨论、伴随课程审议中讨论、阅读等问题；还需要考虑教研计划的时长，即持续教研多长时间等问题。

设计单次教研活动方案

在系统了解"晨间来园活动"的教研活动设计思路之后，需要思考如何设计与组织每一次教研活动。以下将从教研目标、教研准备、教研过程、教研反思与跟进等几个方面详细介绍"来园签到环节"教研活动的设计与组织。

教研目标

教研目标聚焦的是本次教研活动需要解决的具体问题，应该具有较强的针对性和可操作性。围绕晨间来园活动中的来园签到环节，提出以下教研目标以解决来园签到的形式、师幼互动策略等问题。

目标1：梳理已有的来园签到形式，比较不同的来园签到形式对幼儿发展的不同价值，设计适宜不同年龄段的签到形式。

目标2：分析来园签到环节的师幼互动现状，依据《指南》各部分的教育建议，形成来园签到环节的师幼互动建议。

教研准备

教研准备与教师开展教学活动的准备一样，需要包含经验准备和物质准备两个部分。经验准备可涉及教研主持人自身对来园签到的形式、价值和策略等有基本的了解并能够起到引领作用,对各班级的来园签到和教师对来园签到的认识和实践有一定的了解;参与者对来园签到形式和策略有一定的认识、思考和实践。物质准备涉及与来园签到有关的教研资料,如学习资料、研讨使用的工具材料,甚至是网络等。

经验准备:教师通过电子调查问卷,完成关于来园签到环节实施问题的调查;教研主持人了解每位参与者对来园签到的原有经验;参与教研的教师前期对来园签到环节的价值有一定认识,并带着观察案例参与教研。

物质准备:教研方案(PPT),不同年龄段幼儿的来园签到图片或者视频,交流讨论的工具(勾线笔、素描纸等)。

教研过程

教研的每一步都应该紧紧围绕教研目标展开。在教研活动前将本次教研目标、过程和相关要求提前告知参与人员。可以将教研过程分为几个环节,每个环节解决一个具体的问题。

环节1:头脑风暴——分享来园签到的实践经验

教研活动需要考虑"如何让每一个人都参与",头脑风暴的形式有利于营造"人人参与"的氛围,可从个人、小组和集体三个层面依次推进。

个人层面:利用10分钟独立写出自己班级来园签到的形式、价值和教师支持策略。

小组层面:在个人书写后共同商议和梳理来园签到的多种形式、价值和支持策略,可用思维导图或者表格的形式呈现。

集体层面:在小组分析基础上,对各年龄段的来园签到形式、教育价值及教师支持策略等进行研讨,对来园签到形式、价值和教师支持策略达成共识,可用图表的方式呈现。

环节2:案例解析——达成来园签到的价值共识

采用案例解读的形式需要考察案例或者视频的内容是否具有针对性和话题性,即呈现的案例或者视频是否能够有效激发教师的思考和讨论。

视频观摩:现场观察不同年龄段来园签到的视频,解读不同来园签到形式及其教育价值。

教师沙龙：基于头脑风暴环节形成来园签到的共识，解读视频中来园签到的形式是怎样的，有怎样的发展价值，需要教师怎样的支持等，研讨哪些可以借鉴，还存在什么问题，如何改进等。

环节3：专业引领——理论提升

专业引领是为了帮助教师进一步或者深入地思考问题，转变观念。学习的理论要能够有效地引发教师思维的转变或者思维水平的提升，最重要的是能够有效地指导实践。如学习虞永平教授的文章《课程在儿童的生活和行动里》，分析和讨论以下内容：

➢ 如何将来园签到纳入课程，成为课程实施中的一部分？
➢ 来园签到的形式和内容是不是一成不变的？如何让来园签到根据课程的实施和幼儿的需要的变化不断调适？

小结：请大家进一步思考来园签到的内容、形式、价值和支持策略，并基于本班的近期课程实施需要和幼儿发展需要，进一步调整和优化班级来园签到。

教研反思与跟进

通过教研，教师对来园签到环节的内容、形式和价值等达成初步共识，但从认识到落实还存在一定问题，因此需要在实践中对共识进一步调整和优化（见表3-2）。

表3-2 中班年龄段来园签到调整前后对比

来园签到	调整前	调整后
主要形式	采用名字插排的形式在指定的插口处插入名字。	在插口的下方分别贴上数字1~35。
教育价值	表示我来了；可进行初步的统计，如今天几人没有来园。	数一数自己第几个入园，认识数字和感知数序；感知时间的先后。

班级层面：根据教研中形成的关于"来园签到"的共识，进一步优化本班来园签到形式。

年级组层面：在课程审议过程中，就各年龄段"来园签到"的形式和教育价值、支持策略等进一步研讨，并在主题、周、日计划中落实。

小班年龄段基于社会性发展的考量将问好环节和来园签到环节整合。在来园签到时，将自己的照片放在自己喜欢的问好方式处，并采用相应的方式与教师和同伴问好（见表3-3）。

表3-3 来园签到每周落实情况（小班）

第一周	在教师的协助下能将照片贴在自己喜欢的问好图片下，表示"我来了"。
第二周	在教师的提醒下能够将照片贴在自己喜欢的问好图片下，并跟教师用对应的方式打招呼。
第三周	能够在来园签到墙上独立张贴照片，并主动与教师或同伴打招呼。

中班年龄段可以改变来园签到的形式，将"数学认识"的学习目标融入其中。

调整前：只有名字插牌

调整后：在插牌下面贴上数字

大班年龄段采用记录时间的形式，每天来园后看一看时钟，将具体时间记录下来。

园部层面：幼儿园要对不同班级进行对比观察，或对同一个班级持续跟踪观察3周及以上，对班级"来园签到"的调整和落实情况进行反馈、研讨。如对来园签到环节的目标定位进行跟踪和指导，帮助教师更加科学地梳理来园签到对幼儿的发展价值。

梳理教研活动的阶段性成果

"晨间来园活动"系列教研活动后，教师的教育观念和实践往往会发生变化，这是最重要的教研成果，可通过撰写论文、交流分享等方式鼓励教师主动梳理成果。另外，幼儿园层面也需要进行成果梳理，形成有针对性的指导意见等（见表3-4）。

表3-4　幼儿园晨间来园环节的观察指导要点

环节	组织流程	教育价值	操作要点（教育建议）
自主入园	1. 刷卡进园、测温、问好。 2. 洗手、晨检。 3. 自主进班或到户外活动场地。	1. 主动与成人问好，使用礼貌语言。 2. 养成良好的生活与卫生习惯，注重手的卫生与健康。 3. 能独立或在引导下自主进班或户外游戏场地，感知幼儿园建筑与空间。 4. 喜欢上幼儿园，保持情绪稳定愉悦或能在成人安抚下逐渐平静。	1. 师幼共同约定"来园几件事"，用幼儿看得懂的方式在环境中呈现，引导幼儿自主完成相关任务。 2. 根据幼儿年龄特点设置入园引导线、户外活动场地地图等，引导幼儿自主进班或到户外活动场地。 3. 关注每一位来园幼儿的情绪，并积极回应幼儿的需要。
来园签到	1. 进班问好。 2. 测温与记录。 3. 自主完成个人物品整理（个人物品放入学具柜、整理学具柜、擦拭桌椅等）。 4. 完成来园签到（观察和记录日期、天气和温度等）。	1. 主动与老师、同伴用不同的方式问好，保持情绪稳定、愉快。 2. 具有基本的生活自理能力，尝试和努力做自己力所能及的事情。 3. 能感受天气、温度等的变化，尝试用图标、数字等不同的方式记录日期、天气和气温等。 4. 关注集体或小组中同伴的来园情况，尝试统计来园情况，并主动交流。	1. 基于课程实施或幼儿当下发展需要，创设适宜的来园签到墙，丰富问好与签到的形式。 2. 根据年龄特点创设适宜的学习墙，关注幼儿对天气、温度和日期的记录与相关的学习发展。 3. 通过值日生约定，引导幼儿自主选择值日工作内容，并积极承担力所能及的各类任务。 4. 引导幼儿统计当天来园情况，将数序、分类、交往等各方面的学习融入其中。

续表

环节	组织流程	教育价值	操作要点（教育建议）
自主计划	1. 一日计划（值日生工作计划、游戏计划或其他持续探究计划）。 2. 和教师交流自己的计划。 3. 根据计划，自主选择活动（值日生、进区游戏）。	1. 有计划地参与一日生活，能根据值日生约定、自己或同伴的共同意愿，主动计划，并能坚持按照计划行动。 2. 愿意与他人主动交流自己的计划，并清楚表达自己的计划，愿意接受他人的建议。 3. 提升自我服务和服务他人的能力，主动发起游戏或活动，养成良好的学习品质。	1. 创设自主选区或自主计划墙，引导幼儿用语言、表征等方式自主选区和做游戏计划。 2. 关注每一个幼儿的计划，并引导幼儿大胆交流自己的计划，发现其学习与发展的需要。 3. 观察每一名幼儿，有针对性地帮助和支持有特殊需要的幼儿。 4. 创设自主、宽松的氛围，引导幼儿主动发起活动，参与值日，促进其良好学习品质的形成。

个人层面：撰写晨间来园活动相关的随笔、案例或者论文等成果，提升教师反思性实践意识。

班级层面：梳理各班晨间来园环节的典型案例和优秀经验，形成各年龄段的晨间来园活动操作要点，助力教师课程实践能力提升。

园部层面：通过系列的教研活动，就教师对晨间来园活动的环节和流程是否适宜，教师组织策略是否合理以及促进幼儿哪方面的发展等问题初步达成共识。这时，幼儿园可以基于这些共识，形成针对性的指导意见或可供借鉴的教育建议、评价要点、观察要点等。

持续跟进和落实教研成果

如果没有持续的跟进措施，教研成果就无法有效落实，教研的效果会逐渐弱化。持续跟进需要思考班级教师如何利用教研成果改善教育实践、年级组如何通过课程审议落实教研成果、园部如何通过排查和调研等方式跟踪观察等。

班级层面：将形成的教研成果发给每个班级，让教师对照成果中的指标和教育建议，根据本班的实际情况对班级晨间来园环节、环境创设、组织流程等进行调整和优化。

年级组层面：将晨间来园活动的教育价值与幼儿的学习目标进行对接，并纳入课程目标之中，通过年级审议、班次审议等方式再细化研究，引导教师将晨间来园活动及其他生活环节纳入课程审议之中，并在周、日计划中有序落实。

园部层面：园部可以持续对班级晨间来园活动进行专题调研和检查，进一步观察班级的落实和调整情况，并在此基础上梳理新的问题，围绕新问题不断进行深入现场的、即时性的教研。

需要注意的问题

- 晨间来园活动优化与落实不是一次教研就能解决的，应该将其纳入常规性的调研之中，及时发现问题进行即时交流和反馈，不断优化和调整。
- 应该将晨间来园活动的教研成果纳入幼儿园保教常规管理制度之中，结合其他成果审议与优化幼儿园的一日生活保教细则和评价标准。
- 关注不同发展层次教师对教研成果的理解和落实，尤其要关注3年以内新教师和教龄长的老教师。如新教师是否会对教研成果理解片面，实践中对某一环节的疏漏等；老教师是否会忽视教研成果，还是依赖原有经验做事，忽略了幼儿真实的发展需求和课程实施的需要。

32. 如何设计与实施关于"自主用餐活动"的教研活动?

思考教研内容

自主用餐活动是幼儿在教师的协助下自主、独立完成用餐及有关的一些力所能及的工作。自主用餐活动作为幼儿在园一日生活的重要组成部分,能帮助幼儿树立自我服务和独立自主的意识,提升幼儿的自我管理和自我服务能力,培养幼儿良好的生活习惯。教研组长需要关注自主用餐活动各环节的主要内容、组织方式、发展价值和师幼互动等情况。在组织自主用餐活动时,需要关注以下几个方面。

各环节的组织应安全、自主、有序

自主用餐活动一般包含餐前、餐中和餐后三个环节。餐前环节主要涉及自主如厕盥洗、清洁桌面、拿取小托盘和毛巾等餐前准备活动,以及餐前播报、手指游戏、谈话等过渡活动;餐中环节包含自主拿取碗筷、自主取餐、自主用餐、自主添饭菜等内容;餐后环节包含自主清理桌面、收拾碗筷、漱口擦嘴等整理活动,以及餐后散步、自主游戏等过渡活动。在某些幼儿园,餐前环节还包含自主选位,即自主选择想要坐在哪里用餐、跟谁坐在一起用餐等。

聚焦各环节的教育价值进行有效观察,积极互动

餐前环节

如厕盥洗:幼儿能自主独立如厕,遵守轮流和等待的规则,运用正确的洗手方法;教师观察幼儿手部清洁卫生情况,关注幼儿的安全意识、卫生意识和规则意识的培养。

清洁桌面:值日生在保育员的协助下用干净的毛巾擦拭桌面;教师关注幼儿为集体服务意识的培养,帮助幼儿感受完成任务的成就感。

拿取小托盘和毛巾:值日生自主拿取清洁使用的小托盘、毛巾等放在桌上;教师关注幼儿的任务意识和责任意识培养,对幼儿的值日生工作表示鼓励。

餐前播报:幼儿可以在同伴面前较清晰地介绍当日的菜谱及其营养价值,知

道要珍惜粮食，不挑食、偏食；教师鼓励幼儿大胆表达、认真倾听，帮助幼儿了解食物的营养价值，引导幼儿健康饮食。

其他过渡活动：幼儿可以轮流在同伴面前讲述故事、表演儿歌或手指游戏等；教师引导幼儿大方、清晰地表达，并积极参与互动，帮助幼儿稳定餐前情绪。

自主选位：幼儿能自主选择用餐的地点和同伴，体验与同伴共同进餐的乐趣；教师尊重幼儿的自主选择并关注幼儿用餐的情况。

餐中环节

自主取餐：幼儿自主拿取餐具，并按需盛饭和菜，能够遵守规则，有序排队，保持适宜的距离；教师为幼儿提供安全、方便的餐具，鼓励幼儿正确使用餐具进餐。

自主用餐：能够独立自主地用餐，细嚼慢咽，不挑食，不大声喧哗等，保持正确的坐姿和正确地使用餐具，能够保持桌面和地面干净；教师关注幼儿的用餐情况和身体状态，不催促幼儿，并提醒幼儿细嚼慢咽。

自主添饭菜：幼儿能根据自己的饭量适当添饭菜，知道吃多少盛多少；教师理解和尊重幼儿的个体差异，鼓励幼儿坚持光盘行动。

餐后环节

清理桌面：幼儿能将自己的餐具放到指定的地方，并收拾和整理自己的桌面；教师关注幼儿自主收拾整理，鼓励幼儿主动收拾整理的行为。

漱口擦嘴：幼儿能在餐后自主漱口、擦嘴，保持良好的个人口腔卫生；教师和值日生一起关注幼儿自主漱口和擦嘴的情况，并做好个别提醒。

过渡活动：保持餐后情绪稳定，能与同伴分享半日活动的想法，分享阅读和玩具，在户外散步时观察幼儿园内动植物，进行种植管理等；教师观察幼儿餐后的身体、情绪等方面的反应，创设宽松的互动环境，引导幼儿分享、观察、散步，为午睡做好准备。

在此基础上，教研组长可结合必要的相关文献或其他成功经验，思考"自主用餐活动"的教研活动应该聚焦哪些问题。

- 自主用餐各环节的设计与实施是否科学、合理？
- 幼儿的自主用餐活动是否自主、安全、有序？
- 幼儿自我服务和自我管理发展水平是怎样的？

- 幼儿是否养成良好的用餐习惯和独立自主的用餐意识?

其中,幼儿自我服务和自我管理能力的发展是"自主用餐"教研活动应该重点关注的问题。

调研本园主要的相关问题

了解了自主用餐活动应该关注什么以及教研应该聚焦的问题之后,接下来就需要了解和思考自己所在幼儿园近期自主用餐活动存在哪些问题。

第一步:梳理调研内容

运用观察记录表(见表3-5),了解幼儿园自主用餐各环节的组织流程以及幼儿的自主用餐行为和教师的支持策略等,关注幼儿自我服务和自我管理的发展情况以及教师的支持策略等。

表3-5 ××幼儿园自主用餐环节的观察记录表

观察时间		观察班级		观察者	
环节设计		幼儿行为	教师行为		分析解读
餐前环节	如厕盥洗				(各环节之间衔接,幼儿自主性和教师支持)
	清洁桌面				
	拿取小托盘和毛巾				
	餐前播报				
	其他过渡活动				
餐中环节	自主取餐				
	自主用餐				
	自主添饭菜				
餐后环节	清理桌面				
	漱口擦嘴				
	餐后散步				

说明:记录自主用餐中幼儿自我服务和自我管理行为、教师的组织管理方式;分析解读可以聚焦于组织流程的合理性、幼儿自主参与程度以及环境的支持作用等方面。

第二步：思考调研方法

教研组长可以带领骨干教师调查不同年龄段幼儿的自主用餐情况，通过观察记录、交流反馈等形式，了解幼儿自主用餐活动中自我服务和自我管理方面的经验和问题。

不同年龄段幼儿的对比观察：在同一个时间段，观察和记录不同年龄段幼儿自主用餐活动中的情况，了解不同年龄段幼儿自主用餐环节的特点。

同年龄段幼儿的横向观察：在同一个时间段，观察和记录同年龄段幼儿自主用餐活动情况，了解同年龄段幼儿自主用餐的共性和个性特点。

第三步：分析调研问题

调研的目的之一是厘清本园各年龄段幼儿自主用餐活动在环节设计、组织流程等方面的成功经验和存在的主要问题。可以选择现场调研的形式，如请年级组开展前置教研活动，分年龄段走进班级保教现场，观摩自主用餐环节的组织与实施。比如，某幼儿园调研自主用餐活动时发现存在以下主要问题。

餐前过渡活动：教师主导较多，如幼儿集体听教师讲述故事，幼儿以被动倾听为主，师幼之间很少有互动；存在消极等待现象。

餐前准备活动：餐前准备不充分，活动组织缺少秩序，幼儿如厕、搬椅子做餐前准备时容易发生擦碰；幼儿规则意识较弱，较难形成良好、稳定的自主如厕习惯，无法保证手部清洁卫生。

餐中环节：个别班级，教师包办代替幼儿分发碗筷，幼儿自我服务机会少；自助取餐活动中，教师干预较多；自助取餐排队时间较长等。骨干教师班级自主用餐组织流程的合理性、幼儿自我服务和自我管理的能力明显优于其他平行班级，主要原因是骨干教师已经初步具有用课程的思路去解决自主用餐问题的意识，而其他教师仍然被"安全"问题束缚。

制订系列教研计划

基于本园"自主用餐环节"存在的主要问题，可制订持续性沉浸式的系列教研计划（见表3-6）。要考虑系列教研的主要内容、每一次要解决的主要问题以及适宜参与的教师群体等，还需要考虑教研活动的频次、开放教研现场的班级、教研主持人等。

关注不同年龄段幼儿自主用餐活动的差异性,可进行分年龄段的教研活动;关注不同发展阶段教师组织和实施自主用餐活动的情况,可开展分层教研活动;关注沉浸现场的教研活动与集中研讨的教研活动的结合,可开展持续性的教研活动;关注教研活动与教师培训活动的结合,可开展交流研讨与专业书籍进阶阅读相互结合的混合研修活动。

表3-6 自主用餐活动系列教研计划(摘录)

教研内容与要点	教研方式	参与人员	活动时间
骨干教师班级"自主用餐环节"持续性沉浸式观摩	现场调研	教研组长 各班教师	9月1日—9月4日
不同年龄段幼儿"自主用餐环节"持续性沉浸式观摩研讨	现场调研	教研组长 各班教师	9月7日—9月11日（两周）
关于"自主用餐环节"的阅读分享活动	自主阅读 读书沙龙	读书组 各班教师	9月14日—9月18日
不同年龄段幼儿自主用餐环节的价值梳理	集中教研 头脑风暴	专家介入 全体教师	9月21日—9月25日
关于自主用餐环节教师支持策略研讨活动	集中教研 课程审议	专家介入 全体教师	9月29日
各年级组自主用餐活动观察案例研讨	级部教研 课程审议	年级组长 级部教师	9月30日
自主用餐活动组织与指导研讨活动	现场调研 即时讨论	教研组长 青年教师	10月12日—10月16日

设计单次教研活动方案

在系统了解自主用餐活动教研的设计思路之后,需要思考如何设计与组织一次具体、完整的教研活动。关于"自主用餐活动组织与指导"的单次教研活动,可包含教研目标、教研准备、教研过程、教研反思与跟进等几个方面。

教研目标

教研目标围绕自主用餐现状中的具体问题,有针对性地帮助教师解决关于幼儿自主用餐活动的认识、设计和实施等问题,如围绕幼儿自主用餐环节设计不合理、幼儿发展价值认识不清等问题,提出如下教研目标。

目标1:观摩幼儿自主用餐活动现场,梳理和分析幼儿自主用餐环节的组织流程，形成适宜不同年龄段幼儿的自主用餐环节指导意见。

目标2：通过小组研讨、集中研讨等形式进一步认识自主用餐对幼儿学习与发展的价值，并能够站在课程视角看待和解决幼儿自主用餐环节的问题。

教研准备

教研活动准备工作主要包括经验准备和物质准备。

经验准备：教研组长了解每位参与者对幼儿自主用餐的认识和各班级自主用餐的组织流程；教师梳理本班自主用餐环节实施中的经验和遇到的问题（可采用图文结合的形式呈现）。

物质准备：关于幼儿自主用餐环节设计的问题卡、不同年龄段幼儿自主用餐环节的视频或者现场（可以先由骨干教师班级承担）、观察记录表（可借鉴表3-6）、交流讨论的工具（勾线笔、素描纸等）。

教研过程

教研过程可分为若干环节，循序渐进地解决每一个具体问题。如果以深入现场的沉浸式教研为主要形式，在环节设计上也需要考虑小组研讨、集中研讨和理论学习等方面。现场观摩时需聚焦幼儿的言行和需求，可借助观察记录表引导参与者深入观察幼儿，进而反思幼儿自主用餐环节设计、组织流程和教师支持等方面的问题。

环节1：现场观摩——幼儿自主用餐活动中的行为和发展

现场观摩：小、中、大不同年龄段班级依次开放自主用餐活动现场，参与者选择1名或1组幼儿持续跟踪观察并记录。

现场交流：教师介绍自主用餐活动各环节幼儿做了什么事情，还可以做什么事情，其中蕴含的学习与发展价值以及教师的支持等；观摩教师基于现场观察，交流自己的想法和建议。

梳理小结：现场交流后，教研组长带领教师分析解读各年龄段幼儿自主用餐活动中的主要活动和可能的需求。

环节2：小组研讨——幼儿自主用餐活动的流程和教师支持

以小、中、大不同年龄段分小组交流和研讨，每组由骨干教师作为组长。

分组研讨：各小组结合现场观察记录表，并结合前期自己班级自主用餐活动的具体情况，梳理自主用餐有哪些环节，各环节幼儿可以做什么事情、有哪些发展价值，以及教师的有效支持策略等。通过绘制自主用餐流程图，形成各年龄段幼儿自主用餐环节的指导性建议（包含每个环节幼儿可以做的事情、教师可以做的事情等）。

交流研讨：分享分组研讨的成果，并将其汇总形成幼儿自主用餐活动指导意见（见表3-7）。

表3-7 幼儿园自主用餐活动指导意见

环节	组织流程	发展价值	操作要点（教育建议）
餐前环节	1. 午餐播报。 2. 如厕盥洗。 3. 值日生做餐前准备。	1. 能在同伴面前介绍当日的菜品和营养价值。 2. 主动承担"领头人"任务，带领同伴开展手指游戏、音乐游戏、讲故事等活动。 3. 养成餐前便后洗手的良好习惯，注重手的卫生与健康。 4. 知道合理饮食的重要性，不挑食偏食。 5. 主动承担值日工作，提升服务他人的意识和能力。	1. 通过家园联系，引导家长与幼儿共同参与，通过预约的方式，提前准备午餐播报的内容，鼓励幼儿大胆表达。 2. 制定领头人游戏公约，明确领头人游戏的内容、规则，引导幼儿自主参与、大胆表现。 3. 和幼儿共同约定，细化值日生制度中关于自主用餐活动的内容，并用幼儿看得懂的方式在环境中呈现。 4. 梳理分组如厕盥洗环节和餐前准备环节的组织流程、空间布局，减少无效等待。
餐中环节	1. 自主取餐。 2. 自主用餐。 3. 自主添饭菜。	1. 正确使用勺子盛饭菜，能根据自己的食量取餐，不浪费食物。 2. 能根据约定有序排队、等候取餐，并选择相应的餐桌，愉快进餐。 3. 进餐过程中，能细嚼慢咽，并根据需要自主添饭菜，保持桌面干净整洁。	1. 根据幼儿从盥洗到取餐的实际需求，设计适宜的取餐路线，可以和幼儿共同标出地面引导线，保障自助取餐的有序进行。 2. 通过绘画、收集相关图片等方式，表达自助取餐、自主选位和用餐添菜的规则，引导幼儿自我服务和自主管理。

续表

环节	组织流程	发展价值	操作要点（教育建议）
餐后环节	1. 清理桌面。 2. 漱口擦嘴。 3. 饭后散步。	1. 能自主收拾整理自己的桌面，并将餐具放到指定的地方。 2. 主动漱口擦嘴，养成良好的个人卫生习惯。 3. 能自主记录自己的用餐情况，知道珍惜粮食，为自己和同伴的光盘行为感到自豪。 4. 能与同伴交流半日活动的想法、分享玩具等，进行餐后散步、自由活动。 5. 保持餐后情绪稳定，身体舒适放松。	1. 创设有序、固定的用餐环境和餐具摆放位置，帮助幼儿养成定点收归的习惯。 2. 创设"光盘小达人"等互动环境，引导幼儿养成良好的饮食习惯。 3. 观察每一名幼儿，并针对性地帮助和支持有特殊需要的幼儿。 4. 创设自主、宽松的氛围，引导幼儿餐后主动发起分享活动。 5. 引导幼儿利用餐后散步的机会进行自然观察和种植活动。

环节3：理论学习——幼儿自主用餐活动的价值认同和共识

解读《指南》和"江苏省课程游戏化项目第一步：改造我们的儿童观和教育观"中的支架4，分析和讨论以下内容：

➢ 为什么要尝试一餐两点让幼儿自主完成？自主用餐活动对幼儿的学习与发展有哪些价值？

➢ 自主用餐各环节中，哪些环节是必需的，为什么？哪些环节可以根据自己班级情况灵活调整，还可以怎么调整？

➢ 如何用课程的思路解决自主用餐过程中的问题？

小结：请大家进一步思考幼儿自主用餐的环节、组织和互动策略，并将调整策略纳入近期主题审议之中，不断调整和优化班级自主用餐活动。

教研反思与跟进

教研活动之后，教师需要结合教研成果，分析幼儿当下经验和能力水平，进一步在实践中调整和优化本班自主用餐的环节、组织流程和环境、公约等。

班级层面：根据"自主用餐"流程图，进一步优化本班的自主用餐的组织流程。

年级组层面：讨论本年龄段近阶段"自主用餐"各环节的设置和相应的调整策略，并通过材料提供、家园联系、师幼团讨等方式纳入周、日计划中落实。

园部层面：通过跟踪调研，持续对全园各班"自主用餐"的调整和落实情况进行反馈，并提出建议。可以选择其中一个环节作为调研的重点，如对"午餐播报"环节进行持续跟踪调研，帮助教师针对不同年龄段幼儿的情况选择适宜的午餐播报方式。

表 3-8　自主用餐——午餐播报的亮点梳理

小一班	**亮点** 家园联系，收集一周食谱中的主要植物食品样本，并投放到生活区，幼儿可以通过看一看、闻一闻、摸一摸等多种感官直接感知食物的外形特征；通过师幼约定，幼儿可在同伴面前介绍当天的午餐菜品，表达自己的观察与感悟；通过与植物性食材的亲密接触，逐步养成不挑食、偏食的良好习惯。 **建议** 将收集的部分植物性食材在种养区进行栽种，引导幼儿持续观察，了解可食用植物的生长周期和可食用部位名称等；也可以对这些植物进行简单分类，了解它们作为食物的不同功能。
中二班	**亮点** 结合值日生工作，家长和幼儿共同收集菜品图片，以午餐小报的形式呈现当日餐品内容；每天一名幼儿负责进行午餐播报。 **建议** 和幼儿进一步讨论午餐播报的内容，可以聚焦某一菜品进行营养价值的播报，引导幼儿关注均衡饮食。将午餐小报张贴在固定地方，引导幼儿持续观察，关注午餐内容的变化规律等。
大五班	**亮点** 师幼一起讨论由谁来进行午餐播报、如何播报以及评价点赞方式等，支持幼儿自主制定午餐播报的规则，尝试自主评价和相互评价。 **建议** 引导幼儿进一步丰富午餐播报的内容，自制播报图卡代替现成图片，促进幼儿对食材外形特征等的了解，提升幼儿的表征、表述能力；将幼儿自制的播报图卡放在点赞墙，提升幼儿的成就感，后期也可以作为午餐统计的素材。

梳理教研活动的阶段性成果

"自主用餐"系列教研活动后，幼儿园应及时梳理共识性成果，形成指导性意见，以转变各班自主用餐活动的现状；年级组也可以在此基础上，梳理适宜本年龄段幼儿发展水平的支持策略和做法，形成各年龄段的指导要点。另外，也可以通过月排查、案例撰写或班级交流展示等方式，鼓励班级梳理班本化实施的成果。

园部层面：将系列教研中达成的共识、形成的成果梳理、提炼，并形成指导意见或可供借鉴的教育建议、评价要点、观察要点等。

年级层面：梳理同一年龄段各班自主用餐的典型案例和优秀经验，以图文结合的方式形成各年龄段幼儿自主用餐活动的指导要点（见表3-9）。

表3-9 中班年级组自主用餐环节亮点梳理

班级	孩子、教师共同做的事	孩子的变化、成长
中一班	1. 发动家长资源提前准备好图片和手抄报等材料，每天午餐前由当天负责的幼儿向全班幼儿进行"午餐播报"。 2. 师幼共同讨论：如何正确使用餐具？每次盛饭量多少比较适宜？形成约定，运用可视化的简单图示让幼儿明确可以怎样做。	1. 幼儿进一步了解食物的营养价值，知道不挑食、不偏食的好处，能大胆在同伴面前表达自己的想法，逐步养成良好的饮食习惯。 2. 幼儿的手部精细动作发展，使用餐具的技能提升。
中二班	1. 餐前如厕盥洗与自助取餐环节，和幼儿共同讨论、商议行走路线，并通过地面引导线和图标的方式进行指引。 2. 和幼儿约定如何自主选择就餐桌和共餐人，并形成空间布局图，幼儿用名字牌选择每天的就餐位置和共餐人。	1. 幼儿如厕盥洗与自助取餐更加有序、安全，并更加愿意遵守共同约定的规则，安全意识有所提高。 2. 幼儿对班级空间布局进一步熟悉，愿意主动与好朋友商量，就餐情绪更加愉悦，社会交往能力有所发展。
中三班	1. 幼儿用表征的方式将自主用餐的共同约定布置在环境中，并利用名字和空碗等标记记录自己的光盘行为。 2. 和幼儿共同梳理餐后可以做什么，如自主游戏、回顾计划、照顾植物等，并通过自制的游戏牌选择自己在每个环节中想做的事情或想玩的游戏等。	1. 幼儿在自主用餐活动中更加愿意参与值日生工作，能主动进行自我管理，做到光盘的幼儿越来越多。 2. 幼儿餐后能够根据计划自主选择适宜的活动，减少消极等待行为，能主动加入同伴的游戏，并乐意分享；能主动反思自己当天的活动，并记录自己的想法。

班级层面：梳理班级自主用餐活动中的亮点策略和教育价值，撰写相关案例、论文等成果，促进班本化实施，提升教师组织自主用餐活动的课程意识。

持续跟进和落实教研成果

班级层面：将形成的教研成果发给每个班级，让教师对照成果中的指标和教育建议，根据本班的实际情况对班级自主用餐各环节组织流程、环境创设、师幼互动等进行调整和优化。

年级组层面：将自主用餐活动的价值梳理与幼儿的发展目标进行对接，并将其纳入课程目标之中，通过年级审议、班次审议等方式细化研究，引导教师将自主用餐活动及其他生活环节纳入课程审议之中，并在周、日计划中有序落实。

园部层面：园部可以通过持续的班级自主用餐活动的专题调研和检查，进一步观察班级的落实和调整情况，在此基础上梳理新的问题，追随当下的新问题不断进行深入现场的即时性教研。

需要注意的问题

- 通过幼儿自主用餐专题调研、每月生活管理亮点梳理、即时性教研等举措，不断优化和调整自主用餐的环节、组织流程和策略支持等，并通过课程审议的形式在主题、周、日计划中落实教研成果。
- 幼儿自主用餐的教研活动可以先从午餐环节开始研究，再将教研成果迁移、推广到其他餐点活动中。
- 关注不同班级自主用餐活动实施的特点，尊重各班级自主用餐环节设计与实施的特点，引导教师用课程的思路理解和实施幼儿自主用餐活动。

33. 如何设计与实施关于"值日生活动"的教研活动？

思考教研内容

值日生活动是幼儿劳动教育的内容之一，是幼儿在园一日生活的重要活动，有助于幼儿养成良好的劳动观念与习惯，增强集体意识、责任感和分工合作意识，提高幼儿的动手能力和社会交往能力等。教研组长需要关注"值日生活动"的教育价值，引导教师关注值日生活动组织与指导、内容确立和规则制定等方面的教育功能。值日生活动的组织需要关注以下几个方面。

应贯穿于幼儿一日活动之中

幼儿的一日活动中都可以开展值日生活动，而不仅仅局限在生活活动。

让每一名幼儿都融入其中

可以确立不同难度的值日生工作内容，并采用多种形式，如小组合作、两两结对等，以保证每名幼儿都有机会做值日生，都能够在值日生活动中体会成就感和为集体服务的自豪感。

师幼协商确立内容和制定规则

值日生活动的内容应该由师幼共同确立，并根据实际情况灵活可变。教师可以提供建议并进行引导，如："如果你是值日生，你想为大家做什么事情？你觉得值日生还可以干什么？"

一般值日生的工作体现在晨间接待、盥洗、午睡、户外活动以及用餐等多个环节，如午餐时整理饭桌、分发碗筷、协助备餐，区域游戏时玩具的收纳、整理与修复，来园时照料动植物、清理种养角、记录动植物的生长变化等。

可由师幼共同制定值日生活动规则，并将其贯穿值日生活动的始终。值日生活动规则也需要在预设的基础上，不断生成新的规则。

采用灵活多样的分工方式

值日生活动分工涉及对值日生工作内容的分配，可以采用自我推荐或者自主选择的形式，也可以采用小组合作的形式，还可以采用轮流的形式。教师要尊重幼儿的自主选择，让每名幼儿都能在值日生活动中得到发展。

有序组织和指导值日生工作

值日生活动的实施包含确认值日生身份，明确值日生分工，完成值日生活动和结束值日生活动四个步骤。值日生活动的指导既有集体指导，也有个别指导；既有语言指导，也有动作指导。

对值日生活动进行回顾和反思

值日生活动的回顾应坚持多元主体，包含教师、幼儿、家长等不同主体。应以积极正向的评价为主，让幼儿感受到成功，并给其他幼儿起到榜样示范作用。值日生活动的反思应以幼儿为本，关注幼儿发展，促进幼儿正确理解值日生的角色，提高为集体服务意识。

创设值日生活动的相关环境

值日生活动的内容、流程、规则和人员安排等应以幼儿能够看得懂的形式呈现在环境中。有表明值日生身份和内容的标志，如图文结合的挂牌等。这些环境可由师幼共同创设。

在此基础上，教研组长可结合必要的相关文献或其他幼儿园的成功经验，思考"值日生活动"的教研活动应该聚焦哪些问题。

- 教师对开展值日生活动的认识和理解处于怎样的水平？
- 教师组织和指导值日生活动时是否具有课程视角？
- 教师有哪些适宜的策略支持幼儿的值日生工作？
- 各年龄段幼儿值日生活动的内容与要求是否符合年龄特征？
- 如何开展家园联动以进一步发挥值日生活动的积极价值？

调研本园主要的相关问题

了解了值日生活动应该关注什么以及相应的教研活动需要聚焦的问题后，接下来就需要了解和思考自己所在幼儿园的值日生活动现状如何，存在哪些问题。

第一步：梳理调研内容

教研组长可以编制相关的调查问卷，以全面了解教师对值日生活动的认识和理解，以及各班开展值日生活动的具体情况。同时，还可以结合访谈，深入了解教师对值日生活动的看法。

××幼儿园值日生活动现状调查问卷

亲爱的教师：

您好！为了更好地了解幼儿园值日生活动现状，以便优化幼儿值日生活动的组织与实施，促进幼儿的全面和谐发展，我们开展本次调查活动，以了解教师对值日生活动的认识和理解，以及班级开展值日生活动的具体情况。感谢您的配合。

1. 您认为哪个年龄段可以开展值日生活动？（单选）

    ①小班　　②中、大班　　③小、中、大班都可以

2. 您认为值日生活动对幼儿学习与发展有怎样的价值？（多选）

    ①发展了幼儿的多种能力（语言、自信、劳动、自我控制、矛盾解决等）

    ②增强了幼儿为集体、同伴服务的意识和责任心

    ③更新家长教育观念，促进家园合作

    ④其他_____

3. 您发现班级值日生活动中存在哪些主要问题？（多选）

    ①幼儿会忘了自己的工作职责，岗位意识不明确

    ②有的幼儿做事机会多，发展比较好，有的幼儿发展不明显

    ③争抢岗位，矛盾多，自主商量的时间过长

    ④幼儿对值日生工作认识有误区，不管别人是否需要，总是帮别人做

    ⑤值日生总想管别人，强迫他人服从，或向老师告状

    ⑥其他

4. 您觉得幼儿在值日生活动中的各项能力是否得到提高？（单选）

    ①有很大提高　　　②有一点提高　　　③没什么提高

    ④说不清，因人而异

5. 您班级值日生活动主要涉及以下哪些环节？（按照从多到少的顺序填序号）

    [ ]生活环节　　　　[ ]集体教学　　　　[ ]自主游戏

[　] 区域游戏　　　　[　] 过渡环节　　　　[　] 户外活动

[　] 来园和离园环节　　[　] 其他

6. 您班级值日生活动涉及哪些内容？（多选题）

①卫生安全（喝水、如厕、洗手洗脸、水杯毛巾整理、室内文明、班级卫生打扫等）

②动植物照料（照顾动植物、清理动植物区角、记录动植物生长变化等）

③餐点协助（整理饭桌、介绍餐点、分发碗筷、协助备餐等）

④图书、玩具管理（图书玩具的摆放、收纳、整理、修复等）

⑤班级播报（天气预报、日期、活动安排、特别的事等）

⑥机动服务（临时助手等）

⑦园所志愿者（升旗手、门口迎接等）

⑧其他

7. 您班级的幼儿在值日生活动中表现如何？（单选）

①能够明确自己的职责，做好自己的工作

②有的幼儿能做好，有的幼儿做不好

③幼儿常常忘了自己的职责，做得不认真

④其他

8. 您班级的值日生人员安排主要采用以下哪种方式？（单选）

①教师根据幼儿能力强弱指定的

②根据值日生来园顺序，先到先选

③幼儿自己商量谁做哪项工作

④不固定，看到哪个岗位有空缺就去哪

⑤其他

9. 您主要采用以下哪种方式指导值日生活动？（单选）

①融入社会性劳动课程等集体指导　　②针对性个别指导

③随机指导　　　　　　　　　　　　④其他

10. 您班级的值日生工作创设了哪些环境？（多选）

　　①值日生内容　　　　　　②值日生分工表

　　③值日生工作流程图　　　　④其他

11. 您班级幼儿的值日生工作是以何种方式进行评价的？（多选）

　　①教师口头表扬或提出不足的地方

　　②运用记录表的形式记录值日生工作情况，一段时间后奖励

　　③教师以评语的形式对值日生的工作进行评价

　　④引导幼儿自评与互评

　　⑤组织幼儿进行集体交流如何做好值日生

　　⑥其他

××幼儿园值日生活动——教师访谈大纲

访谈时间：_____　访谈地点：_____　访谈对象：_____

1. 您班级的值日生活动是何时开展的？
2. 您觉得开展值日生活动有哪些价值和意义？
3. 您班级的值日生工作包括哪些内容，是怎么确定的？
4. 您认为幼儿活动是否需要创设环境，可以创设哪些环境？
5. 您如何组织和指导值日生活动？
6. 您在值日生活动开展的过程中遇到过什么问题？是怎样解决的？
7. 您班级的值日生活动有没有达到您预期的效果？
8. 值日生活动促进了幼儿哪些方面的发展？
9. 您如何做好家园联系？
10. 您如何开展值日生活动的回顾与反思？

第二步：思考调研方法

　　教研组长可以发放纸质或电子调查问卷，及时分析教师的问卷，并结合专业理论和相关文献查阅等，进行本园值日生活动的现状分析。也可以按照教师的专业发展水平选择访谈对象，进行访谈、分析。

针对无法通过调查和访谈获取的信息，以及调查问卷和访谈中发现的主要问题等，教研组长可以安排进班观察活动。进班观察可以深入了解教师组织值日生活动的方法和策略，以及教师与幼儿之间互动的现状，进而确立需要通过教研活动解决的问题。观察对象要聚焦幼儿的行为，观察范围要覆盖不同年龄段和不同发展阶段教师的班级。

观察过程中，观察者可以聚焦一个或一组值日生持续观察；也可以聚焦某一环节中值日生活动进行观察。在不干扰值日生工作的情况下，观察者可以与观察对象互动，了解幼儿对值日生活动的看法。观察结束之后，观察者要及时梳理观察记录，分析幼儿在值日生活动中的行为，结合问卷和访谈情况，梳理本园值日生活动现状与问题。

第三步：分析调研问题

例如，某幼儿园通过问卷、访谈和观察之后，梳理本园值日生活动中存在以下共性问题。

- ➢ 值日生活动主要集中在生活环节，值日生工作内容单一，仅仅帮助教师做好餐前准备工作。
- ➢ 值日生活动环境呈现的内容缺少幼儿的表征和参与的痕迹。
- ➢ 值日生活动回顾环节以教师评价为主，缺少对前期准备和后期调整的反思。
- ➢ 教师知道值日生活动非常重要，但对其目的和价值认知不够清晰和全面。
- ➢ 教师缺少对不同能力幼儿的关注，导致有些幼儿对值日生活动产生消极的情绪。
- ➢ 教师主导值日生活动内容的确定和规则的制定，且一个学期很少有变化。
- ➢ 教师缺乏运用课程思路指导值日生活动的意识。
- ➢ 教师缺少与家长的互动，以及对自身组织策略的反思。

制订系列教研计划

基于本园值日生活动的现状和问题，系列教研活动要选择适宜的教研活动内容、组织形式和时间节点；要呈现每一次教研活动的内容、方式和参与人员，以及本次教研活动与上一次教研活动之间的关系；要考虑不同层面和不同形式教研活动的相互渗透等（见表3-10）。

表 3-10　值日生活动系列教研计划（摘录）

教研内容与要点	教研方式	参与人员	活动时间
解读"指南"中关于值日生活动的目的与价值	集中教研	教研组长 全体教师	3月4日
解读幼儿在值日生活动中的学习与发展	现场调研	教研组长 骨干教师	3月13日
小班值日生活动案例观察解读	级部教研	年级组长 级部教师	3月18日
中班值日生活动案例观察解读	级部教研	年级组长 级部教师	3月18日
大班值日生活动案例观察解读	级部教研	年级组长 级部教师	3月18日
值日生活动的内容与价值梳理	集中教研	专家介入 全体教师	3月25日
值日生活动的组织与评价指导	即时教研	骨干教师 青年教师	3月30日
值日生活动的环境创设与组织流程	班级教研	教研组长 各班教师	4月6日—4月17日

设计单次教研活动方案

在系统了解"值日生活动"教研计划设计思路之后，需要思考如何设计与组织每一次具体、完整的教研活动。以下将围绕"值日生活动的内容与价值梳理"教研活动，从教研目标、教研准备、教研过程、教研反思与跟进等方面详细介绍单次教研的设计与组织。

教研目标

教研目标聚焦的是本次教研活动需要解决的具体问题，应该具有较强的针对性和可操作性，并清晰地表达本次教研活动要达成哪些目的以及形成哪些教研活动成果。

目标1：观察与分析幼儿的值日生活动，解读其中蕴含的学习与发展价值，进而提升教师对值日生活动教育价值的认识。

目标2：通过小组研讨和实践研究，梳理不同年龄段值日生活动的指导建议，提升教师组织和指导值日生活动的能力。

教研准备

教研活动准备工作除了经验和物质准备外，人员安排也是需要重点思考的内容。

经验准备：教师前期参与值日生活动的调查和访谈，对值日生活动的教育价值和支持策略有一定的思考。

物质准备：教研方案（PPT）、值日生活动观察工具、值日生活动视频等。

人员安排：教师按照小、中、大班三个年龄段分组观摩，保证每个年龄段至少3名教师参与观摩，其中一人负责拍摄值日生活动的视频资料，一人负责梳理小组研讨结果，一人负责大组交流。

教研过程

教研的每一步都应围绕教研目标展开，可将教研过程分为几个环节，每个环节解决一个具体的问题。以现场观察的形式开展教研活动时，重点应观察和解读幼儿的行为。教研组长需要清楚现场观察时要发展教师的哪些能力，如引导教师树立观察意识、掌握观察方法；引导教师树立正确的儿童观，科学解读与评价幼儿行为和发展；引导教师在观察的基础上形成实践反思意识，提高课程调整的专业能力等。

环节1：现场观察——进班观摩值日生活动现场

教研组长带领教师解读观察工具，了解观察的目的和方法，以及观察记录的方式和重点内容等。

教研组长：本次观察的重点为，幼儿在值日生工作中做了什么事情；解读重点为，其中蕴含哪些发展价值，教师可以怎么做。

环节2：小组研讨——分组研讨值日生活动的发展目标

教师分组研讨和交流值日生活动中幼儿可以获得哪些有益经验，发生了哪些引发思考与讨论的问题。

各个观察小组，对标《指南》，并基于自己观察的内容，共同梳理和研讨某一个年龄段的值日生活动指导要点，其中包含值日生活动的内容、幼儿做了什么事情，蕴含哪些发展目标，教师可以如何支持等基本问题。

环节3：集中研讨——完成各年龄段值日生活动指导建议初稿

在小组研讨的基础上，进行集中研讨。各个小组结合自己拍摄的微视频介绍自己的观察结果，并进行互动和讨论，完成各年龄段值日生活动指导建议初稿。

教研组长要引导教师进行观点交流、辩驳讨论，通过相互论证的方式明晰值日生活动的价值。

环节4：教研回顾——达成对值日生活动价值的共识

教研回顾能够帮助教师有效地梳理教研体悟，进行专业思考。本次教研活动应该围绕值日生活动的教育价值和支持策略等进行回顾。

教研反思与跟进

通过教研活动，教师对值日生活动的教育价值初步达成共识，但还要关注值日生活动观察工具在班级日常观察中的有效使用，以及本次形成的值日生活动指导建议在各班级的实践、推进、调整和优化（见表3-11）。

班级层面：教师基于不同年龄段幼儿的发展特点和水平，结合教研共识，在班级里推进值日生活动的实践研究，加强"儿童视角"的值日生活动观察与指导。

表3-11 各年龄段值日生活动发展目标梳理

3—4岁	4—5岁	5—6岁
在成人指导下，尝试做一些为集体服务的劳动。	知道值日生的含义，愿意为集体服务，有初步的任务意识与责任意识。	能主动完成值日生工作，乐意为集体服务，学会与同伴分工与合作，做事有始有终。
喜欢承担一些小任务。	敢于尝试一些有难度的活动和任务。	主动承担任务，遇到困难能够坚持而不轻易求助。
在提醒下，能遵守值日生活动规则。	感受值日生规则的意义，并能遵守基本的值日生活动规则。	理解规则的意义，能与同伴协商制定值日生活动规则。
在指导下，能使用简单的劳动工具。	认识常见的劳动工具，能使用简单的劳动工具。	了解常见劳动工具的各种功能，能使用简单的劳动工具或用具。

年级组层面：将值日生活动纳入生活课程的审议之中，并凸显各年龄段的重点。

小班年龄段可以尝试从动作发展、生活自理能力等方面入手，第二学期可以尝试在一日生活中由幼儿做整理玩具和图书、分发碗筷等简单的工作，并在周、日计划中逐步落实。

中班年龄段可以将值日生活动贯穿整个生活环节中，从值日生人选和安排入手，并逐步通过主题互动、生活管理丰富值日生活动规则、环境、指导和评价等内容。

大班年龄段可以采用小组合作的形式推进值日生活动，引导幼儿自主制定和调整规则，结合班级生活活动不断丰富值日生活动，逐步提升幼儿服务集体的意识和能力，促进幼儿人际交往、语言等各方面的发展和主动热情、不怕困难等学习品质的发展。

梳理教研活动的阶段性成果

基础理论

关于值日生活动的理论学习是重要的教研成果。通过学习，教师对值日生活动的认识会更加全面，观念的改变也会提升教师对值日生活动的实施与指导、评价与反思的能力。教研成果可以从教育学和心理学的相关理论中寻找到值日生活动的价值与影响因素等方面的信息，以帮助教师转变观念，树立科学的值日生活动理念（表3-12）。

表3-12　幼儿园值日生活动的理论基础与启示

理论基础	理论启示
马斯洛需要层次理论 有归属与爱的需要的人会追求与他人建立友情，即在自己的团体内求得一席之地。而尊重需要，如希望自己能够担任自己所担负的工作，并能有所成就和建树，希望得到社会和他人的高度评价，获得一定的名誉和成绩等。它的满足将使个体产生自信、有价值、有能力等感受。[1]	1. 鼓励幼儿积极参与值日生活动，形成与他人积极良好的关系，作为集体的一员积极为集体服务，获得认可。 2. 对值日生活动进行积极正面的评价，帮助幼儿在集体中获得尊重，建立自信。

---

[1] 马斯洛. 马斯洛人本哲学［M］. 成明, 编译. 北京：九州图书出版社, 2003：55-57.

续表

理论基础	理论启示
陶行知生活教育理论 1. 生活即教育：生活决定教育，教育内容源于生活，反过来又影响生活 2. 社会即生活：学校教育和社会生活相联系。 3. 教学做合一：以"做"为中心。	1. 重视值日生活动的生活教育价值，使值日生活动贯穿幼儿在园一日生活，提升生活能力。 2. 树立正确的劳动价值观，感受劳动的光荣、尊重劳动的辛苦。 3. 促进值日生活动的教学做合一，主张在做上教、做上学。
布朗芬布伦纳生态系统理论 儿童的发展会受到与其相关的直接或间接的生态环境的影响，包括微观系统：学校、家庭、社区等；中间系统：两个微观系统之间的相互影响；外层系统：家庭条件、父母职业等，它们相互作用对儿童产生影响。	1. 重视值日生活动向家庭延伸，保障家园教育的一致性。 2. 加强值日生活动的多方互动，包括师幼、幼幼和家园之间的互动。
米德社会角色理论 人们在社会结构中会占据一定的位置，而每一个人所占据的位置都与某个特定的角色相关。社会角色就是社会结构中与某一特定位置相关的期望和行为的集合。[1]	1. 帮助幼儿正确理解值日生的角色（为集体服务），明确自己与非值日生之间的关系。 2. 支持幼儿学习符合值日生角色的行为与情感态度，学习和掌握值日生所必需的各种能力。 3. 引导幼儿对值日生抱有积极期待，经常给予值日生积极的评价。

实施策略

梳理值日生活动的经典案例和优秀经验，在值日生活动时间与地点、人选与安排、墙饰与标志、内容与规则、分工与职责、实施与指导、评价与反思等方面达成共识，并梳理形成可供借鉴的实施策略（见表3-13）。

---

[1] 郭瑜. 浅析角色理论在社会工作实务中的应用［J］. 中国青年政治学院学报，2011，30（1）：127-131.

表 3-13　幼儿园值日生活动实施策略

环节	值日生活动	教育价值	操作要点（教育建议）
来园活动	1. 幼儿园门口欢迎小朋友、升旗手。 2. 班级内擦桌椅、整理学具柜等劳动。 3. 种养区照料动植物。	1. 主动问好，使用礼貌语言。 2. 能根据约定选择值日工作，养成为集体服务的意识。 3. 能使用简单的劳动工具。	1. 通过师幼商议，约定门口迎接值日生人选的产生、轮流和内容。 2. 创设值日生墙饰，引导幼儿自主选择工作内容和合作伙伴。 3. 提供照料和观察、记录工具，引导幼儿自主进行动植物照料、观察和记录。
生活活动	1. 餐点协助：整理饭桌、介绍餐点、分发碗筷、协助备餐等。 2. 卫生安全：喝水、如厕、洗手、水杯毛巾整理等。 3. 班级播报：天气预报、日期、活动安排、特别的事等。	1. 能整理餐具、水杯、毛巾等生活物品，具有基本的生活自理能力。 2. 养成餐前便后洗手、饭后漱口等良好的生活与卫生习惯。 3. 理解和遵守班级生活活动各环节的规则。 4. 熟悉班级播报的内容，并能运用语言、动作等方式进行播报。	1. 推进自主用餐，为幼儿创设餐点协助的机会。 2. 创设卫生安全环境提示，引导幼儿关注安全卫生习惯的养成。 3. 创设天气播报墙、日历墙、一日活动流程图等环境，引导幼儿运用多种方式进行播报。
游戏活动	图书、玩具管理：摆放、收纳、整理、修复等。	1. 知道爱惜图书和玩具，能（分类）整理图书、玩具，并将其放到原处。 2. 能使用简单的工具（如剪刀、胶水等），修补图书和玩具。	1. 提供适宜的分类盒或纸箱等，和孩子一起设计、张贴、整理图标，引导幼儿分类整理。 2. 提供玩具、图书修补工具和材料，引导幼儿自主修复。
户外活动	1. 物品整理。 2. 运动器械管理：搬运、收归、整理等。	1. 能根据户外活动需要穿脱外套，值日生及时整理脱下的衣服，活动结束后分发给同伴。 2. 在成人指导下，能与同伴一起搬运、收归和整理运动器材。	1. 提供户外活动移动整理架。贴好衣服、水壶等物品归放标志，引导幼儿有序整理和归放。 2. 运动器械的摆放适宜幼儿搬运，并贴有安全提示、整理归放的图示。

续表

环节	值日生活动	教育价值	操作要点（教育建议）
自由活动	机动服务：临时助手管理，随机事件等。	1. 了解自由活动可以做什么，遵守自由活动的规则，并帮助同伴理解和遵守规则。 2. 协助做好临时性工作，如视力、体格检查，大带小活动等。	1. 和幼儿共同制定自由活动的内容和规则，引导幼儿进行自我管理和服务。 2. 创设各种富有挑战的小任务，引导幼儿积极为集体服务，增强自信心。

持续跟进和落实教研成果

进行系列教研活动后，需要关注教研成果的持续跟进，思考班级教师如何利用教研成果改善教育实践、年级组如何通过课程审议落实教研成果、园部如何通过排查和调研等方式跟踪观察等，以及如何开展后续的分层教研等。

深化教研主题

加强从"儿童视角"出发的研究与实践，不断完善值日生行为观察量表、观察视角，不断形成优秀案例和支持策略，通过即时性教研和交流，推进教研主题的深化与落地。

推进课程实践

将值日生活动纳入各年龄段课程审议之中，在主题审议和周、日计划中落实，关注各年龄段值日生活动的重点内容和发展目标。

加强理论思辨

引入专家力量，开展专业进阶阅读等活动，加强对话，提升教师对值日生活动的专业思辨能力。

需要注意的问题

- 关于值日生活动价值的认识应随着教研和实践的过程不断提升，在教研过程中要及时梳理和优化阶段成果，更好地指导教师的实践。
- 影响值日生活动的因素除了幼儿园对值日生活动教育价值的认知、教师的教育观以外，家庭也是很重要的一个因素。因此，要加强家园联系，向家长积极宣传值日生活动的价值，获得家长认可。

- 值日生活动的目的是发展幼儿的服务意识，提升幼儿服务、交往、语言表达等能力，要确保值日生活动教研中的儿童立场。

34. 如何设计与实施关于"弹性作息"的教研活动?

思考教研内容

科学合理的一日作息能够为幼儿带来良好的一日生活体验,有利于幼儿形成秩序感和安全感。传统的一日作息往往将幼儿在园一日生活流程进行细致的划分,然后规定每个环节的详细时间。教师需要完全按照一日生活作息表安排幼儿的在园生活,比如 8:00—9:00 点是区域游戏时间,9:00—9:30 是点心时间等。

"弹性作息"虽然强调稳定的生活作息,但是也关注一日生活中各个环节之间的整合,往往以较长的时间段为单元,在该时间段内可以依次完成多个活动,但是不详细规定每一项活动的具体时间。如 8:00—10:00 为室内活动时间,在该时间段内教师可以根据班级的实际情况依次安排餐点活动、区域游戏和教学活动等,但是并不具体规定每一项活动的时间。

教研组长需要关注一日生活弹性作息的时间安排、组织和实施等情况,引导教师为幼儿建立稳定、有规律的一日生活流程,并满足幼儿自主活动的需要。弹性作息的执行需要关注以下几个方面。

- 一日生活作息安排表中各环节有效整合,避免过于具体的时间安排。
- 一日生活作息相对稳定,又灵活有弹性,教师能够尊重幼儿的活动节奏,满足幼儿适当延长或者压缩时间的合理需要。
- 幼儿每天有自主选择和自由活动时间。
- 减少不必要的集体行动和过渡环节,减少和消除消极等待现象,避免时间的隐形浪费。
- 过渡环节自然合理,衔接紧凑,有序而不高控,紧凑而不催促,宽松而不拖沓。

在此基础上,教研组长可结合必要的相关文献阅读或其他幼儿园成功经验的借鉴,思考"弹性作息"的教研活动应该聚焦哪些问题。

- 幼儿园一日生活作息安排是否灵活有弹性?

- 各年龄段的一日作息安排是否符合幼儿年龄特点和季节特点?
- 幼儿园一日生活弹性作息能否保障以游戏为基本活动形式?
- 幼儿园一日生活各环节是否能有效衔接?
- 幼儿在一日生活中是否有自主选择和自由活动的机会?

调研本园主要的相关问题

了解了弹性作息应该关注什么以及相应的教研活动需要聚焦的问题后,接下来就需要了解和思考如何调查本园的弹性作息在安排和实施中存在的问题。

第一步:对文本资料进行分析

可对一日作息制度的相关文本资料进行分析和解读,如梳理幼儿园现有的一日生活作息安排表,分析幼儿在园一日生活的内容、顺序以及时间安排的合理性和灵活性等。

认真学习《纲要》《指南》等文件,可对照其内容科学合理地组织一日生活的相关要求,深入研究本园一日生活作息存在的问题。

第二步:对保教现场进行调研

仅了解文本分析中发现的问题是不够的,还需要深入保教现场,通过持续观察发现弹性作息安排与实施的问题。教研组长可以设计观察记录表,观察记录不同年龄段、不同班级一日生活各环节组织与实施的实际情况(见表3-14)。

表3-14　××幼儿园一日生活作息安排观察表

时间	一日生活的主要内容	时间长度(分钟)	分析与建议

说明:时间记录,即从起始时间到停止时间,如"7:30—8:00";主要内容,即根据各班具体情况实施一日生活各环节的活动内容,以记录幼儿的行为为主;时间长度,即以"分钟"为单位记录,如"30分钟";分析与建议,即分析哪些环节或活动可以整合,如何弹性实施等。

第三步：分析调研问题

"弹性作息"的调研目的是了解本园一日生活作息组织与实施的现状，分析其产生的原因并解决问题。因此，教研组长需要整理调研观察记录表，分析各年龄段一日生活组织与实施的时间安排中的主要问题，对问题背后的原因进行分析、归类和提炼，并提出进一步调整与优化幼儿园一日生活作息安排表和相关制度，形成针对不同年龄特征和季节特征的弹性作息安排表，比如，某幼儿园调研一日生活弹性作息安排后发现存在以下问题。

> 一日生活各个环节没有整合，因而存在较多过渡环节，并存在消极等待和浪费时间的情况。
> 班级一日生活作息安排以教师规定为主，幼儿缺少参与的机会。幼儿在园一日生活中自主选择和自由活动的机会较少。

制订系列教研计划

进一步梳理、归纳本园一日生活作息的制度与实施中的问题和成因，形成关于"弹性作息"系列教研的主题，并思考系列教研的内容、目标和组织形式（见表3-15）。

表3-15 弹性作息系列教研计划

教研内容与要点	教研方式	参与人员	活动时间
关于"弹性作息"的问题调研活动	现场观察 个别访谈	专家介入 骨干教师	3月30日—4月10日
关于"一日生活弹性作息"的专业阅读	自主阅读 读书沙龙	读书组 各班教师	4月14日—4月17日
基于儿童视角的弹性作息设计与实施专题研讨	集中教研 头脑风暴	专家介入 全体教师	4月22日
小班幼儿参与一日生活各环节时间安排的策略研究	级部教研 课程审议	年级组长 级部教师	4月30日
中班幼儿参与一日生活各环节时间安排的策略研究	级部教研 课程审议	年级组长 级部教师	4月30日
大班幼儿参与一日生活各环节时间安排的策略研究	级部教研 课程审议	年级组长 级部教师	4月30日
幼儿视角的一日生活弹性作息流程图解读与研讨	头脑风暴 专家点评	专家介入 全体教师	5月7日

设计单次教研活动方案

在系统了解"弹性作息"教研活动的设计思路之后,就需要思考如何设计与组织每一次具体、完整的教研活动。以下将围绕"基于儿童视角的弹性作息设计与实施"设计单次教研活动方案,从教研目标、教研准备、教研过程、教研反思与跟进等几个方面进行详细介绍。

教研目标

幼儿参与班级作息时间安排的制定与实施,需要幼儿对在园一日活动的顺序、时长和内容等有一定的经验,同时具备一定的表达和表述能力,因此,本次教研可以聚焦"大班幼儿如何参与幼儿园作息时间安排"进行。

目标1:通过分析幼儿的访谈和作品等资料,呈现大班幼儿对在园一日活动时间的体验、经验与兴趣。

目标2:通过分享班级一日作息安排表的案例和梳理生活作息时间安排表,引导教师进一步理解如何基于儿童视角制定弹性作息表,以及实施的策略。

教研准备

经验准备:教研组长前期组织教师进行幼儿访谈,并对访谈资料进行了归类、整理和分析;参与教研的教师前期参与过幼儿访谈,大班教师有组织幼儿参与一日活动时间制定和实施的初步经验。

物质准备:教研方案(PPT)、"幼儿园里的一天"幼儿绘画作品、班级项目活动案例、班级作息时间表、交流讨论的工具(勾线笔、素描纸等)。

教研过程

环节1:呈现幼儿访谈和绘画资料——基于儿童视角思考一日生活作息安排

幼儿访谈作为现场调研的一种方式,需要教研设计团队提前编制"幼儿访谈提纲",并组织教师分组访谈。

教研组长引导教师从认知、情感和动机三个方面对访谈资料进行分析。

认知方面的体验:对时间顺序的认知(活动的先后顺序);时间长短的认知(觉得哪个活动时间长,哪个活动时间短)。

情感方面的体验：对各环节生活内容的评价（喜欢哪些环节，不喜欢哪些环节）；对时间充裕程度的评价（认为哪些环节时间太长，哪些太短）。

动机方面的体验：对生活时间制度的遵守（认为要和大家做一样的事情、每个时候要做该做的事情）、对生活时间制度的批判（认为自由活动时间较少、时间安排不灵活、等待的时间太长等）。

教研组长：通过对以上资料的分析和整理，大家觉得幼儿喜欢怎样的一日生活作息？我们现有的生活作息有哪些地方需要调整？

对幼儿绘画作品的分析也可以帮助教师从幼儿视角反思一日生活时间安排的适宜性，关注幼儿参与的已有经验。

教研组长：现在给大家呈现大班幼儿自主完成的"幼儿园里的一天"绘画作品，请大家观察和反思儿童视角的一日生活时间安排应该是怎样的。

通过小组讨论进一步了解幼儿的不同认知水平，梳理有针对性的指导策略。

环节2：案例解析——幼儿参与一日生活作息安排的实践策略

教研组长请大班教师分享班本化一日作息的实践案例，每个班级的分享时间控制在10分钟以内。主要阐述以下内容：原来的一日作息存在什么问题？如何引导幼儿参与制定？现有的一日作息是怎样的？实施情况如何？

分组讨论：如何引导大班幼儿参与制定一日生活作息表？

环节3：成果梳理——基于儿童视角调整和优化一日生活作息安排

基于大班一日生活作息调整的经验和问题，小、中班教师小组研讨如何调整和优化班级一日生活时间安排表。

教研组长：通过以上的分析和研讨，大家可以思考到底什么是儿童视角？首先是遵循幼儿身心发展的规律，然后是关注一日生活的弹性安排。

小组研讨：一日生活哪些环节可以让幼儿参与制定？可以通过哪些策略（制定公约、设计流程图、每日计划等）引导幼儿参与制定一日生活时间安排表？

小结：请大家进一步思考幼儿参与一日生活时间安排的支持策略，并基于本班的近期课程实施需要和幼儿发展需要，进一步调整和优化班级一日活动流程。

教研反思与跟进

通过教研活动，教师与儿童就一日生活作息安排初步达成共识，还需与幼儿园课程实施相结合，在实践中引导教师进一步思考和优化。

通过专业书籍进阶阅读，如《学前教育中的主动学习精要——认识高瞻课程模式》《选择时间：通过探究和玩耍深化儿童的学习》等书籍，引导教师运用"一日计划""自主选择"等方法，帮助幼儿自主计划一日活动、反思活动，提高自我管理能力。

年级组在级部教研过程中梳理各年龄段幼儿弹性作息典型案例和实施策略等，并通过每月调研引导教师交流和反思，促进教师专业能力和素养的提升。

教研组长对不同年级组和不同班级的弹性作息策略进行持续调研，并梳理形成"幼儿参与一日生活时间安排"的指导意见，例如，对梳理幼儿参与的一日生活时间安排表进行跟踪和指导，帮助教师更加科学地梳理幼儿参与一日生活各环节的方法和组织策略。

表 3-16 ××幼儿园幼儿参与的一日生活时间安排表（大班）

时间	环节	参与形式	组织策略
7:30—8:00	晨间来园	做一日计划、选择室内游戏区域和户外游戏材料。	提供每人一张计划纸（或计划本），观察幼儿计划，并交流。
8:00—9:20	户外活动	执行户外游戏计划。	户外提供计划展示板，引导幼儿观察并执行计划，围绕计划和执行情况及时回顾。
9:20—10:30	自主点心	一日计划与自主点心结合，完成计划的幼儿先吃点心，未完成的幼儿先做计划。	和幼儿共同制定规则或约定，引导幼儿自主安排计划和点心的时间，减少过渡和组织行为。
	游戏环节	制订区域游戏计划，包括值日生（游戏管理员）的计划。	通过插牌或其他方式引导幼儿自主选择游戏区域和管理员；保障充足的游戏时间。
10:30—10:45	游戏回顾	交流和反思游戏情况。	提供自主预约单，引导幼儿自主登记、预约回顾。
10:45—11:10	集体教学	无	无

续表

时间	环节	参与形式	组织策略
11:10—12:00	自主用餐	餐前根据自己的值日生计划，完成相关任务；餐中自主选择桌子和用餐同伴；餐后自主回顾和记录计划的完成情况。	和幼儿共同约定值日生工作的内容、分工和规则，创设互动环境；提供自主用餐、自选餐桌和同伴的氛围；提供贴纸，引导幼儿记录完成情况。
12:00—14:20	午睡	无	无
14:20—15:30	下午点心	执行自己的值日生计划。	提供值日生之星评选墙，引导幼儿自主评价。
15:30—16:10	户外活动	执行户外游戏计划。	提供户外游戏计划板和回顾板。
	室内游戏	继续执行室内游戏计划。	对幼儿的计划书完成情况进行积极评价，鼓励幼儿及时关注计划的完成情况。
16:10—16:30	离园	进行明天一日活动的团讨和初步计划与设想。	鼓励幼儿坚持完成计划，支持幼儿做长时间的计划。

梳理教研活动的阶段性成果

弹性作息系列教研活动后，借助专家的力量，幼儿园一日作息弹性制度得以调整和优化，教师关于一日生活弹性时间安排的意识提高，班级一日活动安排中，幼儿自主选择和自由活动的机会有所增加，这些教研成果需要即时梳理，形成弹性作息制度、班级一日活动流程图和相关实践案例等。

弹性作息安排表

弹性作息安排应该是自主规划、弹性安排和相对稳定的，幼儿园层面的一日作息安排可以是模块化和弹性化，分年龄段和区分季节特征的（见表3-17）。

表 3-17　××幼儿园一日生活作息安排表（春秋季）

		小班		中班		大班
上午活动	7:30—9:20	• 来园活动 • 游戏活动 • 谈话活动 • 点心活动	7:30—9:20	• 来园活动 • 户外游戏 • 体育活动 • 上午操	7:30—9:20	• 来园活动 • 户外游戏 • 体育活动 • 上午操
	9:20—10:30	• 上午操 • 体育活动 • 户外游戏	9:20—9:50	• 谈话 • 点心 • 自由活动	9:20—9:40	• 谈话 • 点心 • 自由活动
	10:30—11:15	• 自由活动 • 教学活动 • 故事时间	9:50—11:15	• 教学活动 • 游戏活动	9:40—11:15	• 教学活动 • 游戏活动
	11:15—12:10	• 午餐 • 餐后活动	11:15—12:15	• 午餐 • 餐后活动	11:15—12:15	• 午餐 • 餐后活动
下午活动	12:10—14:30	• 午睡	12:15—14:20	• 午睡	12:15—14:15	• 午睡
	14:30—15:30	• 点心 • 户外体育 • 下午操	14:20—15:20	• 点心 • 户外体育 • 下午操	14:15—15:20	• 点心 • 户外体育 • 下午操
	15:30—16:00	• 游戏活动	15:20—16:10	• 游戏活动	15:20—16:15	• 游戏活动
	16:00—16:30	• 分批错峰 • 离园	16:10—16:30	• 分批错峰 • 离园	16:15—16:30	• 分批错峰 • 离园

说明：1. 中、大班的午睡起床时间可以根据班级幼儿的情况适当提前。

2. 各班可根据班级活动开展情况进行调节。

3. 保障幼儿每天有 3 小时游戏时间，2 小时户外活动，1 小时体育活动。

班级一日生活流程图

梳理各班一日生活弹性作息时间安排和组织策略，通过一日作息流程图、共同约定等可视化方式呈现在班级环境中，便于幼儿自主参与班级一日生活管理，提升幼儿自主管理和自我服务能力。

持续跟进和落实教研成果

班级层面：将形成的教研成果（如幼儿园弹性作息安排表、幼儿参与的一日生活时间安排表等）发给每个班级，让教师对照表格中的环节安排和组织策略，根据本班的实际情况对班级弹性作息制度、幼儿参与、组织策略等进行调整和优化。

年级组层面：将弹性作息的调整和优化与班级生活管理、空间管理进行联结，并将其纳入课程实施之中，通过期初和期末审议不断丰富和细化弹性作息的内容和策略，引导教师在一日生活中不断落实和优化。

园部层面：园部通过持续性沉浸式的班级弹性作息专题调研，进一步优化幼儿园的弹性作息时间安排表和相关的制度保障，为教师创造自主进行班级一日生活作息管理的条件，引导教师在实践中真正践行"一日生活皆课程"的理念。

需要注意的问题

- 需要把制订一日生活作息表的自主权还给教师。关于弹性作息的教研活动可以采用"自下而上"的管理方式，充分尊重教师和幼儿的需要。
- 鼓励教师自主进行相关的专业书籍阅读。幼儿园定期开展阅读交流和实践案例交流，提升教师的专业素养和儿童意识。
- 关注幼儿对弹性作息的体验。教研活动要保障幼儿参与一日生活时间安排的自主性，同时关注建立良好的师幼和幼幼关系，增强幼儿的体验感。

35. 如何设计与实施关于"过渡环节"的教研活动？

思考教研内容

过渡环节是指幼儿日常生活中各种活动之间的过渡，也是一天中各种活动的驿站，是过渡性的，也是休息调整的，它是非正式的、空闲的、自由的。幼儿园一日生活中的过渡环节涉及晨间入园过渡、户内外过渡、教学—游戏过渡、点心前后过渡、餐前餐后过渡、午睡前后过渡和整理环节过渡，我们需要关注过渡环节的时间安排、组织策略、价值以及师幼互动等情况。

一个良好的过渡环节，不仅能起到总结活动并把幼儿自然地引导到下一个活动的作用，而且可以为幼儿提供学习机会。[1] 组织"过渡环节"需要关注以下几个方面。

过渡环节的组织应体现幼儿的自主性

在过渡环节，教师要充分尊重幼儿，发挥幼儿的自主性和主动性。[2] 短时间的过渡可采用"稳定模式"，如通过手指游戏、讲故事和音乐等方式固定这个环节的组织形式和内容，形成一个模式，使幼儿形成秩序感，养成自主习惯。长时间的过渡可采取"自主模式"，即教师在各区域投放游戏材料，让幼儿自主选择活动。[3]

过渡环节的组织应具有规则性

班级的常规和活动的规则是保证过渡环节有序进行的关键，教师要让幼儿理解规则的意义和作用，让幼儿明晰哪些事情可以做，哪些不可以做。

过渡环节的组织应避免消极等待

优化作息安排，将细碎的一日生活时间安排进行整合，删除一些不必要的过渡环节。同时，针对一些过渡环节，在时间、空间和内容上进行拓展，使之成为

---

[1] 布拉德. 0—8岁儿童学习环境创设［M］. 陈妃燕，彭楚芸，译. 南京：南京师范大学出版社，2014：61.

[2] 道治，柯克，海洛曼. 幼儿园创造性课程［M］. 吕素美，译. 南京：南京师范大学出版社，2006.

[3] 赵春香. 浅谈幼儿园过渡环节的有效利用［J］. 科学咨询（教育科研），2020（11）：202.

幼儿自主游戏的空间。

过渡环节的组织应具有一定的弹性

要根据幼儿的心理需求和过渡时间的长短，采取不同的方式优化过渡环节的组织，使之真正成为幼儿自主发展的机会。

在此基础上，教研组长可结合必要的相关文献或其他幼儿园的成功经验，思考"过渡环节"的教研活动应该聚焦哪些问题。

- 一日生活中哪些过渡环节是必要的？哪些过渡环节可以删除？
- 教师对过渡环节的价值认识是否全面？是否有教育意识？
- 过渡环节中，教师与幼儿之间能否积极沟通和有效互动？
- 教师是否关注幼儿在过渡环节的情绪？
- 幼儿在过渡环节能否形成自主、自律和健康人格？

调研本园主要的相关问题

了解了过渡环节应该关注什么以及教研需要聚焦的问题之后，接下来就需要了解和思考自己所在幼儿园近期的过渡环节存在哪些问题。

第一步：梳理调研内容

各班级教师可借助观察与案例的形式进行自查，园部也要深入现场进行调查和梳理。现场观察和调查可借助测量表，了解幼儿园"过渡环节"的组织流程、幼儿行为和教师行为等情况。需注意的是，此表仅用于确定调研的内容，不用于教师考核与评价。

表3-18　×××幼儿园过渡环节测量评分表

	教师			
等级 子项目	不适宜 （1）	最低要求 （3）	良好 （5）	优秀 （7）
1.1 预知 信息	1.1.1 预知信息不明确，幼儿不知做什么，造成严重混乱、消极等待现象。	1.1.3 比较清楚地告诉幼儿做什么，幼儿基本能理解。	1.1.5 预知的信息具体、清晰（对小班幼儿要说清楚具体做什么）。	1.1.7 预知信息的方式符合活动特点及年龄特点；预知的信息自然（结合课程内容）、有挑战性（提供一种线索）。

续表

等级 子项目	不适宜 （1）	最低要求 （3）	良好 （5）	优秀 （7）
1.2 组织过渡的方式	1.2.1 组织方式不适宜，造成严重拥挤、消极等待现象。	1.2.3 组织方式基本适宜，没有造成明显拥挤、消极等待现象（如幼儿一拥而上，造成短时拥挤现象）。	1.2.5 组织方式适宜，无拥挤、消极等待现象（没有一拥而上的现象，且幼儿都没有消极等待，他们有事可做）。	1.2.7 组织方式有趣（游戏化的方式，如玩木头人游戏解散幼儿），富含学习机会。
1.3 过渡中的行为	1.3.1 在过渡环节中，教师无所事事或忙于自己的事务，完全不顾幼儿。	1.3.3 有时观察幼儿过渡（教师在忙于事务，如准备下一活动材料，偶尔看看幼儿）。	1.3.5 大部分时间观察幼儿过渡（75%以上的时间是观察幼儿）；关注个别幼儿。	1.3.7 关注过渡的整体过程，多次与幼儿积极互动（如愉快地交谈），但根据实际情况而定。
1.4 准备下一个活动的材料（允许不适用）	1.4.1 因疏于准备下一个活动的材料等，严重影响下一个活动正常进行，过渡拖拉。	1.4.3 为下一个活动准备一些材料，活动基本不受影响（幼儿等待半分钟以内）。	1.4.5 在下一个活动开始前准备好材料。	1.4.7 幼儿参与材料准备。
1.5 分工合作	1.5.1 过渡环节中教师没有分工合作，幼儿过渡混乱，甚至存在安全隐患。	1.5.3 教师间有分工。	1.5.5 教师大部分时间能分工合作；能观察到幼儿的大体过渡情况（每个区域都有教师关注）。	1.5.7 每位教师始终职责明确（如一位教师组织过渡，一位教师看护幼儿洗手、如厕，一位教师关注幼儿点心）；教师根据幼儿过渡情况，定期讨论适宜策略（需结合个别情况交流）。
幼　儿				
2.1 结束当前活动	2.1.1 在教师多次提醒下仍不愿意停下当前的活动，并大哭大闹或无动于衷。	2.1.3 活动结束的信息给出后，基本能停下当前活动。	2.1.5 在教师告知活动结束时主动停下活动，开始过渡。	2.1.7 自己知道活动即将结束，能自主地停下活动，准备进入下一个活动。

续表

子项目 \ 等级	不适宜（1）	最低要求（3）	良好（5）	优秀（7）
2.2 清洁整理	2.2.1 不愿意清洁整理（清洁整理，包括洗手、漱口、擦嘴、整理材料等）。	2.2.3 愿意清洁整理。	2.2.5 主动清洁整理，卫生习惯、自理能力较好。	2.2.7 表现出良好的生活自理能力和卫生习惯（每个步骤能做到位）。
2.3 过渡中的行为	2.3.1 过渡秩序混乱或消极等待严重，甚至出现伤害他人的行为。	2.3.3 在多次（2~3次）提醒下完成过渡任务（包括教师对集体的提醒）；没有明显消极等待。	2.3.5 基本能完成过渡任务，无消极等待（3分钟以上无所事事，即消极等待）。	2.3.7 能自主地完成过渡任务，过渡自然流畅。
2.4 参与下一个活动	2.4.1 在教师多次提醒下仍不愿参与下一个活动。	2.4.3 在教师提醒下，能进入下一个活动，但神情恍惚或迟迟不开始活动。	2.4.5 主动进入下一个活动，基本能进入活动状态。	2.4.7 能快速地投入下一个活动。

说明：测量是以数量化形式表明研究对象的特征或水平的研究过程，观察者根据观察进行打分；本测量表是在借鉴李克建老师的《中国托幼机构教育质量评价量表（第三版）》中的子量表《保育》的基础上进行园本化调整与修改而成的，观察前可以进行讨论和微调；搜集数据后要及时对观察的数据进行统计和分析，如果数据较多，可采用一些数据分析软件，如SPSS19.0数据分析软件。

第二步：思考调研方法

教研组长可与骨干教师一起走进各年级组，采用年级轮流测量的方式调研各班过渡环节。教研组长要确定测量的时间和方式，并提前通知班级教师。调研采用跟班观摩半天的形式，不能随意干预或打扰班级的正常秩序，确保测量结果真实反映班级过渡环节的现状。

不同年龄段的横向观察：在同一个时间段，对小、中、大班年龄段分别进行观察，了解不同年龄段在过渡环节组织流程、策略和师幼互动方面的现状。

不同天气的对比观察：选择天气晴好和阴雨天两种不同的天气，对各班的过渡环节进行对比观察，了解各班在不同天气情况下过渡环节时间安排、组织流程和策略等方面的差异。

不同班级的对比观察：选择某一过渡环节，如点心前后过渡环节或户内外过

渡环节进行同一年龄段的不同班级横向对比观察，了解过渡环节与班级生活质量之间的关系，以及不同组织策略和师幼互动情况产生的不同影响。

第三步：分析调研问题

借助量化数据表进行调研的主要目的是通过数据分析本园过渡环节组织形式、策略和师幼互动方面存在的主要问题。为了确保调研数据的真实性，调研前要对调研者进行集中培训，确保其正确理解测评表的内容和测评要求，掌握观察的基本原则和方法；调研中，认真对照测量表中的标注进行科学打分，必要的时候做好标注或解释；调研后，组织相关教师或信息技术人员及时统计、梳理和分析调研数据以及背后的原因。比如，某幼儿园调研过渡环节后发现存在以下问题。

➢ 过渡环节缺乏计划性，仅对小部分过渡环节（如晨间入园、室内外和餐后过渡）进行时间安排；过渡环节数量多（各年龄段平均有9.2—11.2个过渡环节），总耗时长（占每日生活总时长的53%），各类过渡环节所占时长差异明显，有些过渡时间冗长，有些过渡时间又过于急促。

➢ 教师过渡预知的意识薄弱，只对极少部分（7%）的过渡环节进行了提前预知；组织形式单一，以集体行动为主（67.7%）；过渡内容不够丰富，基本以生活类内容为主（65%）；教师间缺乏分工合作，过渡环节"死角"多。

➢ 过渡环节中，幼儿自我管理、服务集体行为少（分别仅占1.8%和0.8%），而无所事事行为多，且缺乏自主选择权，情绪情感的需求不受关注。

➢ 教师在过渡环节中参与度比较高，达78.9%，但与幼儿的互动行为多指向"集体"层面，且互动质量不高。

制订系列教研计划

梳理过渡环节的系列问题，分析原因是制订系列教研计划的基础。在梳理各类数据和进行教师访谈之后，要思考如何通过教研解决问题，如系列教研的重点、策略和方法等，并制订系列教研计划。系列方案中包含教研背景、教研目的、教研规划和实施说明等。

表 3-19　××幼儿园过渡环节系列教研计划

教研背景	《纲要》指出："尽量减少不必要的集体行动和过渡环节，减少和消除消极等待现象。"过渡环节作为一日生活的一部分，同样蕴含着丰富的教育价值。 通过前期调研发现，我园在一日生活过渡环节存在拖沓或急促、内容单调、组织策略单一等问题，且幼儿在过渡环节无所事事的情况较多。这反映出教师缺少对过渡环节价值的认识，缺少组织和实施过渡环节的策略。 基于前期调研问题，教研组长和骨干教师共同参与研究形成了关于"过渡环节系列教研方案"。本方案将通过现场教研、教师沙龙和案例解读等教研方式，引导教师关注过渡环节的时间安排、组织策略和师幼互动等方面的现状，并在此基础上通过文件解读、与专家对话和反思研讨等方式，引导教师思考过渡环节的优化策略，以及过渡环节与班级生活质量之间的正相关关系，提升幼儿园过渡环节乃至生活管理质量。
教研目标	1. 通过现场调研、教师沙龙和案例分享等活动，体会过渡环节的时间安排、组织策略和师幼互动情况带来的教育价值，提高教师对过渡环节的教育意识。 2. 通过进阶阅读、与专家对话和反思研讨等活动，进一步理解过渡环节的教育价值，梳理提升过渡环节质量的实施策略。

教研内容与要点	教研方式	参与人员	活动时间
关于"过渡环节"的问题调研活动	现场测评	教研组长 各班教师	11月2日—11月6日
关于"过渡环节"时间安排的调研活动	现场调研 教师沙龙	教研组长 骨干教师	11月9日—11月12日
关于"点心前后过渡环节"的调研活动	现场调研 即时研讨	教研组长 各班教师	11月17日
关于"户内外过渡环节"的调研活动	现场调研 即时研讨	教研组长 各班教师	11月19日
关于"过渡环节"的阅读分享活动	自主阅读 读书沙龙	读书组 各班教师	11月25日
小班过渡环节观察案例研讨	级部教研 课程审议	年级组长 级部教师	12月2日
中班过渡环节观察案例研讨	级部教研 课程审议	年级组长 级部教师	12月3日
大班过渡环节观察案例研讨	级部教研 课程审议	年级组长 级部教师	12月4日
过渡环节组织策略优化专题研讨活动	集中教研 头脑风暴	专家介入 全体教师	12月7日—12月11日

续表

实施说明	1. 现场调研活动，由班级自主向教研组长申报，组织过渡环节，参与调研的人员结合班级过渡环节实施中遇到的问题，通过现场调研和即时研讨帮助班级解决实际问题。 2. 各级部的教研活动，由年级组长带领级部教师收集同一年龄段、不同过渡环节组织策略等因素对幼儿学习和发展的影响等方面的案例，进行级部研讨，并将研讨的成果纳入课程审议，在周、日计划中落实。 3. 邀请专家介入专题研讨活动前，明确需要解决的问题，并结合案例与专家进行面对面对话、互动和思维碰撞，引导教师不断思考，转变观念，提升能力。

设计单次教研活动方案

在系统了解"过渡环节"系列教研活动的设计思路之后，需要思考如何设计与组织每一次具体、完整的教研活动。下面分享一个围绕"点心时间前后的过渡环节"展开的单次教研活动。

教研目标

目标1：结合不同年龄段的案例观察，比较过渡环节的不同组织策略对幼儿发展的不同价值，优化适宜不同年龄段的组织策略。

目标2：分析不同班级的点心时间前后过渡环节的时间和空间安排，反思过渡环节与一日生活质量之间的关系，提高过渡环节的教育意识。

教研准备

经验准备：参与教研的教师前期在生活管理价值梳理等方面具有一定的经验，并带着过渡环节观察案例参与教研。

物质准备：教研方案（PPT）、不同年龄段的点心时间前后过渡环节组织视频、点心时间前后过渡环节幼儿行为观察表、时间和空间安排的照片、交流讨论的工具（勾线笔、素描纸）等。

教研过程

教研过程可以分为量表解读、视频分析、专业引领等几个环节，教研前将教研目标、准备、主要流程提前告知教师。

环节1：量表解读——了解幼儿过渡环节的学习与发展

通过解读"幼儿行为观察记录表"，初步厘清点心时间前后过渡环节中幼儿的行为包含哪些方面（如表3-20显示，包括生活、运动、游戏和其他等行为），这些行为的典型表现有哪些，帮助教师分析这些行为对幼儿学习与发展的价值。

集体解读：教研主持人出示观察表，引导教师阅读和了解表格的主要内容。

小组解读：执教同年龄段的教师组成教研小组，交流和讨论点心前后过渡环节幼儿的典型行为表现。

表3-20 ××幼儿园点心时间前后过渡环节幼儿行为观察记录表

生活	盥洗如厕饮水	生活技能/常规	收拾整理	服务集体	社会交往及情感表达	行为分析
观察						
游戏	角色/游戏	美术活动	音乐/律动	日常科学	语言活动	
观察						
运动	大肌肉运动		小肌肉运动			
观察						
其他行为	无所事事		安静等待	一般过渡行为	其他	
	游荡 发愣 等待 玩耍 闲聊					
观察						

环节2：视频分析——幼儿典型行为的描述与判断

视频观摩：现场观察不同年龄段关于"点心时间前后过渡环节"的视频案例，根据观察表对幼儿行为进行观察。

判断识别：列举不同年龄段幼儿在点心时间前后过渡环节中生活、游戏、运动和其他行为中的典型表现，相互交流其学习与发展的价值。

环节3：专业引领——转变观念，提升教育意识

可邀请专家对教研过程中教师的观察分析和判断识别进行专业点评，也可以借鉴文献综述和杂志中的专业文章，引导教师进一步思考过渡环节的教育价值，转变观念，指导实践。

如学习马媛的《优化幼儿园一日生活过渡环节的策略新探》[1]，分析和讨论以下内容：

> 过渡环节有哪些教育价值？
> 过渡环节存在哪些主要问题？
> 如何科学组织过渡环节，并将其纳入课程，优化一日生活管理质量？

> **小结**：要进一步树立"一日生活皆课程"的理念，避免过渡环节与课程分离的现象，加强过渡环节的实践反思，优化组织实施策略，让过渡环节成为教师与幼儿积极沟通和互动的过程，充分发挥幼儿的个性，为幼儿释放心理能量提供空间，促进幼儿自主、自律和健康人格的形成。

教研反思与跟进

通过教研，教师对"点心时间前后过渡环节"的幼儿典型行为及其学习与发展价值达成初步共识，但对如何优化这一过渡环节的生活环境创设和组织策略方面还存在一定的问题，因此，需要在实践中进一步细化和落实。

各班结合教研中的观察表解读和分析经验，进一步观察本班各类过渡环节中幼儿的典型行为，并分析产生的原因，思考优化策略。

年级组就各年龄段幼儿"过渡环节"的时间安排和空间安排进行课程审议，并优化各年龄段一日生活作息安排，合并相邻且相融的环节，或拓展部分过渡环节的学习空间。例如，小班年级组经过审议之后，整合优化过渡环节，将原来的13个过渡环节变成现在的7个过渡环节（如表3-21所示）。

---

[1] 马媛. 优化幼儿园一日生活过渡环节的策略新探[J]. 教育导刊，2015（4）：36-38.

表 3-21 小班过渡环节调整前后对比

调整前		调整后	
时间	安排	时间	安排
8:00—8:45	入园、自主游戏	8:00—9:20	入园、游戏、自主点心
8:50—9:30	户外活动	9:20—10:30	早操、户外活动
9:35—9:45	早操	10:30—11:15	自由活动、教学活动
9:45—9:55	点心	11:15—12:00	午餐、餐后活动
9:55—10:10	教学活动	12:00—14:30	午休
10:10—10:35	区域游戏	14:30—15:30	下午点心、做操、户外活动
10:35—11:05	户外活动	15:30—16:00	游戏、离园
11:05—11:45	午餐		
11:45—12:00	餐后安静		
12:00—14:30	午休		
14:30—15:00	下午点心		
15:00—15:30	下午操、户外活动		
15:30—16:00	游戏、离园		

梳理教研活动的阶段性成果

过渡环节系列教研活动后，教师对过渡环节的关注度不断提升，已逐步明晰过渡环节的教育价值；对过渡环节的环境创设和组织策略优化也在发生改变。幼儿园要及时梳理成果和做法，形成环境创设与组织策略参考。

环境创设

时间：一日生活时间安排模块化，将相邻且相融的几个活动整合起来；同时提供可视化的时间表，引导幼儿自主看时间，预知过渡环节的顺序和内容。

空间：创设丰富、便利的户外空间环境，提供安全、富有挑战、合理保护的游戏材料，为孩子创设良好的户外学习空间；班级环境创设中，注重材料投放的有序性、便利性，并提供过渡游戏区。

组织策略

重视过渡环节的预知，提供熟悉的提示且形式多样；过渡环节中，教师有明确的分工；丰富过渡环节的组织形式和内容。

表 3-22 ××幼儿园过渡环节组织策略参考

环节	过渡预知	教师分工	组织形式和内容
晨间入园过渡	**语言提示**："将自己的个人物品放进学具柜，并将学具柜整理好，就来选区游戏啦！" **肢体预知**：用击掌动作约定完成过渡。	**主班教师**：门口接待来园幼儿，与幼儿主动问好，提醒幼儿做好"来园几件事"。 **保育教师**：在教室里关注和指导幼儿进行个人物品归放、整理等来园准备工作。	**形式**：基于幼儿来园时间，以个人形式过渡较为适宜。 **内容**：包括来园问好、签到、整理个人物品、做好清洁卫生等，并将这些内容通过图片形式创设"来园几件事"墙饰，引导幼儿根据提示自主完成，将入园过渡与区域游戏进行有效整合，避免消极等待。
户内外过渡	**语言提示**："接下来我们要到户外开展××活动，音乐结束前我们要完成户外活动准备工作。" **音乐提示**：播放轻松、轻快的音乐（音乐时常5分钟左右，可根据幼儿准备情况适当调整）。	**主班教师**：在生活区旁边关注幼儿盥洗、穿脱外套和准备水壶等。 **保育教师**：在盥洗室关注和指导幼儿进行如厕、盥洗。 **配班教师**：在教室门口和先完成的幼儿讨论户外活动的计划，带领幼儿排队、拿取运动器械和材料。	**形式**：集体形式过渡为主，也可以小组形式过渡。 **内容**：包括盥洗、如厕、穿脱外套、准备水壶、交流户外活动计划等。先完成的部分幼儿可以和配班老师一起到户外准备活动所需要的材料和器械，将室内过渡与室外准备有机融合。
教学—游戏过渡	**音乐提示**：播放游戏提示音乐，如"开火车"等。 **肢体提示**：出示游戏计划板，提示幼儿游戏时间即将开始。	**保育教师**：在盥洗室关注幼儿生活活动。 **主班教师**：在公共区域关注幼儿游戏计划，并与个别幼儿交流，满足个别需要。 **配班教师**：在游戏区内巡查，观察和指导幼儿的材料准备。	**形式**：以"小组+个人"形式过渡为主，分小组进行生活活动，个人自主进行游戏计划和材料准备。 **内容**：包括盥洗、如厕、饮水等生活活动和游戏计划、材料准备。
点心活动前后过渡	**音乐提示**：播放点心活动的音乐，如"小猪吃得饱饱"等。 **肢体提示**：指导完成点心活动的幼儿通过插牌、亮灯等进行点心记录。 **语言预知**："点心时间快要结束了，还没有吃点心的小朋友要记得来吃！"	**主班教师**：在班级内走动，关注游戏收归的情况，进行个别指导。 **保育教师**：在盥洗室关注幼儿生活活动。 **配班教师**：在生活区关注幼儿自主用点心、清洁桌面和收拾垃圾等。	**形式**：以个人形式过渡为主。 **内容**：包括整理游戏材料、点心前准备、个人清洁卫生、自主点心后整理、自由游戏等内容。点心时间前后的过渡环节可以跟与之相邻的自由活动或区域游戏进行整合，最大化缩小过渡时间。

续表

环节	过渡预知	教师分工	组织形式和内容
餐前过渡	**肢体提示**：在游戏区摆放5分钟沙漏，提示幼儿收归时间（根据收归难度不同，区域摆放沙漏的时间略有不同）。**音乐提示**：播放收归整理的音乐（3分钟左右），再播放手指游戏或故事视频等。	**主班教师**：先巡视不同区域，指导幼儿收归材料；然后关注先收好材料的幼儿进行相对安静的游戏。**保育教师**：在收归时间较长的区域或者非活动室区域，指导幼儿的收归工作。**配班教师**：指导幼儿分组进行餐前如厕、盥洗，引导值日生进行餐前准备。	**形式**："以小组＋个人"形式过渡。**内容**：包括收归材料、集体游戏、餐前个人清洁活动等。餐前过渡还可以根据时间安排和幼儿年龄特点，增加午餐播报、故事小达人、领头人游戏等，拓展幼儿的学习空间。
餐后过渡、午睡前过渡	**语言提示**："吃完饭后，记得漱口和记录，然后可以选择过渡区的材料进行游戏。"（如果幼儿对此内容非常熟悉，可以不用语言提示）**肢体提示**：指导完成用餐的幼儿通过插牌、亮灯等完成用餐记录。	**主班教师**：指导幼儿进行餐后漱口、记录，关注餐后秩序和幼儿安全。**保育老师**：指导幼儿进行餐桌清洁、餐具收归等生活劳动。**配班教师**：引导先完成用餐的幼儿回顾半日活动计划、分享玩具或自主阅读；带领幼儿饭后散步、关注午睡前生活活动。	**形式**："以集体＋个人"形式过渡。**内容**：包括餐后整理、记录、自主游戏和散步；午睡前如厕、盥洗、睡前故事等。餐后与午睡前的过渡可以整合。
整理环节过渡	**音乐提示**：播放收归整理的音乐（3分钟左右）。**语言提示**："马上要离园了，请大家整理好个人物品，有序排队。"	**主班教师**：在生活区关注幼儿整理个人物品的情况，并在门口引领幼儿有序排队。**保育老师**：在盥洗室关注个别幼儿盥洗情况，配合教师整理队伍。	**形式**：以个人的形式过渡。**内容**：包括如厕、盥洗、整理个人物品等。

注：此表格中的"预知"指的是幼儿知道现在是哪一个过渡环节。语言预知、肢体预知等表示了解过渡环节的途径。

持续跟进和落实教研成果

关于"过渡环节"的系列教研探讨优化了过渡环节的时间安排、组织策略，解决了教师对过渡环节教育意识不够、忽略过渡环节或过渡环节冗长等问题。过渡环节还有诸多方面需要进一步探讨，如师幼互动、环境创设和幼儿的情绪情感等问题。

师幼互动

将教研成果运用到班级实践中，不断优化过渡环节的组织策略，并在周、日计划中落实过渡环节的教育目标，加强观察，提高师幼互动的质量。

环境创设

将过渡环节在班级一日生活流程图中呈现，教师关注幼儿对过渡环节的计划，和幼儿一起约定过渡环节的规则，丰富过渡环节的内容，投放有序的材料和标识，创设班级过渡区等，引导幼儿自主、有序过渡。

需要注意的问题

- 关于过渡环节的教研不仅是为了解决过渡环节组织策略的优化，满足活动与活动之间的转换，更是为了引导教师在过渡环节充分尊重幼儿，满足幼儿生理和心理节奏转变的需要，促进幼儿身心健康，全面发展。
- 可将过渡环节的教研成果纳入幼儿园一日作息时间安排中，优化幼儿园的时间管理，实行模块化和弹性化的时间管理。
- 关注过渡环节与班级生活活动的关系。过渡环节与生活活动都重复、零散、贯穿一日生活的始终，且两者的内容部分重合或存在"交叉"。因此，提高过渡环节的质量与提高班级生活活动的质量密切相关，教研的内容可以将两者适当整合。

第四章

有关区域游戏的教研活动设计与实施

36. 如何设计与实施关于"区域游戏环境创设"的教研活动?

思考教研内容

《纲要》明确指出,"环境是重要的教育资源,应通过环境的创设和利用,有效地促进幼儿的发展"。区域游戏环境创设体现了教师的审美能力和审美情趣,以及教师的课程观、儿童观和环境观。在设计和组织"区域游戏环境创设"教研活动之前,需要关注以下几个方面。

区域游戏环境应该和谐美观

区域游戏环境应该整齐美观,让幼儿置身于美的环境中,从而促进幼儿对美的感受和体验。要关注区域游戏环境中使用的色彩,如使用同种色的搭配、对比色的搭配、类比色的搭配等。应以某一种颜色为主导,辅以2~3种色彩,形成整齐、统一的视觉效果。

应创设温馨、轻松的区域游戏环境,可使用自然元素装饰和点缀,运用地毯、地垫、沙发等各种柔软的家具营造柔软的感觉等。区域游戏环境中的各类物品应该摆放整齐、有序。

区域游戏环境能激发幼儿参与游戏的兴趣

区域游戏环境应能够吸引幼儿参与游戏,如在区域游戏环境创设中呈现预告版、好书推荐等内容,引导幼儿积极主动地参与区域游戏中,从而支持幼儿主动学习。还可以创设区域游戏操作步骤图、提示图、难度提示卡等,为不同能力的幼儿提供支架性学习环境,支持不同层次的幼儿在支架环境的隐性引导下自主地探索和学习,建构经验和获得发展。

区域游戏环境应有利于幼儿与环境互动

区域游戏环境不能仅关注美观,还应引发环境与幼儿的积极互动。教师在创设区域游戏环境时,不需要一次性全部布置好,可适当留白,让幼儿参与创设,如在旁边提供便于取放的开放式材料柜,让幼儿自取材料参与环境创设。

教师也可以创设供幼儿互动的环境,如在中班美工区创设一面用树枝垂挂的互动墙，幼儿可将自己制作的昆虫自由摆放在树枝墙上。树枝和幼儿的作品组合在一起，不断演绎新的场景与故事。

区域游戏环境应动态调整

区域游戏环境不是一学期或一学年固定不变的，应该基于课程内容与幼儿的兴趣变化而灵活调整，如小班是"汽车"主题，那么可以在创设美工区时摆放有斑马线及行车方向的底板纸。另外，创设的区域游戏环境更多的是活动式的，便于幼儿根据活动的需要和经验的发展随时动态地调整环境。

教研组长在了解了"区域游戏环境创设"应该关注什么以后，需要思考"区域游戏环境创设"的教研活动应该聚焦哪些基本问题。

- 如何创设轻松、温馨的区域游戏环境？
- 区域游戏环境创设有哪些设计要素和注意事项？
- 区域游戏环境创设中如何体现审美性？

调研本园主要的相关问题

基本了解了"区域游戏环境创设"应该关注什么，以及教研活动应该关注哪些基本问题之后，接下来就需要了解本园"区域游戏环境创设"存在的主要问题。

第一步：梳理调研内容

教研组长需要首先确定调研内容，如要调研区域游戏环境创设哪个方面的具体问题，是环境中的色彩运用问题或互动问题，还是区域游戏环境支架性资源问题，或环境创设中幼儿参与等问题。

如果需要全面调研各个方面的问题，可以设计调研记录表，将各项问题都罗列出来。

表 4-1 ××幼儿园"区域游戏环境创设"调研记录表

调研班级：	调研教师：　　　　　　调研时间：
色彩运用	描述区域游戏环境的色彩运用是否符合幼儿的审美特点，色彩搭配是否和谐美观，分析环境能否给予幼儿审美体验。分析区域中的各项物品摆放是否整齐美观等。
互动性	描述区域中有哪些互动性的环境，观察幼儿是否积极主动地与环境互动。
资源支持	描述区域中提供了哪些支架性的资源，如步骤图、提示卡、难度挑战单、欣赏和参考类的图片等，分析其对幼儿游戏的价值和意义。
动态调整	描述区域环境近期调整的内容，分析调整的适宜性和效果。
调整建议：	

第二步：思考调研方法

教研组长要根据调研内容确定调研方法。针对"区域游戏环境创设"的调研活动，可以采用集中调研的方式，如教研组长带领骨干教师走进各个班级观察和记录；也可以采用分组调研的方式，如各年级组长带领本年级组教师调研各班"区域游戏环境创设"的情况。在观摩调研的过程中，调研人员应该积极与班级教师交流、沟通。

第三步：分析调研问题

通过调研，能及时发现"区域游戏环境创设"存在的主要问题，梳理需要解决的个别问题和共性问题。要及时与班级教师进行沟通，提出合理的调整建议。帮助各班教师梳理、寻找解决问题的策略，例如，美工区的环境创设要增设幼儿作品展示区，以方便幼儿及时把作品用夹子夹起来或粘贴在展板的适宜位置向好朋友介绍作品。比如，某幼儿园在"区域游戏环境创设"方面存在以下共性问题。

> 区域游戏环境中的色彩运用比较随意，教师较少考虑色彩搭配问题，不能够给幼儿良好的审美体验，如使用大小和颜色不同的箩筐摆放区域游戏材料，缺少秩序和美感。

> 区域游戏环境中支架性学习资源比较单一，以欣赏类、参考类图片为主，缺少步骤图、提示卡、难度任务卡等能够引发幼儿主动学习的资源。

> 区域游戏环境创设以教师为主导，幼儿很少有机会参与区域环境创设。区域游戏环境一个学期基本不调整，仅根据区域游戏内容更换图片资源和幼

儿作品等内容。

制订系列教研计划

调研发现的问题为系列教研活动的生发、延展提供了聚焦点。发现问题、分析原因后就可以设计问题导向的系列教研计划。教研计划一般以列表的形式呈现。每一次教研活动要根据活动主题的不同而确定相应的教研方式、参加成员、持续时间等。

表4-2　××幼儿园"区域游戏环境创设"系列教研计划（摘录）

教研内容与要点	教研方式	参与人员	活动时间
"区域游戏环境创设"调研活动	集体调研	教研组长 各班教师	2月22日—2月26日
"区域游戏环境创设"阅读推荐活动	自主阅读 好书分享	各班教师	3月10日
"区域游戏环境创设"方法与策略研讨	集中教研 头脑风暴	全体教师 专家	3月13日
小班"区域游戏环境创设"案例研讨	级部教研	年级组长 级部教师	3月26日
中班"区域游戏环境创设"案例研讨	级部教研	年级组长 级部教师	3月27日
大班"区域游戏环境创设"案例研讨	级部教研	年级组长 级部教师	3月28日

设计单次教研活动方案

系列教研计划制订好以后，需要思考如何设计和组织单次教研活动。以下将从教研目标、教研准备、教研过程、教研反思与跟进几个方面详细介绍"区域游戏创设方法与策略"教研活动的设计与组织。

教研目标

教研目标的阐述要清晰，应该具有较强的针对性和操作性，表达本次教研活动期待达成的结果。教研目标应聚焦本次教研活动需要解决的实际问题。

目标1：通过阅读分享、小组研讨等方式，引导教师掌握"区域游戏环境创设"的先进理念和有效策略。

目标2：基于专业书籍阅读和实践，梳理"区域游戏环境创设指导意见"，达成区域游戏环境创设共识。

教研准备

物质准备：教研活动签到表、教研活动PPT、教研活动记录本等。

经验准备：教师参加过班级"区域游戏环境创设"的调研活动；自主阅读过《0—8岁儿童学习环境创设》；教研组长了解教师在区域游戏环境创设方面存在的困惑和困难。

教研过程

教研活动的每一个环节都要紧扣教研目标开展。因此，围绕本次教研活动目标，教研活动过程包括以下环节。

环节1：阅读交流——分享区域游戏环境创设的要素

教师交流分享《0—8岁儿童学习环境创设》一书中有关"环境创设需考虑的因素"相关内容。

教研组长引导教师思考：在区域游戏环境创设方面，我们忽视了哪些要素？创设区域游戏环境需要注意哪些问题？

环节2：分组研讨——讨论区域游戏环境创设指导意见

小、中、大三个年级组分别研讨"区域游戏环境创设指导意见（初稿）"，可首先围绕区域游戏环境设计要素进行分析，如自然元素、颜色、采光、软装饰等。

小组研讨后再集中分享，相互补充，研讨区域游戏环境创设应该关注的其他方面，达成区域游戏环境创设方面的共识。

环节3：个别交流——各班分享区域游戏环境优化的措施

各班教师基于上一轮的研讨活动，提出下一步优化班级区域游戏环境的措施，如在区域游戏环境中增加绿色植物或者使用自然材料装饰，将墙面装饰的颜色更换为中性色彩，靠窗位置避免使用低矮的柜子和透明的装饰物等。

教研反思与跟进

通过教研活动的开展，教师将了解区域游戏环境创设的基本方法和策略，以及相关注意事项，初步了解区域环境创设的先进理念。教研组长还可以通过以下措施进行教研跟进。

个人层面：加强区域游戏环境创设方面的理论学习，继续学习《幼儿园室内区域活动整体方案》《0—8岁儿童学习环境创设》等书籍。撰写"区域游戏环境创设"方面的心得笔记、论文等，提升教师实践、反思、再实践、再反思等能力，以提高教师区域游戏环境创设的实践能力。

班级层面：根据幼儿的活动和发展需要，对区域游戏环境进行重新规划布局，让创设的区域游戏环境对幼儿的发展真正起到推进作用。

园部层面：带领教师参观优质区域环境创设场景、查阅幼儿园区域环境创设画册，拓展教师区域环境创设思路，以便及时细化与调整区域环境创设。

梳理教研活动的阶段性成果

"区域游戏环境创设"系列教研活动后，教师的环境观和教育行为会发生转变，这是最重要的教研成果。幼儿园层面还需要进一步梳理区域游戏环境创设指导意见、区域游戏环境创设图片库等（见表4-3）。

表4-3　××幼儿园"区域游戏环境创设"指导意见

	指标	区域游戏环境创设建议
设计要素	自然元素	在环境中呈现自然元素，如在桌子上摆放花盆或者用自然材料装饰和点缀环境，营造亲近自然、平静安宁的氛围。
	软装饰	在桌子上铺柔软、干净的桌布，在地上铺颜色和谐、质地柔软的地毯或者地垫等，提供柔软的悬挂物、装饰物等增加环境中柔软的感觉。软装饰能够营造温馨、舒适、可爱的氛围，还可以减少噪声。
	颜色	区域游戏环境的色彩运用符合幼儿的审美特点，给予幼儿审美体验。建议选用颜色中性的架子和家具。 家具、墙壁、天花板和装饰物等的颜色搭配应该和谐美观，根据班级空间的整体色调确定主色调，既可以是班级整体环境的同色系色彩，又可以是对比色系色彩。 不同的色彩对区域游戏环境的光亮度影响不同，在光线较弱的区域应该选择能够增加光亮度的颜色。
	采光	保证自然光能够照射进班级。如果在某些区域中自然采光不良，可以增加其他光源，如追光、悬挂光源，以及明暗可调节的灯等。

续表

	指标	区域游戏环境创设建议
创设要点	互动与支持	创设互动性区域游戏环境，如创设可以互动的墙面环境，支持幼儿积极主动地与环境互动。在环境中提供支架性的学习资源，如步骤图、提示卡、难度挑战单、欣赏和参考类的图片等。
	动态调整	根据幼儿的兴趣、课程内容或者季节等定期调整区域游戏环境。

持续跟进和落实教研成果

一次教研活动结束，并不意味着活动结束，教研活动结束后，还有很多需要教研组长关注、跟进与完善的工作。

班级层面：将形成的区域游戏环境创设指导意见和区域游戏环境创设图片库发给每个班级。教师根据本班的实际情况对区域游戏环境进行优化和调整。

年级组层面：引导教师将区域游戏环境创设工作过程纳入课程审议，并在周、日计划工作中体现和落实。

园部层面：收集整理"区域游戏环境创设"方面的活动照片充实资源库，为区域环境创设的推进提供经验和参考。

需要注意的问题

- 在组织"区域游戏环境创设"的教研活动中，要引导教师多蹲下身来聆听幼儿对环境创设的建议和想法，并请幼儿一起参与区域环境创设活动，增强幼儿班级小主人的自豪感。
- 关注各层次教师在"区域游戏环境创设"活动中的参与情况和转变，尤其是3年内的新教师。请新教师的结对师傅和骨干教师对新教师班级的区域环境创设多加关注和进行适当指导。

37. 如何设计与实施关于"区域游戏材料投放"的教研活动?

思考教研内容

区域游戏材料是幼儿开展区域游戏的物质基础,是引发幼儿主动探究的刺激物,又是幼儿认识周围物质世界的桥梁和媒介。教师应该在各个区域投放丰富、多元、开放的游戏材料,如在图书区提供高质量的绘本、在音乐区提供高质量的打击乐器和视听设备等。

在设计和组织"区域游戏材料投放"教研活动之前,需要关注以下几个方面。

区域游戏材料应该安全卫生

在选择区域游戏材料的大小与材质时,能够考虑到不同年龄幼儿的差异,如小班幼儿的材料应该体积大一些、软一些,以防幼儿吞咽。区域游戏材料应该状态良好,完整无损坏。要定期清洗消毒材料和工具。

区域游戏材料应该动态调整

区域游戏材料要根据课程变化、幼儿的兴趣和发展需求等做出动态调整,定期或不定期地更换、补充、删减、增添等,以满足幼儿区域游戏的需要。

区域游戏材料应该具有层次性

幼儿的游戏和学习遵循从易到难的原则。教师在投放区域游戏材料时需要提供不同难度层次的材料,以便幼儿依据自己的能力水平选择合适的材料,如按照由浅入深、从易到难分层提供材料,以尊重幼儿的个体差异,促使每名幼儿在自己的最近发展区内获得发展。

区域游戏材料的摆放应该便于幼儿取放

区域游戏材料应该摆放有序,贴有相应的标识。可以摆放在透明的或者半开放的容器里,便于幼儿看到。材料放置在材料架或者材料柜里时,要逐一摆放,避免叠加、堆放等,以便幼儿轻易取放。材料应牢固放置,可以将容易丢失或者滚落的材料放在小盒子里或者用橡皮筋捆住。

教研组长了解"区域游戏材料投放"的注意事项后,需要思考相应的教研活动应该聚焦哪些基本问题。

- 各个区域应该提供哪些基本材料?
- 如何基于幼儿的年龄特征和经验水平提供材料?
- 区域游戏材料投放要遵循哪些基本原则?
- 区域游戏材料投放有哪些策略?
- 区域游戏材料应该如何呈现和摆放?

调研本园主要的相关问题

基本了解"区域游戏材料投放"应该关注什么,以及教研活动应该关注哪些基本问题之后,接下来就需要了解本园"区域游戏材料投放"存在的主要问题。

第一步:梳理调研内容

教研组长首先需要确定调研内容是针对班级所有区域开展调研还是只针对某一个区域,是针对区域游戏材料投放的全部问题还是哪个方面的具体问题。确定调研内容后,可利用调查表请班级教师自查,也可以深入班级区域游戏现场观察,或者开展相关的集体调研活动,以了解班级区域游戏材料投放的现状。

如果需要调研班级各区域提供了哪些基本游戏材料,以及各类游戏材料的数量和发展指向、材料的层次、摆放方式等问题,可以设计调研表(见表4-4)。

表4-4　××幼儿园区域游戏材料投放调研表

调研班级		区域名称		调研时间	
材料名称	材料数量	游戏指向	材料层次	摆放方式	调整意见
七巧板	2组	形状与空间关系	5个层次	1个托盘摆放1组材料	增加材料数量

如果需要调查教师在"区域游戏材料投放"方面的认识和具体实践,可以设计以下调查问卷,或者以该问卷涉及的主要内容为依据进行访谈。

××幼儿园"区域游戏材料投放"调查问卷

亲爱的老师:

您好!为了更好地了解各班区域游戏材料投放的实际情况,我们设计了本问卷。请您根据实际情况,如实填写。

1. 您所在的年级:( )

    A. 小班　　　B. 中班　　　C. 大班

2. 您觉得班级各区域投放的游戏材料总体情况如何?( )

    A. 投放的材料数量偏少,不能满足幼儿的需求

    B. 投放的材料数量适宜,能够满足幼儿的游戏需要

    C. 投放的材料数量较多,大部分都闲置

    D. 有的游戏材料数量少,有的游戏材料数量多

3. 您所在的班级投放的区域游戏材料主要是以下哪种情况?( )

    A. 以幼儿园统一购买的材料为主

    B. 以自己动手制作的游戏材料为主

    C. 购买的材料和制作的材料各占一半

4. 您发现幼儿更愿意选择以下哪些游戏材料?( )

    A. 购买的现成材料

    B. 教师自制的材料

    C. 以上两种材料使用情况差不多

5. 您班区域游戏材料一般多长时间更换?( )

    A. 一个星期　　　B. 一个月　　　C. 一学期　　　D. 不定期

6. 您主要依据以下哪种情况更换区域游戏材料?( )

    A. 幼儿不感兴趣就更换　　　B. 幼儿都玩过了就更换

    C. 根据主题变化更换　　　　D. 游戏材料出现破损

7. 投放新材料时,您一般会采用以下哪种方式?( )

    A. 直接将材料投放在区域中,幼儿自主探索玩法后再交流

    B. 教师简单介绍材料的名称和玩法后再投放

> C. 教师向个别幼儿示范如何操作材料后再投放
> 8. 当发现幼儿对某种游戏材料不感兴趣时，您一般会怎么做？（ ）
>   A. 立即更换游戏材料
>   B. 调整游戏材料的玩法
>   C. 先收起来，过一段时间再投放
>   D. 仍然放在区域中

第二步：思考调研方法

教研组长要根据调研内容确定调研方法。如果需要现场调研，可由教研组长、骨干教师或邀请的专家走进班级保教现场，通过观察记录、交流反馈的形式，了解班级区域游戏材料投放存在的主要问题和教师的困惑。针对现场调研，可考虑以下几个方面。

相同年龄段不同班级的横向调研：针对某一个区域，调研教师进入到某个年龄段的各个班级进行调研。通过现场观摩、对比分析，了解各个班级在某个区域游戏材料提供方面的差异和共性问题。

不同年龄段的横向调研：针对某一个区域，调研教师分别对小、中、大班年龄段区域游戏材料投放情况进行调研，了解不同年龄段在同一个区域投放游戏材料的情况。

第三步：分析调研问题

调研活动之后需要分析本园"区域游戏材料投放"存在的主要问题，以便及时解决个别问题；确定需要通过教研活动解决的共性问题，还需要分析问题背后的原因，以便有针对性地解决问题。在调研的过程中和调研之后需要做好以下几件事情。

针对个别问题：要及时与班级教师沟通，做到即时教研，及时解决，如个别班级区域游戏材料摆放的方式不便于幼儿取放。

针对共性问题：需要整理调研表，汇总各个班级的具体问题，并对问题进行梳理、归类、分析与提炼。比如，某幼儿园在"区域游戏材料投放"方面存在以下共性问题。

➢ 投放的区域游戏材料不符合幼儿的年龄特点，不同年龄段投放了同样的材

料，且玩法设计没有体现年龄差异，例如，在小班、中班、大班的角色区都投放了丰富多样的无纺布做的仿真蔬果。教师在投放游戏材料时没有考虑不同年龄段幼儿的年龄特点和发展水平。

- 投放的区域游戏材料缺少层次性，没有按照由易到难逐步递进的层次提供材料。不同发展水平的幼儿玩同样难度的游戏材料，有的幼儿很快就完成了，有的幼儿在同伴的帮助下完成，有的幼儿拿着材料无从下手。主要原因是教师没有关注幼儿的个体差异，没有根据幼儿个体的能力差异投放游戏材料。
- 区域游戏材料的摆放不便于幼儿取放和使用，如材料架和放置材料的托盘上缺少标记，幼儿收归材料时会随意摆放，导致其他幼儿需要用较长时间寻找。游戏材料没有分别摆放，如将3组七巧板全部放在一个托盘里等。

制订系列教研计划

发现问题、分析原因后就可以设计问题导向的系列教研计划。首先，基于调研发现的真实问题和迫切需要解决的问题，制定切实可行的教研目标。然后，把教研目标与教研内容进行系统化分解和结构化架构，保证教研活动的连贯性和有序性，可以用表格的形式呈现教研时间、教研内容、教研方式、主持人、参研人员等。

表4-5　××幼儿园"区域游戏材料投放"系列教研计划（摘录）

教研内容与要点	教研方式	参与人员	活动时间
"区域游戏材料投放"调研活动	调查问卷 现场调研	教研组长 各班教师	3月1日—3月5日
"区域游戏材料投放"阅读分享	读书沙龙	骨干教师	3月6日—3月12日
区域游戏材料投放策略研讨	集中教研 现场教研	全体教师	3月17日
小班"区域游戏材料投放"案例研讨	级部教研 课程审议	小班教师	3月22日
中班"区域游戏材料投放"案例研讨	级部教研 课程审议	中班教师	3月22日

续表

教研内容与要点	教研方式	参与人员	活动时间
大班"区域游戏材料投放"案例研讨	级部教研 课程审议	大班教师	3月22日
"区域游戏材料投放"交流展示 （小、中、大各一个班级）	常规调研 现场教研	教研组长 全体教师	4月23日
梳理区域游戏材料投放指导建议	集中教研	全体教师	5月8日

设计单次教研活动方案

系列教研计划制订好以后，需要思考如何设计和组织单次教研活动。以下将从教研目标、教研准备、教研过程、教研反思与跟进几个方面详细介绍"区域游戏材料投放策略"教研活动的设计与组织。

教研目标

教研目标的阐述要清晰，应该具有较强的针对性和操作性，表达本次教研活动期待达成的结果。教研目标应聚焦本次教研活动需要解决的实际问题，如本次教研活动要解决"区域游戏材料不符合幼儿年龄特点和发展水平"的问题。

目标1：通过现场观察、记录和研讨，关注区域游戏材料投放与幼儿年龄特征和经验水平之间的关系。

目标2：通过理论学习，提升关于"区域游戏材料投放"的反思意识和实践能力。

教研准备

教研准备包含经验准备和物质准备两个部分。经验准备指教研组长的经验和教师的经验两个方面，如教研组长通过问卷调查和"区域游戏材料投放"的常规调研等活动，掌握各班区域游戏材料投放的现状和教师的认识等。物质准备指"区域游戏材料投放"的相关教研资料，如文献资料、学习资料、记录表、研讨使用的工具材料等（见表4-6）。

经验准备：教研组长深入研究基于幼儿的特征和经验水平投放材料的策略，能够在教研活动中起到引领作用；教研组长了解各班级"区域游戏材料投放"的具体情况。教师对"区域游戏材料投放"有实践经验和思考。

物质准备：教研方案（PPT）、一体机、观察记录表；《指南》等。

表4-6 ××幼儿园"区域游戏材料投放"观察记录表

观察人员：_____

观察班级		观察时间		观察区域	
记录幼儿操作材料的情况。结合《指南》分析该材料是否符合本年龄段幼儿的特点和发展需要。					
幼儿1					
幼儿2					
幼儿3					
……					

教研过程

教研过程的每一个环节都应紧紧围绕教研目标展开。可在教研活动前将本次教研的主要过程和要求提前告知教师。教研过程可分为几个环节，每个环节解决一个具体问题。

环节1：解读表格——明晰观察记录的内容和目的

借助表格进行教研活动时，要事先让教师明确观察记录的内容，使之后的观察记录更有针对性和目的性。可建议教师采用拍照和拍摄视频的方式记录，然后再结合表格分析。提醒教师在区域游戏观摩中不影响、不干扰幼儿的游戏。

环节2：观察记录——了解材料投放与幼儿发展的现状

本次观察请教师定点在某一个区域，可以选择一个孩子进行跟踪观察，也可以观察几个孩子对同一种材料的使用情况。要择取典型的片段进行记录或拍摄视频。活动结束后，教师带着观察的材料一起参与研讨。

环节3：案例研讨——达成基于幼儿年龄特点和经验水平投放材料的共识

采用案例研讨的方式需要考察案例或者视频的内容是否具有针对性和话题性，即呈现的案例或者视频要与本次教研的主题吻合，能从中发现一些优点和问题，有效激发教师的思考和讨论。

参研教师结合观察记录表、活动视频或实物材料等解读区域游戏材料投放与幼儿年龄特征和经验之间的关系，思考材料的适宜性并提出改进意见等。

教研组长在案例研讨过程中可以抛出以下问题。

> 可以通过哪些方面评估这套材料是否适宜该年龄段幼儿？
> 这套材料适合每一个孩子操作吗？如果不适合，该如何调整？
> 这套材料有哪些发展价值？可以促进孩子的哪些经验发展？

在案例研讨过程中，教研组长要适时地追问或抛问，一方面是为了把握住教研的方向，另一方面是为了引发教师深入地思考和激起参研教师之间的思维碰撞。

教师通过案例研讨和头脑风暴对材料投放与幼儿经验水平之间的关系，以及如何根据不同幼儿年龄特征投放材料有了清晰的认识和共识。

环节4：理论学习——提升教师对"区域游戏材料投放"的认识

专业引领是为了帮助教师从理论层面进一步深入地思考问题，转变观念；知道如何将理论落实到实践，怎么以幼儿为中心，基于幼儿的原有经验、现有经验和新经验来适宜地投放材料。

如南京师范大学的张永英老师以"材料到孩子获得发展有多远"为主题来指导教师并与教师对话，引导教师分析和讨论以下内容：

> 教师要怎样基于幼儿的经验投放材料？要关注幼儿什么样的经验？
> 材料到孩子获得发展到底有多远？
> 幼儿是如何利用材料进行探索和学习的？

> **小结**：请大家结合今天的教研活动和专家提出的问题进一步思考材料投放的适宜性问题；反思本班的材料投放是否基于幼儿的经验；是否能促进不同能力幼儿的发展等，从而优化自身投放材料的策略和调整材料的投放。

教研反思与跟进

通过教研活动，教师深入认识和理解要基于幼儿的年龄特点、经验水平等投放材料，还需要在实践中落实教研成果，进一步调整和优化班级区域游戏材料。

- 教师根据教研活动中达成的共识，观察和分析班级投放的材料是否符合幼儿的年龄特征、基于幼儿的经验水平，关照个体差异等问题，及时做出调整和优化，形成班级区域游戏材料适宜性分析报告。

- 年级组在课程审议、集体备课过程中将区域游戏材料的投放作为重点进行研讨，思考投放材料的层次性等，并在主题、周、日计划中落实。
- 园部开展班级区域游戏材料展示交流活动，进一步观察各班的区域游戏材料投放的调整情况，请各班教师介绍如何基于幼儿的年龄特征和经验水平投放材料，做了哪些改进和调整等。

梳理教研活动的阶段性成果

"区域游戏材料投放"系列教研活动后，教师的教育观念和教育行为会发生转变，这是最重要的教研成果。可以通过撰写论文、交流分享、形成不同年龄段区域游戏材料参考表等方式鼓励教师主动梳理成果。另外，幼儿园层面也需要进行成果梳理，形成有针对性的指导意见等。

个人层面：撰写"区域游戏材料投放"的案例、论文等成果，提升教师反思性实践的意识。以照片的方式收集和保存优秀的区域游戏材料案例，为今后投放区域游戏材料提供借鉴，提升教师的学习意识。

班级层面：梳理各班区域游戏材料投放中的典型案例和优秀经验，形成班级区域游戏材料投放一览表和活动指引，提高教师科学合理投放区域游戏材料的能力。

园部层面：形成有操作性的、可供借鉴的各年龄段"区域游戏材料投放指导意见"（见表4-7）和"区域游戏材料投放评估量表"（见表4-8）等成果，并在实践中不断调整和优化。

表4-7 ××幼儿园（科学区）游戏材料投放指导意见（摘录）

内容	基础性要求
材料与工具	*物理科学类* （1）物体的属性 重量：秤、天平、砝码等。 形状：有各种几何形状的自然物、图片、图书、模具等。 质地：能引发幼儿探索物体粗糙、光滑、软硬、厚薄等属性的工具材料，如石头、棉花、布等。 （2）物体的位置与运动 运动：斜坡、纸船等材料，供幼儿探索物体的提升、推动、沉浮等运动现象。 力：各种弹性材料、磁性材料和摩擦使用的材料，供幼儿探索生活中常见的磁力、摩擦力等自然现象。

续表

内容	基础性要求
材料与工具	（3）声、光、电、热等物理现象 　　声：能发出不同声音的金属罐子、石子、黄豆等，收录有各种自然界声音的视听设备及对应图片等。 　　光：手电筒、彩纸、各种色彩的镜片等。 　　电：提供与电有关的物品，如电动玩具、家用电器、发光球等。 　　热：冷水、温水、热水、热水袋等。
材料与工具	生命科学类 　　（1）人体：镜子、牙模、听诊器、绘本等供幼儿探索自己奇妙的身体。 　　（2）动物：小动物3~5种、动物的居所（笼子、水族箱、蚂蚁穴等）、喂养动物的食物、饲养动物的工具（喂食器、喂养盆、铲子、竹竿、食物密封袋）、观察管理动物的工具（放大镜、望远镜、观察盒、尺子、秤）等。 　　（3）植物：可集中或分散的种植地（种植箱和植物），如多样化（水培、土培、沙培等）培植的植物、植物实验（向光性等）材料、种植管理的工具（洒水壶、小铁锹、小耙子、小铲子、浇花器等）、种植测量的工具（卷尺、直尺、电子秤等）。当季的果实、农作物及种子（蔬菜、水果、花卉等）。 地球和空间科学类 　　（1）天气与气候类材料：温度计、湿度计，以及其他供幼儿发现、记录、观察、探究的仪器等。 　　（2）江河湖泊海洋类材料：沙、水、水生植物相关材料；当地水系分布示意图、照片等；当地重要水利设施模型、图片、视频等。 　　（3）宇宙空间类材料：地球仪、星球图、火箭模型以及相关多媒体材料等。 其他资料 　　有关探究活动的书、杂志、报纸、图片、视频等参考资料。
支持与引导	1. 材料分类整理，按类别有序摆放，确保材料的完整。 2. 提供材料操作步骤图等提示幼儿按规则进行操作。 3. 针对同一个探索问题，提供不同层次的操作材料。 4. 能根据幼儿的游戏兴趣和经验，添加相关材料和工具，支持、鼓励幼儿自主设计材料和调整玩法。 5. 按主题循序渐进地分层次呈现。 6. 用透明或敞开的器皿呈现材料，以便幼儿取放、操作和收纳。 7. 材料架和材料盒上贴有图文并茂的标签，以便幼儿识别和收归。

表 4-8　××幼儿园（　　　）游戏材料投放评估量表

内容	1	3	5	得分	备注
材料更新	材料基本不更新。	较长时间更新一次材料。	材料经常更新，以满足儿童不断变化的发展需求与兴趣。		
材料摆放	材料摆放凌乱、随意。	材料摆放有序，贴有相应的标识。	材料的标识也蕴含学习的价值。		
材料内容	材料涵盖了幼儿该领域学习的少部分内容。	材料涵盖了幼儿该领域学习的大部分内容。	材料涵盖了幼儿该领域学习的绝大部分内容。		

持续跟进和落实教研成果

教研组长需要持续跟进，思考如何利用教研成果改善教育实践，如年级组通过课程审议、集体备课落实教研成果等。

班级层面：将形成的"区域游戏材料投放指导意见"和"区域游戏材料投放评估量表"发给每个班级。教师根据本班的实际情况对区域游戏材料投放工作进行丰富和调整。

年级组层面：将幼儿园"区域游戏材料投放指导意见"和"区域游戏材料投放评估量表"的内容与课程对接，依据幼儿发展目标及课程主题，通过年级组课程审议、集体备课、班内审议等方式落实区域游戏材料的教研成果，如在主题、周、日计划中有效落实。根据新发现、新问题动态性地调整和完善教研成果。

园部层面：园部可以通过持续的区域游戏材料的专项调研、区域游戏的现场观摩等，进一步观察和了解班级的落实和调整情况，在此基础上发现和梳理新的问题，并追随当下的新问题不断进行深入现场的即时性教研。

需要注意的问题

- 关于区域游戏材料投放的策略以及区域游戏材料的适宜性问题不是一次教研就能解决的,应该作为常规性的调研内容,即时发现问题、即时交流和反馈、即时研讨,不断优化和调整。
- 区域游戏材料投放的教研活动要立足于幼儿,而不仅仅是材料。要通过观察幼儿的学习和发展来研材料。
- 在以"某个区域游戏材料的投放"为案例教研时,也要关注到其他各区域的材料投放问题,要有班级区域整体规划的意识。
- 区域游戏材料的教研成果不是固定不变的,是随着新问题的出现和幼儿园课程改革的需要动态化地调整和完善的。

38. 如何设计与实施关于"区域游戏空间规划"的教研活动？

思考教研内容

区域游戏空间布局与规划是班级区域游戏创建面临的首要问题。教师需要清楚应该规划哪些基本区域，为什么这样规划和布局等。合理的区域游戏空间规划能够为幼儿提供安全、便利、有序的游戏环境。在设计和组织"区域游戏空间规划"教研活动之前，需要关注以下几个方面。

整体规划班级活动空间

应考虑幼儿一日活动中生活、游戏和学习等活动需要，整体规划班级区域游戏空间，如科学区、美工区需要用水，应该靠近盥洗室。另外，应该全面开发，利用好活动室周边的转角、阳台、走廊等公共空间，让其成为活动室的延伸。

保证基本游戏区域

依据活动空间大小和幼儿人数规划数量合理的区域游戏空间，应保证开设图书区、美工区、建构区、科学区、音乐区、角色区、生活区等基本区域。每个游戏区域又可以规划"区中区"，如图书区可以根据功能分为阅读区、书写区、视听区等。

遵循动静分离的空间规划原则

在规划区域游戏空间时，要考虑动静分离，将性质相近的游戏区域安排在一起，如将交往互动较多的角色游戏区、音乐区等安排在阳台和走廊上。

规划安全可靠的进出通道

规划的游戏区域之间有2个进出口，能避免拥堵。区域之间的行动路线能促进幼儿游戏的连接，如将在美工区制作的"烤串"送到角色区的小吃店，角色区的外卖员从小吃店送餐去建构区的工地等。

规划半封闭的区域游戏空间

采用移动屏风、玩具柜、桌椅等设备创设半封闭的区域游戏空间，清晰界定空间范围。固定和明确的空间布局能够让幼儿感受到秩序感和稳定感，提高游戏操作的专注性和持久性。

设计便于教师观察的区域游戏空间

区域游戏空间规划和布局要考虑到教师观察的需要。空间的大小、材料架的高矮等要考虑教师观察的便利性。确保区域游戏开展时，教师能够关注到全体幼儿，避免不安全因素。

教研组长了解"区域游戏空间规划"的注意事项后，需要思考教研活动应该聚焦哪些基本问题。

- 班级应该规划哪些基本区域？为什么？
- 区域游戏空间规划有哪些策略和方法？
- 区域游戏空间规划要遵循哪些基本原则？
- 不同年龄段班级区域游戏空间规划有什么特点？
- 区域游戏空间布局如何保证教师关注到每个区域？

调研本园主要的相关问题

基本了解了"区域游戏空间规划"应该关注什么，以及教研活动应该关注哪些基本问题之后，接下来就需要了解本园"区域游戏空间规划"存在的主要问题。

第一步：梳理调研内容

教研组长首先需要确定调研内容是针对班级整体区域游戏空间规划的合理性开展调研，还是只针对某一个区域游戏空间规划的具体问题开展调研。

如果需要调研班级整体空间规划的合理性，教研组长可以请教师绘画班级空间布局图，反思每个游戏区域规划在该位置的合理性，对区域游戏空间规划进行自查，还可以将各班的区域游戏空间布局图进行对比分析。

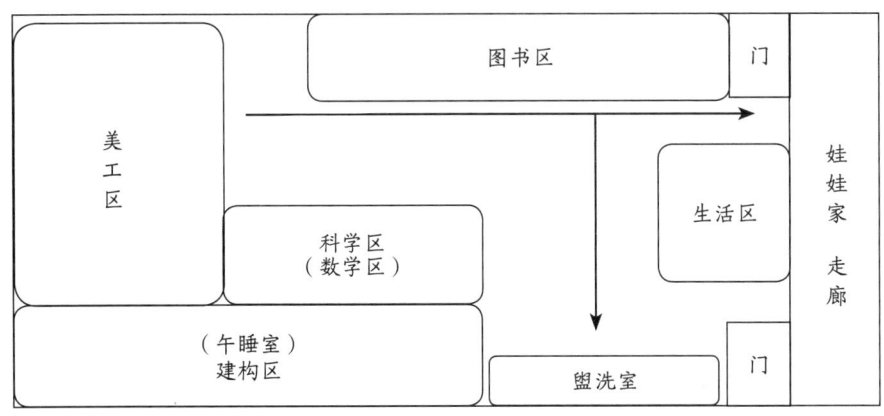

如果需要调研某个区域空间规划的具体问题（见表4-9），那么可以采用现场观摩的方式，如观察幼儿进出的便利性、幼儿游戏开展的情况、区域游戏空间的封闭性，以评估某个游戏区域划分的合理性和科学性。

表4-9　××幼儿园空间规划调研表

调研时间		调研班级		调研者	
临近区域	观察该区域靠近哪几个区域，区域之间是否相互影响？					
出入口情况	观察该区域有几个出入口，以及幼儿进出区域的便利性。					
可容纳幼儿人数	观察最大容纳幼儿的人数，以及当天进区域的实际人数，以便分析空间大小是否适宜。					
特殊需求	观察该区域提供的工具、材料等是否需要水源、电源、光源等。					
区域小空间规划	观察该区域空间又被划分了哪些具体的功能区，如图书区包括阅读区、书写区、视听区等。					
其他						
请结合现场观察，分析调研班级区域游戏空间规划的优缺点及可能的产生原因：					

第二步：思考调研方法

教研组长要根据调研内容确定调研方法。如果需要现场调研，那么可由教研组长、骨干教师或邀请的专家等走进班级保教现场，通过观察记录、交流反馈的形式，了解班级区域游戏空间规划存在的主要问题和教师的困惑。

教研组长还可以开展分年级组的调研活动，由年级组长组织各班进行现场调研,如空班教师进入相邻班级的区域游戏现场,用"空间规划调研表"采集、记录调研信息。

第三步:分析调研问题

调研活动之后,需要分析本园"区域游戏空间规划"存在的主要问题。分析、讨论和整理各班空间规划布局图、空间规划调研记录表、各班活动室照片等资料,汇总各班级空间规划存在的具体问题,并对问题进行归类总结和提炼发现共性问题,为策划系列教研活动的内容、方式等收集信息。比如,某幼儿园调研区域游戏空间规划后发现存在以下共性问题。

- 整体空间规划不合理,如集中区域、过道等空间较大,各游戏区域空间狭小,幼儿活动拥挤,不方便。
- 空间规划没有充分考虑动静分离,如图书区靠近表演区,导致幼儿无法专注、投入地阅读。
- 不同班级区域游戏空间规划和游戏区域设置相同,忽视本班的实际情况和幼儿的年龄特点。
- 未能开发利用活动室周边的拐角、走廊、阳台等公共空间资源。
- 各区域空间规划形式单一,没有根据功能区对区域小空间进行规划。
- 区域游戏空间过于开放、界限模糊,区域之间的隔断较少,某些个别区域没有相对独立的区域游戏空间,导致幼儿游戏时专注性和持久性较弱。教师没有意识到空间封闭性与幼儿游戏状态之间的关系,也没有掌握空间隔断的策略,不会利用玩具柜、桌椅、帘子、网格板等进行隔断,以营造半封闭的游戏空间。

制订系列教研计划

教研活动应以本园当下区域游戏空间规划存在的主要问题为导向,根据分析结果有针对性地制订教研计划。需要思考教研活动内容、组织形式、参加人员、活动时间等具体内容(见表4-10)。

表 4-10 ×××幼儿园区域游戏空间规划系列教研计划

教研内容与要点	教研方式	参与人员	活动时间
"区域游戏空间规划"的调研活动	现场调研	教研组长 各班教师	3月1日—3月5日
"区域游戏空间规划"阅读分享活动	自主阅读 读书沙龙	教研组长 各班教师	3月8日—3月19日
"区域游戏空间规划"案例分析研讨	集中研讨 头脑风暴	教研组长 各班教师	3月30日
小、中、大不同年龄段游戏区空间规划观摩活动	级部教研 课程审议	年级组长 级部教师	4月6日—4月9日
"区域游戏空间规划"案例分析研讨（图书区）	集中教研 头脑风暴	教研组长 各班教师	4月20日
"区域游戏空间规划"现场观摩	现场调研专家点评	专家 全体教师	4月27日

设计单次教研活动方案

系列教研计划制订好以后，需要思考如何设计和组织单次教研活动。以下将从教研目标、教研准备、教研过程、教研反思与跟进几个方面详细介绍"区域游戏空间规划案例分析研讨"教研活动的设计与组织。

教研目标

教研目标聚焦的是本次教研活动需要解决的具体问题，应有较强的指向性和可操作性。例如，本次教研活动要解决"区域游戏空间规划不合理，如能够有效使用的空间较小"和"区域游戏空间规划不科学，如没有依据幼儿年龄特征进行规划"等问题。可以围绕区域规划与幼儿年龄特征之间的关系、不同年龄班活动区域空间的特点等开展教研活动，引导教师思考怎样科学、合理地规划空间。

目标1：通过案例分享和研讨，了解区域空间规划与幼儿年龄特征之间的关系，能够依据不同年龄特点规划班级空间。

目标2：通过使用策略，提高区域游戏空间的规划能力和设置能力。

教研准备

教研准备是教研活动顺利开展的基础，包括经验准备和物质准备。经验准备是指教研组长自身对不同年龄段区域游戏空间规划的特点、区域游戏空间规划的策略等有基本的了解，能够起到引领作用；同时，了解各班级的区域游戏空间规划的现状、教师对区域游戏空间规划的认识和实践等。教师对区域游戏空间规划的特点有一定的认识、思考和实践。物质准备是指关于区域游戏空间规划的教研资料，如学习资料、研讨使用的工具材料、经典案例、班级平面图等。

物质准备：教研活动（PPT）；不同年龄班空间布局平面图及现场照片分享案例（PPT）；记录交流研讨成果的工具（素描纸、马克笔、尺）。

经验准备：通过外出参观、网络检索、阅读书籍等途径，教师对区域空间划分的各种方式、策略有一定的了解；教师前期有进行区域空间规划的实践操作，并形成了班级平面图和前后对比图。

教研过程

教研过程是把教研目标进行系统化、结构化分解落实的过程，是整个计划中最具有操作性的部分。可在教研活动前将本次教研的主要过程和要求提前告知教师。

环节1：案例分享——呈现区域游戏空间规划已有经验

采用案例分享的形式需要考察案例的内容是否具有典型性和话题性，即呈现的案例是否能够有效地激发教师思考和讨论。

请大、中、小年龄段各一名教师分享本班区域游戏空间规划的实践案例，分析本班区域游戏空间规划的理论依据，对空间规划进行过哪些调整等。可以使用PPT呈现班级空间布局图，如绘画的班级平面图以及实地照片等。

教研组长引导教师思考以下问题：

➢ 案例中教师如何基于年龄特征规划空间？
➢ 案例中教师使用了哪些策略增加有效使用的空间？

环节2：分组研讨——达成区域游戏空间划分形式的共识

分组研讨需要依据研讨主题确定分组的形式，是按小、中、大班不同年龄段分组，还是按新教师、成长期教师、成熟期教师和骨干教师分组。

本次教研活动按照班级年龄段划分为三个大组。以一个班级的空间布局图为样本，研讨如何规划适合本年龄段本班幼儿的空间，在布局时如何提高空间利用率，以及考虑到动静分离，各区域如何巧妙利用隔断增加空间灵动感，提升舒适性等。

进行小组讨论的同时，用马克笔绘制具有年龄特点的区域空间布局图。每组选派代表发言，分享思考过程。

> 不同年龄段活动区域空间的特点是什么？
> 使用了哪些形式和材料进行布局和隔断；后期根据幼儿的游戏发展可以如何调整等。

环节3：经验梳理——形成区域游戏空间划分操作意见

经验梳理是为了帮助教师进一步形成对教育实践具有直接指导作用的教育理论和参考意见，有助于教师后期的改进和实际操作。

依据目标，结合分组研讨的重点，各年级组进行经验梳理，形成供教师后期调整和实践参考的理论和指导意见。

> 不同年龄段区域游戏空间规划的特点和注意事项。
> 区域游戏空间规划的形式和策略。
> 区域游戏空间规划的资源一览表。

小结：各位教师可利用本次活动的研讨成果，结合本班的实际情况对班级区域空间规划进行调整，在实践中发现问题、再次调整，形成适合各班的区域游戏空间。

教研反思与跟进

通过教研活动，达成了初步的共识，但从认识到落实还会存在一定问题，因此需要在实践中进一步跟进、调整和优化。

> 班级依据教研中形成的各类指导意见和"班级区域游戏空间规划图"，根据幼儿的年龄特点和兴趣需要，和幼儿一起调整和优化本班的区域游戏空间。
> 年级组将区域游戏空间规划纳入课程审议和小组教研活动中，结合主题、季节、节日、班本课程的变化，就各年龄段区域游戏空间规划的特点、形式和对幼儿的发展价值等进一步研讨，对各班区域游戏空间规划图进行动态的调整，并在主题、周、日计划中落实。

> 园部也要定期或不定期地进班进行区域游戏空间规划适宜性的常规调研，及时发现问题并跟进问题，从而使教师真正立足于幼儿、班级实际来科学合理地设置区域游戏空间。

梳理教研活动的阶段性成果

在一系列的教研活动实施后，需要梳理相关过程性资料及教研成果。教研组长应将集中研讨后形成的表格、网络图等成果归档整理。

个人层面：教师的理念会在不断学习和实践中更新、调整，可以撰写与区域游戏空间规划相关的随笔、案例或者论文等成果，提升教师反思性实践的意识。

班级层面：将各班通过研讨和调整后的班级空间规划制作成"班级空间规划平面图"，梳理各年龄段的空间设置中不同侧重点的实践指导要点，帮助各班教师根据儿童的需求、兴趣和水平设置适合本班的区域游戏空间。

园部层面：形成"区域游戏空间规划评价要点"（见表4-11）、"各区域游戏空间规划指导意见"等（见表4-12）。

表4-11　××幼儿园区域游戏空间规划评价要点

序号	评价指标	等级
1	规划的游戏空间能够满足幼儿一日生活中各类型活动的需要。	
2	能够按动静分离的原则合理规划各游戏区域。	
3	各类空间被有效地利用，如最大限度地利用周围环境的物理性能（如出口、光线、水槽和窗户等）。	
4	区与区之间有较清晰的划分，但又考虑相互之间的互通关系。	
5	留出流畅、安全的出入口和通道。	
6	间隔物可按照不同的需求灵活移动。	
7	有满足个别操作的空间，并有一定的私密空间。	
8	游戏区域空间呈半封闭的状态。	
9	空间规划和布局便于教师观察。	

注：从低到高按照1—5级分别打分。

表 4-12　班级（建构区）空间规划指导意见

功能区域	规划建议
规划独立、安静的建构空间	• 建构区应根据幼儿人数规划空间，保证有足够大的空间建构大型作品。如果教室空间足够大，那么可以规划地面建构空间、桌面建构空间和墙面建构空间等不同的建构空间。 　　桌面建构空间既可以开展积塑、小型桌面积木的搭建活动，又可以作为建构游戏计划和分享的空间。 　　墙面建构空间是在墙面上进行建构的空间，如各种磁性积木墙、壁挂式积塑墙等。一般来说，地面建构的空间应是建构区中最大的空间，建构区的空间应该至少可容纳4~5名幼儿同时建构。 • 教师可根据本班教室的空间结构特点，选择靠墙、地面平稳的区域规划建构区，也可以将积木区安排在和角色游戏区相邻的地方，还可以规划通道尽头的角落或者根据幼儿建构的需要灵活调整建构空间的大小。
规划计划和展示建构作品的空间	• 建构区可划分为材料收纳空间、建构空间、计划空间、展示空间等不同功能的区域。这些功能区可以相互整合，如桌面建构空间和计划空间整合等。若班内游戏空间受限，也可以将计划空间与图书区、美术区等区域合并使用。计划空间需要提供便于书写、绘画、记录的桌椅。 • 规划展示幼儿建构作品的空间，如展示架、展示柜、展示墙等不同的展示空间。如果是以照片、绘画、图片等形式展示，只需要平面空间即可，如展示墙、屏风等。如果是建构作品的实物，就需要规划展示架、展示柜等展示幼儿立体作品的空间。如果幼儿需要，还可以规划地面展示空间，以便展示幼儿地面建构作品的实物。展示的空间要便于幼儿观看、欣赏和交流讨论。除了展示幼儿建构作品以外，展示空间中还可以张贴具有代表性的建筑物图片、建构技能图、建构计划等。建构区的墙面是重要的展示载体，可以作为展示作品、共享经验、展现建构游戏轨迹的平台。 　　建构区的空间还可以灵活调整，以便在其他活动环节做其他用途，如利用移动屏风做建构区的隔断，或将移动屏风拿掉就可以开展集体活动。
规划整齐有序的收纳空间	• 建构区的积木收纳空间要便于幼儿取放材料。如果是双面柜就需要靠墙摆放，否则收归积木时，积木容易从柜子的另一边掉落。最好选用单面开放的柜子摆放积木。积木收纳空间靠近积木建构的空间，并且和建构区域之间有40厘米以上的缓冲空间，以保证幼儿拿取积木时的安全。收纳柜子的高度要符合幼儿的身高。 • 柜子的每一层或每一格尽量只放一种形状的积木，并在对应的位置贴上原始尺寸的积木标记，方便幼儿独立取放。可按上小下大、上轻下重的规律，从上往下排列柜子中的积木，以保持柜子的稳定性。辅助材料和工具的收纳空间要根据实际情况设置，便于幼儿取放和使用。

持续跟进和落实教研成果

通过持续一个阶段的教研活动，教师将积累一些有关区域游戏空间规划和环境设置的经验。接下来，需要持续跟进措施，有效落实教研成果。持续跟进就需要思考班级教师如何利用教研成果改善教育实践，年级组如何通过课程审议落实教研成果，园部如何通过调研等方式跟踪观察等。

班级层面：将形成的"区域游戏空间规划指导意见""区域游戏空间规划评价要点"发给每个班级，让教师对照成果中的指标和建议，根据本班的实际情况对区域游戏空间进行动态改造，在实践中内化和优化。

年级组层面：将区域游戏空间规划纳入课程审议和随机性教研中，通过个体经验的共享和年级组再审议的方式细化研究，在班级主题、周、日计划中有效落实。进一步优化和完善"区域游戏空间规划指导意见"和"区域游戏空间规划评价要点"。

园部层面：园部可以通过定期和不定期的区域游戏空间规划的专项调研和检查，进一步观察班级的落实和调整情况，并在此基础上梳理新的问题，追随新问题不断进行深入现场的即时性教研。

需要注意的问题

教研活动应该引导教师关注幼儿参与区域游戏空间规划

教师可通过以下步骤促进幼儿积极参与：规划初，引导幼儿参与游戏空间创设的方案设计，与幼儿共同探讨和协商空间安排；规划中，应鼓励幼儿参与空间创设的实践操作，亲自布局环境。教师也应当采取多种方式了解和倾听幼儿的感受。结合幼儿的感受和需要，不断调整游戏空间，可以将幼儿最喜欢玩的区域放到教室里重要的位置，扩大区域空间等，形成空间创设的循环路径。

教研活动应该引导教师关注游戏空间的动态调整

幼儿园区域游戏空间的创设应具有动态化的特点，在进行班级活动室游戏空间规划时，不断动态地更新环境，随着幼儿游戏情节的发展逐步拓展新的相关游戏区域，以满足幼儿的游戏需要。游戏空间既相互区隔又具有一定弹性，区域之间相互渗透，随着主题活动的展开而不断发生改变。

39. 如何设计与实施关于"区域游戏观察"的教研活动？

思考教研内容

观察能够帮助教师全面了解幼儿的兴趣、经验和发展水平，以便支持幼儿获得新的经验和深度学习。教师需要掌握科学、有效的观察方法和策略，以便更好地分析、解读幼儿的言行。教师应该观察幼儿的区域游戏，并及时做好观察记录，为后续的空间规划、环境创设、材料更新和游戏指导提供依据。

在设计和组织"区域游戏观察"教研活动之前，需要关注以下几个方面。

区域游戏观察应具有目的性

区域游戏观察应该是"有用"的观察，即教师在观察前能够明确地回答"观察什么""为什么观察""想通过观察获得哪些有用的信息""观察以后做什么"等基本问题。教师带着这些思考观察区域游戏，会更加有目的性和针对性。

区域游戏观察可采用多种形式

区域游戏观察可以采用叙述性描述的形式，如观察记录、学习故事、个案跟踪等；也可以采用检核表、等级评定量表等形式，如各种评价量表等。在观察的时候，还可以采用拍照、录像和录音等辅助手段。

区域游戏记录应客观、简洁

区域游戏观察应该是"客观"的观察，即教师客观地记录幼儿在区域游戏中的行为，以便科学合理地分析、解读幼儿的游戏行为。教师通过客观地记录了解幼儿现有的游戏水平，进而支持幼儿的学习与发展。区域游戏观察记录应该简洁，同时呈现关键细节。

教研组长对"区域游戏观察"有了一定的了解，并阅读必要的专业书籍后，需要思考"区域游戏观察"的教研活动应该聚焦哪些基本问题。

- 如何确定观察目标和内容？
- 有哪些基本的观察方法和策略？
- 有哪些简单的记录方法和策略？

- 不同层次教师的观察能力有何不同？
- 如何提升教师的观察能力？
- 如何基于观察及时调整区域游戏空间、环境和材料？

调研本园主要的相关问题

基本了解了"区域游戏观察"应该关注什么，以及教研活动应该关注哪些基本问题之后，接下来需要了解本园教师在"区域游戏观察"中存在的主要问题，可采用以下方法进行调研。

第一步：梳理调研内容

教研组长需要确定调研内容是调研和分析教师区域游戏观察的文本资料，还是调研教师区域游戏观察的现场，即幼儿游戏过程中教师如何观察和支持等，或是调研教师对区域游戏观察的认识和理解以及存在的困惑和困难。

如果是调研"区域游戏观察"的文本资料，那么可以调研教师采用了哪些记录方法，观察记录中的文字表达是否呈现关键性细节，幼儿行为解读与分析是否客观公正、科学合理等。

如果是调研"区域游戏观察"的现场，那么可以调研教师在现场采用了哪些观察记录的方法和策略，如使用即时贴、活页夹等，以及使用了哪些观察评价工具，如计划性发展评价量表、互动水平评价量表等。还可以调研教师观察幼儿区域游戏的时间，如观察了几分钟、观察了几次等。

如果是调研教师对区域游戏观察的认识和理解，那么可以采用调查问卷和访谈的方式，如设计调查表、访谈提纲等（见表4-13）。

表4-13 ××幼儿园"区域游戏观察"访谈提纲

姓名		年龄		教龄		第一专业	
1. 你在区域游戏观察前，是否有清晰的观察目的？							
2. 在观察过程中，你会使用哪些观察策略和方法？							
3. 何时记录幼儿的游戏行为？							
4. 如何记录幼儿的游戏行为？							
5. 区域游戏观察后，一般会从哪些方面分析和解读幼儿的游戏行为？							
6. 区域游戏观察过程中，你觉得存在哪些问题或者困难？如何解决？							
7. 区域游戏观察记录与分析存在哪些问题或者困难？如何解决？							

第二步：思考调研方法

教研组长要根据调研内容确定调研方法。如果需要现场调研，可由教研组长、骨干教师或邀请的专家走进班级保教现场，了解教师区域游戏观察的现状；如果是针对文字资料的调研，那么可以请骨干教师评析或者教师之间互评，然后再梳理和汇总共性问题；如果是开展访谈，就需要关注不同发展水平的教师，如对新手教师、成熟教师和骨干教师等分别访谈。

第三步：分析调研问题

调研活动之后需要分析本园"区域游戏观察"存在的主要问题，以便及时解决个别问题，确定需要通过教研活动解决的共性问题，还需要分析问题背后的原因，以便有针对性地解决问题。在调研的过程中和调研之后，需要做好以下几件事情。

针对个别问题：及时和相关教师进行沟通，做到个别沟通、及时解决问题，如有的教师不清楚观察的意义，在幼儿区域游戏时，对幼儿的观察不够。

针对共性问题：对调研的具体问题进行汇总、提炼。在分析和整理后，通过集中教研、即时研讨等方式，有效解决教师的共同问题，提升教师的观察能力。比如，某幼儿园"区域游戏观察"存在以下共性问题。

- 教师区域游戏观察目标不明确，目的性不强。如有些教师在观察幼儿区域游戏时只是随意地看，记录的也只是琐碎的信息，缺少关键细节。
- 教师分析、解读幼儿游戏行为的能力较弱，不能有效地基于观察进一步支持幼儿游戏。
- 教师往往采用叙述性描述的形式记录，基本不使用评估量表，不能科学合理地评价幼儿的发展水平。
- 教师使用的观察策略和方法单一，基本采用区域游戏结束后记录的方式，很少在区域游戏观察过程中记录。

制订系列教研计划

了解了本园教师在"区域游戏观察"方面存在的主要问题后，可以设计以问题为导向的教研计划，可采用系列主题教研的形式，通过多轮、持续性教研活动，帮助教师提升区域游戏观察能力和分析、解读幼儿行为的能力。可以用表格的形式呈现教研时间、教研内容、教研方式、主持人、参研人员等（见表4-14）。

表4-14　××幼儿园"区域游戏观察"系列教研计划（摘录）

教研内容	教研形式	参与人员	预设时间
"区域游戏观察"问题调研	资料分析 现场调研	教研组长 骨干教师	9月7日—9月11日
"区域游戏观察"理论学习	级部教研	各级部教师	9月14日—9月18日
"通过观察，读懂幼儿"线上论坛	网络研修	教研组长 全体教师	9月21日—9月25日
"区域游戏观察"记录方法	现场观摩	教研组长 全体教师	9月28日
"微格分析"——幼儿区域游戏短视频解读	集中教研 头脑风暴	教研组长 全体教师	10月14日
"区域游戏观察"案例研讨	现场观摩 集中研讨	教研组长 全体教师 专家	10月21日

设计单次教研活动方案

系列教研计划制订好以后，就需要思考如何设计和组织单次教研活动。以下将从教研目标、教研准备、教研过程、教研反思与跟进几个方面详细介绍"区域游戏观察记录方法"教研活动的设计与组织。

教研目标

一次教研活动必须要有明确、鲜明的目标。教研活动的目标应围绕主题，结合本园教师在相关主题方面的现有状况，解决主要问题，应具有可行性和普遍性。如围绕"区域游戏观察记录方法"，教研活动的目标应该围绕教师如何有效使用区域游戏观察策略和方法。

目标1：能够使用有效的观察策略和方法观察幼儿的区域游戏。

目标2：通过研讨，能够较好地记录、分析观察到的幼儿游戏行为，进而支持幼儿的游戏。

教研准备

教研准备包括经验准备和物质准备等。物质准备指需要的各类教研资料、电教准备，如相关文献资料、观察记录表等；经验准备指教研组长对区域游戏观察策略和方法的认识、价值梳理，以及教师在前期自主学习过程中对区域游戏观察的相关理论知识以及平时在实践中积累的经验等。

物质准备：教研活动策划、活动PPT、前期梳理的文献资料、观察记录表、进班观摩安排表、记录软件（思维导图）、观摩现场照片等。

经验准备：教师具备正确的儿童观、前期面向全体教师的调查问卷、前期对教师观察记录的批阅和评析、教师具备的理论知识等。

教研过程

本次教研活动是现场教研，教研组长要引导教师积极参与现场观摩，使用有效的观察策略和方法，正确使用观察记录表，尝试分析、解读幼儿的游戏行为。

环节1：现场观摩——走进区域游戏现场

组织教师走进班级观察幼儿的区域游戏，运用前期梳理的观察记录表，使用相关的观察策略和方法进行记录、分析，形成教师的一手观察记录。

在进班观摩前，教研组长应该集中告知观摩教师观察要求，如使用相应的方法观察幼儿游戏30分钟以上，使用相关的记录工具进行记录，在观摩过后需要即时分享自己的观察内容。

进班观摩时，教师分散至班级的各个区域，持续观察幼儿的游戏行为并记录、分析。

此环节是进行下一环节的基础，因此，需要提醒观摩教师，积极参与观摩活动，认真观察、记录、分析。

环节2：头脑风暴——分享观察策略和方法

在现场观摩幼儿区域游戏后，采用头脑风暴的教研形式，请观摩教师分享自己的观察内容，分析幼儿的游戏行为，明确使用的观察策略和方法。

教师分享时可以结合在观察过程中拍摄的幼儿游戏照片以及观察记录，采取个人自由分享和小组深度讨论的方式进行。

在教研组长的引领下，教师根据在现场观摩到的幼儿游戏行为，思考以下问题：我观察到了什么？使用了哪些观察方法？幼儿发生了怎样的学习？

可以将使用不同观察方法的教师分成不同的小组，深入讨论以下问题：为什么使用这种观察方法？使用这种观察方法适用于哪种情况？这种观察方法有何价值？通过此种观察方法能够了解到幼儿的哪些方面发展？通过观察，能够对幼儿提供哪些支持？小组深度讨论的结果，可以通过绘制思维导图的方式记录。

环节3：小结提升——梳理指导、支持策略

在教研活动的最后环节，我们需要对前期的观摩、研讨进行小结提升。观察幼儿不能仅仅停留在"看见幼儿""看懂幼儿"的层面上，更重要的是"支持幼儿"。

结合《指南》的发展目标，了解幼儿的发展水平，发现幼儿的最近发展区，进而通过材料、环境、师幼互动等方面的支持，促进幼儿有益发展。

在小结提升的过程中，我们可以将教师们讨论的指导、支持策略通过完善思维导图的方式进行梳理、总结，获得的成果可以用于持续指导教师的观察实践。

教研反思与跟进

通过此次教研活动，教师能够对活动中的关键问题达成共识。但是，一次教研活动的结束并不意味着终止，而需要教研团队对教研效果持续反思，使教师进行持续实践和思考。

教研组长可以做好以下反思和反馈工作。

- 收集参与教师对此次教研活动效果的评价，重点关注问题与不足。
- 教研组长对此次教研活动进行反思、小结，聚焦于教研活动中可能存在的不足之处展开调查研究，分析问题产生的原因，后期继续通过持续教研或调整和优化梳理成果的方式，更好地落实教研效果，如幼儿的游戏行为是很复杂的，此次教研活动梳理的成果不能机械地用于所有幼儿、所有游戏，因此需要在实践中具体问题具体分析，灵活使用教研成果。

梳理教研活动的阶段性成果

在开展"区域游戏观察"系列教研活动后，教师的区域游戏观察能力获得提升，能够掌握基本的观察策略和方法，并能够基于观察支持幼儿的游戏，这是最重要的教研成果。除此之外，还需要针对阶段性的教研成果文本资料进行梳理，最终形成具有指导性的成果资料。

个人层面：利用掌握的观察策略和方法观察幼儿的区域游戏活动，撰写相关的观察记录、学习故事、读书笔记、论文、案例等，进行分析、反思，形成相关的物化成果。

班级层面：依据区域游戏观察进行班内审议，基于观察调整班级区域游戏空间、环境和材料等。或者将观察记录与幼儿分享和交流，在班级环境中呈现，展现幼儿学习和发展的轨迹。

园部层面：幼儿园可梳理相关的观察量表，如幼儿游戏现场观察记录表、区域游戏观察方法梳理、各区域游戏观察指导意见等。也可以通过阅读文献，整理出简单有效的记录表格，如基于领域发展的区域游戏观察记录表（见表4-16）、基于材料使用的记录表（见表4-17）、基于幼儿能力发展的各项评估量表（见表4-18）等。

表 4-15 ××幼儿园"区域游戏观察"记录表

日期：

观察班级		带班教师		记录人	
背景概况简述（幼儿性别、年龄、游戏时间、空间、伙伴、环境、材料……）					
幼儿行为描述（由谁发起、玩了什么、怎么玩的）			蕴含哪些有效的学习与发展（学习品质、领域目标）		
获得了哪些有效的支持（时空、环境、材料、同伴、教师等）			你的想法和建议		

表 4-16　区域游戏观察记录表（领域）

观察时间		观察班级	
幼儿姓名		观察者	
语言发展		社会性发展	
艺术表现		早期读写	

表 4-17　幼儿游戏材料使用记录表[1]

儿童 ＿＿＿＿＿＿＿＿＿＿	学习区 ＿＿＿＿＿＿＿＿＿＿
观察者 ＿＿＿＿＿＿＿＿＿＿	日期 ＿＿＿＿＿＿＿＿＿＿
操作阶段 （漫无目的地四处摆弄数学区材料）	记录幼儿的行为/语言
熟练阶段 （有目的地反复使用数学区材料）	记录幼儿的行为/语言
意义阶段 （以新颖且具有创造性的方式使用数学区材料）	记录幼儿的行为/语言

---

[1] 贝蒂. 幼儿园自主性区域活动：环境、课程与儿童发展［M］. 邱学青，等译. 北京：中国轻工业出版社，2021：359-362.

表4-18 幼儿"数字和点数"能力发展观察和评价[1]

水平	指标	观察记录
水平1	幼儿用单词、手势、短语要求"更多"。	
水平2	幼儿使用数词或者机械地数数。	
水平3	幼儿能够一一对应地连续点数10以内的物体。	
水平4	幼儿能够识别4个及以上的个位数字数。	
水平5	幼儿能点数10个物体,并能够根据最后一个数报出总数。	
水平6	幼儿能够说出一组比另外一组多多少或者少多少。	
水平7	幼儿对一个数能用两种和更多的方法进行组合和分解。	

表4-19 ××幼儿园"区域游戏观察"方法梳理

区域游戏观察方法	一般适用情况	价值
扫描观察法	全体幼儿(全班)	便于了解全体幼儿的游戏情况、游戏主题、游戏状态、游戏材料的使用等。
定点观察法	部分幼儿(区域)	便于了解一个区域内幼儿的游戏情况、与材料的互动情况、游戏的兴趣、持续的时间等。
追踪观察法	个别幼儿(特殊需要)	便于了解个别幼儿游戏的具体情况,能够较全面、深入地了解个别幼儿的特殊需要、发展的特殊阶段等。

表4-20 ××幼儿园区域游戏观察指导建议

观察时段	观察指导建议
观察前	1. 有明确的观察目的,列出观察重点,制订观察计划。 2. 准备好观察工具,如圆珠笔、相机、手机、录音笔、手机架等。
观察中	1. 围绕观察重点进行观察,一边观察一边反思,如幼儿搭建的是什么、兴趣点在哪里、有没有遇到什么问题、用了什么方法来解决问题等。 2. 可以采用参与式观察,即一边参与幼儿的游戏一边观察,也可以采用非参与式观察,即以旁观者的角色进行观察。 3. 选择合适的方法记录,如文字记录、影像记录、表格记录等。
观察后	1. 结合自己的观察记录,对幼儿进行持续性的评估。 2. 通过持续性的观察记录与评估,不断调整和优化区域游戏空间、环境和材料,从而更好地满足幼儿的游戏需要。

---

[1] 高瞻教育研究基金会. 学前儿童观察评价系统[M]. 霍力岩,等译. 北京:教育科学出版社,2018:64.

持续跟进和落实教研成果

教研活动的最终目的是解决实践问题，提高教师区域游戏观察水平和组织指导能力。教研组长需要持续跟进和落实教研成果，可以分层进行跟进。

个人层面：教师自我检查时使用根据观察记录量表撰写的观察记录，及时进行自我反思；依据对幼儿的观察，对教室的学习环境、材料等进行有效调整。

年级组层面：在课程审议、集体备课时，加入对幼儿游戏观察的讨论，及时通过讲述观察故事的方式分享自己的支持策略等，引导教师从课程的角度正视幼儿的游戏行为。

园部层面：通过开展各项后续研究活动和调研活动，进一步检查教师在区域游戏时对幼儿行为的观察以及做出的反应和调整，在此基础上不断梳理可能出现的新问题，改进观察记录量表，解决新问题，推进教师观察能力的不断提升。

需要注意的问题

- 在开展教研活动前后都要关注理论学习，通过阅读专业书籍增强教师对观察相关概念的认识和理解，指导教师更好地进行实践工作。
- 教研活动不是一蹴而就的，需要不断地进行深化和细化。因此，应该将区域游戏的观察、指导纳入常规调研中，不断发现问题，解决问题。
- 关注不同层次教师对教研活动的理解和落实情况，尤其是新手教师，应该为他们搭建平台，多组织区域游戏开放活动，帮助他们更好地理解如何有效地观察和指导幼儿游戏。

40. 如何通过教研活动引导教师关注区域游戏和教学活动之间的联系？

思考教研内容

区域游戏和教学活动都是幼儿园课程实施的重要途径，两者互相联系，互为补充。区域游戏和教学活动之间应建立联系，共同促进幼儿的学习与发展。区域游戏和教学活动应该是一种自然、联通的状态，而不是割裂、单独的存在。将区域游戏内容转化为教学内容，将区域游戏中有益的教育因素提炼出来，更多地发掘区域游戏的教育价值，有目的、有针对性、有系统地开展教学活动，可以让幼儿获得更多有益的经验。

在设计和组织"将区域游戏和教学活动建立联系"的教研活动之前，需要关注以下几个方面。

厘清游戏活动与教学活动之间的关系

有研究指出，在幼儿园教育实践中，游戏活动与教学活动之间的关系主要有三种："一是'分离式'，即游戏与教学无关，游戏是游戏，教学是教学，各自独立地发挥作用……二是'插入式'，即游戏中插入教学，教学中插入游戏，这种关系从形式上看呈'平行'状态，从结果上看则是'互补'关系……三是'促进式'，即游戏从教学中产生，或游戏引发教学，'游戏'成为'教学'的生成源。"[1]

区域游戏与教学活动的关系应该是第三种关系，即区域游戏中生成教学活动，区域游戏引发教学活动。同时，将教学活动涉及的操作材料投放在区域游戏中，为幼儿提供个别化学习的机会。

掌握区域游戏生成教学活动的方法和策略

首先，观察和分析幼儿区域游戏中发生的问题，以及蕴含的教育价值。如幼儿在区域游戏中遇到测量、计时等问题，教师就可以生成相关的教学活动。

---

[1] 林菁. 关于幼儿园游戏与教学整合的几点思考［J］. 学前课程研究，2007（4）：34-37.

其次，基于幼儿发展的年龄特点等思考区域游戏中生成的教学活动价值、可行性和实施策略等。区域游戏的内容可作为集体教学活动的导入活动。

通过教研活动帮助教师建立区域游戏和教学活动之间的联系，需要在挖掘区域游戏和教学活动各自价值与功能的基础上，厘清区域游戏和教学活动的关系，把握幼儿学习的生长点，互为融合、补充，才能更有效地促进幼儿各领域的学习与发展。引导教师关注"将区域游戏和教学活动建立联系"的教研活动，思考可以聚焦哪些基本问题。

- 如何帮助教师正确认识区域游戏和教学活动的关系？
- 如何帮助教师将区域游戏和教学活动进行联系和互动？实施路径有哪些？
- 如何基于区域游戏设计有价值的教学活动？
- 建立区域游戏和教学活动的联系，教师需要具备哪些能力？

调研本园主要的相关问题

基本了解将区域游戏和教学活动建立联系应该关注什么以后，需要了解本园存在哪些主要问题，教师有哪些实际需求。通过调查分析，了解主要问题，为教研活动提供研究依据，寻找教研活动的落脚点。

第一步：梳理调研内容

教研组长设计调研记录表，以班级为单位，围绕一个主题活动，安排主题、周、日计划中的教学活动，观察分析教学活动的来源、活动目标、重难点的设计与解决，以及幼儿学习与发展情况；观察分析区域游戏内容的来源、游戏材料的投放、隐含的核心经验、幼儿的已有经验与新经验等（见表4-21）。

表4-21 ××幼儿园教学活动（区域游戏）调研记录表

调研班级		执教老师		调研时间		调研人员	
情 况 记 录							
活动来源	查阅教师的主题、周、日计划；与教师交流，了解教师组织教学活动（区域游戏）的背景、目的，即为什么组织教学活动（区域游戏）等。						
教学活动（区域游戏）	活动时间		内容安排			组织形式（资源利用）	
分析解读	内容、环节的适宜性、合理性；发展价值；师幼互动质量、环境资源利用等情况。						

第二步：实施专项调研，摸底排查存在的问题

以教研组为核心，由教研人员或骨干教师组成专项调研组，采用三种方式展开调研。

备课记录分析解读：针对班级梳理的文本内容做分析解读，发现典型案例及存在的问题。

教师访谈：以线上或线下的方式征集问题，了解教师在建立区域游戏和教学活动的联系中设计与组织活动的困惑和问题。

活动现场调研：在具体的教学活动（区域游戏）情境中，观察和分析教师如何在区域游戏和教学活动之间建立联系，采用什么样的路径或策略使两者得到有效的融合与递进，助推幼儿新经验的获得与提升。

第三步：分析调研情况，厘清现状与研究方向

调研的目的是准确、及时地发现问题，进而改善问题。通过不同形式的调研，结合各类记录表进行梳理、归纳，针对个别问题及时交流、指导，从而解决问题；针对共性问题，则进一步分析、提炼，可采用统一研讨、分类解决的形式，如小组、全园等不同层级类别，明确针对不同群体的教研活动要重点解决哪一类的问题，制定方案落实解决。比如，某幼儿园开展关于"将区域游戏和教学活动建立联系"的调研活动后，发现存在以下共性问题。

> 区域游戏和教学活动建立的联系浮于表面，把相关的内容归类到一起，表现为拿来主义，缺乏对幼儿经验衔接与递进的有效支持。主要原因是教师没有认识到区域游戏与教学活动的关系，不能将游戏与教学互为融合。

> 区域游戏和教学活动与班级幼儿实际发展水平的联系不够，教师跟着参考用书"走"，计划性和目的性不强，对内容的选择、时间的安排、组织的形式缺乏基于实际的思考和选择，教师没有意识到"为什么设计这个教学活动""为什么在这个时间段安排这个游戏，投放这些材料"。

> 区域游戏和教学活动之间以教师主导为主，观察分析深度不够，课程意识不足，未能发现游戏中隐含的教育契机可以延展为教学活动。

制订系列教研计划

基于调研后的分析解读，由"问题"转为"主题"，形成持续性、沉浸式的系列教研活动。制订教研计划，应注重计划的系统性和深入性（见表4-22）。

表4-22 "将区域游戏和教学活动建立联系"系列教研计划

教研内容与要点	教研方式	参与人员	活动时间
"将区域游戏和教学活动建立联系"的问题调研活动	现场调研	教研组长 各班教师	4月6日—4月9日
教学与游戏关系的几种模式	自主学习 教师沙龙	专家 全体教师	4月12日—4月13日
区域游戏和教学活动关系的梳理	集中教研 头脑风暴	专家 全体教师	4月16日
"将区域游戏和教学活动建立联系"的案例研讨——合理确定和组织教学内容	级部教研 课程审议	年级组长 级部教师	4月19日—4月22日
"将区域游戏和教学活动建立联系"的案例研讨——合理生成区域游戏内容	级部教研 课程审议	年级组长 级部教师	4月22日—4月23日
以数学区为例，探索游戏与教学活动之间的关联和影响	现场调研 即时讨论	教研组长 全体教师	4月25日—4月28日
区域游戏和教学活动整合的实施策略（路径）	头脑风暴 专家点评	专家 全体教师	4月29日

设计单次教研活动方案

一次好的教研活动应该明确需要研讨的主要内容，拟定教研目标，做好充分准备，设计具体的流程和内容安排，力求达到有效的教研结果。

教研目标

教研目标是指解决一定的问题，应指向明确，具体可操作，如围绕益智区数学游戏和数学教学活动的研讨，要探索益智区游戏与数学教学活动之间如何建立联系，教研目标可以如下表述。

目标1：通过对大班幼儿在益智区游戏中行为、表征的观察与分析，让教师探索将益智区游戏与数学活动建立联系的路径。

目标2：通过观摩与研讨，引导教师对教学活动和区域游戏间产生互动的过程进行观察与识别，提升教师观察、识别、设计与组织的能力。

教研准备

物质准备：活动场地的落实，如开展活动的具体地点、座位的数量、排座方式等符合本次教研的具体要求；设施设备的准备，如计算机、投影、音响等多媒体设备，应提前检查调试，确保顺利操作；活动通知、学习资料、研讨记录的各类工具材料等，契合本次教研的需求，及时投放到位。

经验准备：教研组长、组员应在资料收集的过程中了解区域游戏和教学活动之间建立联系的相关研究信息，了解本园教师的已有经验和主要问题，有初步的理论基础和实践经验，目标明确，能够在教研活动中引领教师科学、合理地解决问题。参与者对即将参加的教研活动有初步的了解和实践经验。

教研过程

围绕教研目标，可将教研过程分为几个环节，精心预设每一个研讨环节的内容、话题，路径清晰、重点突出，灵活调控各环节的节奏，有序推进教研过程，解决主要问题。

环节1：头脑风暴——分享益智区游戏观察记录

让教师成为教研活动的主人，每一位教师带着关于某一游戏的观察发现和思考来参与教研。通过真实的问题、情境，教师建立起与已有经验的联系，针对同一游戏进行讨论。组织形式可采用以下方式。

个人层面：利用10分钟分享自己班级进行该游戏的观察记录，内容见表4-23。

表4-23　××幼儿园区域游戏观察记录表

班级		观察对象		观察时间		观察人员	
观察内容							
情 况 记 录							
我在幼儿的游戏中看到了什么？（分享游戏故事）			我看懂了什么？（分析行为与发展的关系）			我该做什么？[1]（建立游戏与教学的关系）	

---

[1] 华爱华，朱佳慧. 游戏与教学融合的关键：游戏与教学互为生成——华爱华教授访谈录［J］. 江苏幼儿教育，2017（1）：4-5.

小组层面：在个人分享后，共同商议和梳理该游戏与教学建立关系的形式、价值和支持策略，并以思维导图或者表格的形式呈现。

环节2：展示研讨——基于观察，识别区域游戏和教学活动的关系

教研组通过前期进班观察、交流现场展示的教学活动、筛选出典型案例，通过展示研讨，接受来自教师、专家现场的观察、建议与评价。

个人层面：独立思考执教老师挖掘了区域游戏中什么样的独特价值，和教学活动之间产生了什么样的联系？幼儿经历了什么样的学习？

小组层面：结合幼儿年龄特点，共同商议和梳理区域游戏情况、记录表，以及本次教学活动现场的情况，质疑与反思。

集体层面：在小组分析的基础上，讨论如何优化活动设计方案，如活动目标、重难点的确定、活动环节的设置等。讨论益智区游戏和数学活动建立联系的形式、价值和教师支持策略。

环节3：专业引领——理论提升

专业引领，实现教师与专家的互动，通过理论学习和实践经验的结合，为教师的专业发展搭建"阶梯"，支持教师获得有意义的专业成长。

如学习《游戏与教学融合的关键：游戏与教学互为生成——华爱华教授访谈录》，分析和讨论以下内容：

> 如何理解游戏与教学的两种观点？
> 如何理解并做到游戏与教学互为生成与融合？

小结： 请大家基于本班近期的区域游戏，通过观察发现游戏中有价值的教育契机，生成教学活动。

教研反思与跟进

反思教研过程中各类话题的讨论、目标的达成情况。跟进研究，利用相关工具更有目的地观察、识别，为区域游戏和教学活动建立联系的实践运用奠定基础。

教师从不同的视角看待幼儿的游戏，从儿童视角出发关注幼儿在玩什么？从教师的视角出发关注幼儿在学什么？发展了什么？识别出有意义的教学信息，以

幼儿的原有经验为基础,通过语言、行为、表征等收集各类样本,分析幼儿在其中的探究、表现与表达,设计教学活动,分享经验,提高教学活动的有效性和适宜性。

梳理教研活动的阶段性成果

系列教研活动后,需要将教研成果进行梳理,通过文本、照片、视频等方式支持教师再学习,或以论文、案例等形式呈现教师理念的转变、实践的成效等,可以从以下几方面做好阶段性成果梳理,扩大教研活动的影响力。

个人层面:鼓励教师撰写区域游戏与教学活动互为生成、补充的教学与游戏案例、有质量的论文与随笔,组织分享、讨论,鼓励参加比赛、征文等活动。

教研组层面:梳理教师在教研活动中有价值的感悟、专家的意见以及形成的策略、指导意见等,整理成文,通过工作群、资源库等方式分享给教师,在实践中进一步探究、学习(如表4-24中的实施建议)。

园部层面:现场评估区域游戏和教学活动的质量。基于前期系列教研活动,通过现场观摩、监测活动质量,从幼儿园教科研骨干团队、专家层面收集汇总评估意见,优化调整原有的各类流程图、活动建议、策略等,梳理值得推广的经验,充实、完善园本资源库,持续推进区域游戏与教学活动。

表4-24 "将区域游戏和教学活动建立联系"的实施建议

领域内容	开展形式	实施建议
语言	语言区—语言教学活动	在幼儿自主阅读、记录的基础上组织集体阅读讨论活动。
艺术	音乐区—音乐教学活动	结合班级实际、主题活动等因素制订音乐活动计划;在音乐区让幼儿充分感受、表现的基础上,开展教学活动,解决重难点,提升核心经验。
	美工区—美术教学活动	美术欣赏、创作经验的分享;重难点的解决等。
健康	运动区—体育教学活动	游戏玩法、经验的分享;基本动作的练习等。
	生活区—健康教学活动	健康知识、生活能力的学习和经验分享等。

续表

领域内容	开展形式	实施建议
科学	科学区—科学教学活动	游戏计划的分享；调查、记录、统计的方法；实验的方法、过程和结果的分享等。
	科学区、建构区—数学教学活动	分类、统计、排序、测量等有关数学经验的分享；解决数学问题的策略分享（如对加减的理解和运算方法的分享）等。
社会	各类游戏区—社会教学活动	人际交往、规则意识、行为习惯等经验的分享等。

持续跟进和落实教研成果

教研成果的落实需要通过持续跟进来推动和强化。系列教研后，需要思考如何利用教研成果在班级、年级、园部三个层面纵深研修，及时掌握教师反馈的信息，及时给予支持和优化。

班级层面：选择一个区域、一个游戏内容，持续观察、记录，以"学习墙"的方式呈现幼儿游戏情况，分析解读幼儿游戏行为，基于幼儿的兴趣和经验积累，尝试提炼、生成教学活动，用材料、支架问题等支持幼儿深入学习，获得新经验。

年级层面：结合资源开发与利用，进行主题审议，集体备课，审议与制定主题、周、日计划，细化研究游戏与教学间的联系，积累教学或游戏资源，使其成为推动课程有效实施的课程资源。

园部层面：关注系列教研后教师的行为转变情况，深入活动现场，在真实的情境中了解教研活动对教师组织区域游戏或教学活动的帮助，发现问题，为持续跟进分层教研提供方向和目标。按区域类型或领域分类，建立分层教研小组，增加教师合作、交流的机会，创设合作型互动氛围，支持教师更深层次的专业发展。形成以园部、教研组为中心，以级部教研组、项目小组为分支的教育研究网络，展开基于游戏观察的教学活动设计与分析，基于教学活动探索教师的教学指导，指向深层次的理解和迁移。

需要注意的问题

- 要以幼儿为本，在课程游戏化的理念下，以《指南》为背景，关注幼儿的兴趣需要，基于教师的观察分析，助力教师建立区域游戏和教学活动之间的联系。

- 思考如何促使不同类型的游戏区与教学活动建立联系，有具体的操作措施帮助教师实施、研究区域游戏和教学活动之间的联系。例如，表演区游戏如何与音乐教学活动进行有效衔接。有的幼儿园把音乐的欣赏与感受、表现与表达融入表演区，教研活动可以重点探究如何在表演区游戏前期充分欣赏和感受的基础上，设计和组织歌唱、打击乐等不同类型的音乐集体教学活动。

- 区域游戏材料投放的问题。适宜的材料是实现用游戏促进幼儿发展的重要保证，研究材料的趣味性、多样性、有效性及其隐含的经验以及其中的发展价值，分析和判断幼儿在使用材料玩游戏中呈现的实际价值，据此实施有意义的教学活动，支持和扩展幼儿的游戏和经验。

- 游戏与教学的互为生成关系，正是教师专业水平的重要体现。这对教师的专业素养要求较高，关键是提高教师课程领导力和实施水平，需要增强教师与专业研究人员共同参与的积极性、深入性。引导教师树立学习意识，善于发现资源，尝试用恰当的方式正确使用资源，在幼儿园所创设的教研条件下获得发展的先机。

- 基于幼儿园的实际情况，合理采用不同形式的教研活动，如班级三人组、师徒结对的"微教研"等，关注每一位教师在区域游戏和教学活动中的心得、问题与困惑，展开深度对话，提高教研活动的效率。

第五章

有关集体教学的教研活动设计与实施

41. 如何设计与实施关于"集体教学活动设计"的教研活动?

思考教研内容

集体教学活动是幼儿园课程的重要组织形式，是促进幼儿发展的重要途径。"教学主要是一种有目的、有计划的，由教师对儿童施加影响的活动，教学由教师立足于教学目标、教学任务和教学内容来组织和实施教学活动"。[1] "集体教学活动设计"是指教师依据教育对象的特点，以各种学习和教育理论为基础，运用系统的观点和方法，对教育活动进行的规划、安排和决策。完整的教学活动设计包含活动内容、活动目标、活动准备、活动过程、活动延伸等方面。

在设计和组织"集体教学活动设计"的教研活动之前，需要关注以下几个方面。

活动内容

活动内容应来源于幼儿的生活和游戏需要，符合幼儿认知发展水平和年龄特点。教师可以通过观察、谈话等方式，了解幼儿的兴趣和需要，筛选有价值的活动内容。内容的选择也需要考虑幼儿的学习规律，如先安排什么内容后安排什么内容，避免违背幼儿学习规律随意安排内容。

活动目标

应从幼儿的角度阐述目标，以幼儿的现有发展水平为立足点，基于年龄特点及关键经验制定合适的发展目标。教师在制定活动目标前，要清晰地了解各年龄段幼儿分别能达到怎样的水平，从而科学合理地制定活动目标。

活动目标应具体、可操作，避免出现空泛而笼统的目标，需要兼顾幼儿认知、情感、技能等多方面发展目标。

活动准备

活动准备包含经验准备和物质准备两个方面。

---

[1] 朱家雄，等. 幼儿园课程的理论与实践 [M]. 上海：华东师范大学出版社，2010：24.

经验准备是教师对幼儿已有经验的分析，包含认知经验、生活经验、操作经验等，是活动开展的铺垫、基础。教师只有把握了幼儿的这些经验，才能"思前想后"，让幼儿在活动中建构新的经验，改善教学活动的效果。

物质准备包含教学活动需要的活动材料、设备以及场地环境和空间布局等，需要清楚地呈现幼儿操作材料的具体数量以及备用材料的数量等。

活动过程

活动过程包含导入环节、基本环节和结束环节。在设计和实施活动时，需要思考和关注每一个环节要落实什么目标、采取哪些措施等，避免出现无目的性的设计环节、无效环节等问题。

导入环节要激发幼儿对活动的兴趣、引出活动主题，还需要唤起幼儿原有经验，为新的活动内容做铺垫。适宜的导入内容和有效的导入形式会让幼儿的注意力更持久，更快进入学习状态，从而达到导入的最佳效果。

基本环节应为幼儿提供讨论、操作、体验的机会，并注意动静结合。基本环节还可以细分为2~3个环节。教师的提问要围绕核心经验，提问的语言需简洁、清晰、开放，多提开放式的问题，促进幼儿的思维和主动学习。提问后，留给幼儿更多思考的时间，给予幼儿更多说话的机会。教师可以灵活运用集体交流、小组交流、两两交流等多种形式，让每个幼儿都有交流的机会。要关注不同年龄段幼儿的有意注意时间，避免时间太长，幼儿失去兴趣；时间太短，幼儿还没有理解和掌握等。

结束环节可以通过评价的方式结束活动，起到画龙点睛的作用，还可以通过问题拓展延伸活动内容。

活动延伸

活动延伸要关注幼儿关键经验之间的前后联系，考虑本活动之后还可以开展哪些活动以帮助幼儿拓展经验、提升能力，要关注一日生活各环节、班级各游戏区域与集体教学活动之间的相互渗透和整合。关注幼儿获得的经验在生活和游戏中的运用，如引导幼儿发现数字在生活中的多种用途，并帮助幼儿理解数字在生活中的运用等。

教研组长了解"集体教学活动设计"应该关注什么后，就需要思考"集体教学活动设计"的教研活动应该聚焦哪些基本问题。

- 如何基于幼儿的兴趣和需要设计集体教学活动？
- 如何基于幼儿的年龄特点和认知特点设计集体教学活动？
- 如何基于幼儿主动学习的发展目标设计集体教学活动？
- 各领域集体教学活动设计有哪些基本流程和模式？

调研本园主要的相关问题

基本了解"集体教学活动设计"应该关注什么，以及教研活动应该关注哪些基本问题之后，需要了解本园"集体教学活动设计"中存在的主要问题。

第一步：梳理调研内容

教研组长首先需要确定调研内容是集体教学活动设计中的内容选择问题、目标制定问题，还是过程设计问题；是调研某一个领域的集体教学活动设计问题，还是五大领域活动设计存在的共性问题等。

如果调研某一个领域活动设计的问题，那么可以基于活动设计评价表分析教学活动设计的文本资料和教学活动现场（见表5-1）。

表5-1　××幼儿园音乐活动设计评价表

学校：_____　教师：_____　班级：_____　活动名称：_____

评价对象	评价项目	评价要点	得分
教师的设计与组织	经验 10分	1. 让幼儿获得有益的新经验，丰富他们对歌词、旋律、节奏、动作、声音等相关元素的感受，学习演唱、动作的表现方法和技能。 2. 引导幼儿积极参与活动，通过与作品、教师、同伴积极互动，实现在乐感、表达和创造等方面的发展。 3. 充分把握音乐的审美性和愉悦性，让幼儿获得积极愉快的情绪体验，且这种情感体验能提供有效的支持来帮助幼儿对音乐的理解和学习。	
	选材 10分	1. 选材有时代性、传承性或独特性，内容生动且符合幼儿的现有水平和发展特点，有助于提高幼儿对音乐的感受、理解能力。 2. 能巧妙、合理地利用相关资源，并将其有效地融入活动中。对教材进行恰当的组合、调整或改编，从而使内容更容易为幼儿所接受和喜爱。	

续表

评价对象	评价项目	评价要点	得分
教师的设计与组织	结构 20分	1. 活动结构清晰，重难点突出，引导幼儿主动活动。能正确把握幼儿活动的变化，体现由易到难、由简到繁、动静交替的活动进程。 2.【歌唱】注重幼儿声音的表现力，在熟悉歌词或旋律的基础上，引导幼儿掌握歌曲的演唱，尝试用生动、丰富的方式大胆表现。 3.【韵律】能把握动作的基本要点，注重动作的逐步累加，通过对比、观察、看图、模仿等方法，掌握韵律动作，注意动作的节奏感和美感。 4.【打击乐】注重音乐节奏的感受和内化，把握基本的节奏型，学习正确的打击方法，探索不同的配器和组合，体现幼儿与同伴间的合作和呼应。 5.【音乐欣赏】突出乐曲的风格和特性，注重对乐曲的整体性感受和理解，能运用有效的手段激发幼儿多通道参与欣赏，进而理解并喜爱音乐作品。	
	策略 10分	1. 关注幼儿在活动中的表现和反应，尊重幼儿艺术表现的需要和特点，灵活调整活动进程与指导策略。面向全体，关注个别，为幼儿的多元表现提供空间和舞台，激励幼儿与音乐的积极互动。 2. 能采用适宜的策略帮助幼儿熟悉、理解音乐作品，指导策略巧妙、灵活且有效，有利于发挥幼儿学习的自主性和建构性。	
	素养 10分	1. 把握《纲要》对艺术活动的价值定位，具有正确的儿童观和艺术教育观，展现音乐活动是听觉艺术、表现艺术和互动艺术相融合的活动特征。 2. 教学基本功扎实，教态大方，精神饱满，富有感染力。演唱、弹奏、动作等表现技能富于美感，体现出良好的审美意识、情趣和能力。 3. 在对幼儿和教材充分解读的基础上，有选择地使用和改编教材，活动具有独特性和创新性。	
幼儿学习	情绪情感 15分	喜欢音乐活动，并能以积极主动的情绪情感投入音乐活动中，在参与音乐活动过程中能获得情感上的愉悦和满足。	
	技能方法 15分	1. 学会倾听音乐，并能根据自己对音乐的理解，用语言、动作、表情等方式表达自己对音乐的理解，会根据音乐的需要创编相应歌词和动作，音乐表现力较强。 2. 能利用已有经验进行学习，并会迁移这些经验创造性地参与音乐活动。	

续表

评价对象	评价项目	评价要点	得分
幼儿学习	态度习惯 10分	在活动中乐意与人交流、合作、分享自己对音乐的感受和理解，学习态度与习惯较好。	
简评与建议	总分		
	评价人（签名）： 日期：　年　月　日		

说明：88分以上为优秀，80分以上为良好，70分以上为一般。

第二步：思考调研方法

教研组长要根据调研内容确定调研方法。可以由教研组长汇总各个领域教学活动设计的文本资料，总体分析共性问题；也可由骨干教师组成的研究团队到现场观摩某一个领域的集体教学活动，结合文本资料分析存在的问题；还可以采用访谈的形式，了解教师在设计集体教学活动时存在的困惑。

针对现场观摩，可以关注以下调研方法。

不同领域的集体教学活动观察：对健康、语言、社会、科学、艺术领域的集体教学活动分别进行观察，了解各领域集体教学活动设计原理和组织流程。

同一领域不同年龄段的集体教学活动观察：针对同一领域小、中、大班年龄段的集体教学活动进行对比观察，了解同一领域不同年龄阶段的发展价值和设计要点。

第三步：分析调研问题

调研人员明确观察内容，仔细观摩集体教学活动，聚焦活动设计上存在的问题和不足，做好观察记录，留存影音资料。

针对集体教学活动现场调研与教师问卷调查所反映的情况，归纳、分类、筛选"集体教学活动设计"中的问题，梳理教研问题清单，分析问题成因，思考相应的教研方案与教研形式。比如，某幼儿园调研集体教学活动设计中发现如下共性问题。

- 活动内容拘泥于已有的主题课程，忽视生成。
- 活动目标的制定更多关注知识技能，忽视幼儿情感体验和能力培养。
- 活动过程设计的目标意识淡薄，各环节设计未有效落实活动目标。
- 忽视幼儿的感知和感受，活动组织重视活动形式，忽视有效性的思考。
- 教师的开放式提问较少，与幼儿的有效回应较少。

制订系列教研计划

基于发现的问题便可以设计问题导向的教研计划，思考教研活动要实现什么目标、开展哪些内容的教研活动、用什么样的方式开展教研活动、什么时候开展教研活动、每一次教研活动谁来参加等，形成一份系列性的教研计划。

表 5-2 以幼儿园音乐领域为例，介绍"集体教学活动设计"的系列教研活动计划。

表 5-2 "集体教学活动设计"系列教研计划（摘录）

教研内容与要点	教研方式	参与人员	活动时间
"集体教学活动设计"的问题调研	教师问卷 现场调研	教研组长 各班教师	3月2日—3月4日
幼儿音乐领域关键经验解读	专家讲座 自主阅读 读书沙龙	读书组 各班教师	3月8日—3月12日
音乐领域活动内容选择	集中教研	全体教师	3月17日
音乐领域活动流程设计	集中教研	全体教师	3月24日
音乐领域教学活动课例研讨（小班、中班、大班）	集中教研 头脑风暴	全体教师	3月25日—3月27日

设计单次教研活动方案

结合系列教研计划，针对目前亟待解决的问题，制定单次教研活动方案，明确"研什么""怎么研"，根据活动主题的不同确定相应的教研方式和参加成员、持续时间等。以下将从教研目标、教研准备、教研过程、教研反思与跟进几个方面详细介绍"音乐领域活动流程设计"教研活动的设计与组织。

教研目标

教研目标应聚焦本次教研活动需要解决的实际问题，如"教师在设计音乐活动流程时较少关注幼儿的感受"。

目标1：观摩研讨中班音乐活动《鞋匠之舞》，探索音乐领域集体教学活动组织流程基本模式和优化策略。

目标2：通过集中研讨，形成"幼儿园音乐领域教学活动实施建议"，提升教师音乐领域活动设计能力。

教研准备

经验准备：教师了解《音乐领域教学活动评价表》的主要内容；教师观摩过中班音乐活动《鞋匠之舞》，对音乐领域教学活动组织流程有一定的思考。教研组长提前设计教研活动基本流程，并通知参加人员，对教研内容有初步的思考和准备。

物质准备：《音乐领域教学活动评价表》、中班音乐活动《鞋匠之舞》的教学活动设计文本资料。

教研过程

环节1：导入环节，解读评价量表

教研组长带领教师解析《音乐领域教学活动评价表》，达成评价共识，重点分析活动过程各环节设计的科学性和合理性。

环节2：观摩活动，记录活动组织过程

教研组长：请大家结合活动设计文本稿子，观察和记录教师在开展本次教学活动时设计了哪几个环节？思考可以怎样优化这些环节？

环节3：小组讨论，梳理活动流程

教研组长：请大家结合《幼儿园音乐领域教育精要——关键经验与活动指导》中的相关内容，梳理音乐领域活动基本阶段和流程，形成《幼儿园音乐领域教学活动实施建议》初稿。

附：中班音乐活动《鞋匠之舞》

［设计思路］

《鞋匠之舞》这首乐曲的结构变化明显、趣味性强，有利于中班幼儿感受与表现。鞋匠修鞋的情景在孩子们的眼中并不常见，却是我们老一辈人的情怀与回忆。引导幼儿关注破损的鞋子如何处理，观察鞋匠修补鞋子的视频，有利于启发幼儿感受专注、坚持、严谨、精益求精的工匠精神。

音乐教育的核心是激发幼儿对音乐活动的浓厚兴趣及热烈的情感，在活动中充分感受与体验音乐的美，并通过肢体语言创造性地表现音乐的美。通过欣赏音乐、学做动作、大胆创编等环节，让情感与音乐交融，支持、鼓励幼儿在模仿的基础上大胆表现，在音乐活动中体验合作的快乐。

[活动目标]

1. 能在熟悉音乐旋律和节奏的基础上，尝试模仿鞋匠修鞋的动作。

2. 能够跟随音乐节奏创编鞋匠修鞋的动作，并大胆表现，体验鞋匠舞游戏的快乐。

[活动准备]

经验准备：幼儿已经熟悉乐曲旋律和节奏；观看过有关制作鞋子、修理鞋子的视频。

物质准备：音乐《鞋匠之舞》；鞋匠修鞋视频。

[活动过程]

1. 话题导入，引发幼儿对修鞋匠的兴趣。

教师：你家里有穿坏的鞋子吗？会请谁帮忙修鞋子呢？我找到了一位老鞋匠来修鞋子。这位老鞋匠的手艺特别好，很快就把鞋子修好了。

2. 播放鞋匠修鞋视频，引导幼儿模仿修鞋动作。

教师：老鞋匠用了哪些办法修鞋子？你能学一学他的动作吗？（用胶水粘、用针线缝、用锤子敲）

教师播放音乐并请幼儿一边听音乐一边做动作。

3. 跟着音乐做动作，感受和欣赏音乐节奏。

教师：老鞋匠需要更多的助手，你们愿意做小鞋匠帮帮他吗？那就要学会他的修鞋动作哦。我们跟着音乐的节奏一起来做小鞋匠吧。

全班一起跟着音乐做修鞋的动作，教师关注幼儿做动作时是否能跟着音乐的节奏。

4. 用动作表现音乐节奏。

教师可以通过提问鼓励幼儿大胆创编鞋匠修鞋的动作。

教师：你们都是一群聪明能干的小鞋匠，修鞋的时候还可能会有哪些动作呢？

请个别幼儿创编简单的动作，并跟着音乐节奏一起做。

5. 延伸与拓展。

围绕幼儿"音乐律动"相关经验的发展，让幼儿感受与欣赏音乐的旋律、节奏与特点，支持幼儿表达自己的认识和情感，以及富有个性和创造性的表达。还可以设计和实施多领域、生活化的多个学习活动，如开展音乐活动《大鞋和小鞋》、语言活动《和我一样会长大的鞋子》、美术活动《漂亮鞋子》、区域活动《走大鞋（体能区）》和《鞋子对对碰》，发展幼儿的观察和记忆能力，让他们用语言表达自己的想法，体验同伴合作的乐趣。

教研反思与跟进

教研活动的开展，使教师了解了"音乐领域集体教学活动设计"的基本流程和阶段。教研组长可以通过以下措施进行教研跟进：执教老师根据教研活动成果，调整活动设计；其他教师总结教研成果，自主设计一个音乐领域教学活动。

基于活动实录或活动现场，观察集体教学活动设计的适宜性和有效性。教师本人与观摩者利用"线上线下"的方式，从教师、幼儿两者在活动中的具体行为表现展开评价反思，教研组长或园部进一步聚焦集体教学活动的质量、问题，组织研讨，提炼改进的思路与路径，助力教师集体教学活动设计能力的提高。

梳理教研活动的阶段性成果

系列教研活动之后，教师对于"集体教学活动设计"的认识、方法、策略等都会有所启发和收获，教研组长需要形成相关的教育建议，以及不同领域的集体教学活动实施建议、活动模式和流程等。还需要梳理教学活动设计参考资料（含课件、文本等）、集体教学活动典型案例、精品活动设计、优秀论文等。教师在进一步学习的过程中，不断丰富、完善"高质量的集体教学活动设计资源库"。

表5-3 "高质量的集体教学活动设计"教育建议

设计要素	教育建议
活动目标	1. 难易适中，符合幼儿经验水平：根据幼儿的已有经验、认知特点、个性特点和最近发展区制定目标，适宜大部分幼儿的发展水平，避免过难或过易。 2. 结构完整、全面：从幼儿全面发展的角度出发，目标制定需包含情感、体验目标；认知、知识目标；技能、能力等，涉及幼儿身心发展的多个方面。 3. 重点突出，体现关键经验：活动目标应具有领域特点，五大领域的活动都有其不同的特征和发展倾向；每次集体活动的发展目标也要有侧重点，有针对性地突出某些关键经验和核心任务，避免面面俱到。 4. 清晰明确，呈现具体行为表现：活动目标指向明确，避免概括、含糊，而应具体、清晰地描述幼儿的行为，该行为应该是预期幼儿通过活动能形成的、可观察的、可测量的具体行为，如"有表情地学唱歌曲，感受小乌鸦和妈妈之间的亲情"。 5. 表述统一，立足幼儿发展角度：在集体活动中，应该更多地关注幼儿的行为，因此，一般从幼儿的角度进行表述，如"幼儿能够……""幼儿愿意……"等。
活动内容	1. 围绕集体教学活动的目标，有针对性地选择活动内容和材料。 2. 内容选择可以结合幼儿园近阶段的主题、班级关注热点、幼儿生活和游戏，充分考虑幼儿的已有经验和兴趣需要，挑选有学习价值和发展意义的内容，使其既具有丰富性，又具有挑战性。
活动过程	1. 包括活动环境、活动材料、活动环节、活动形式、活动方法、活动手段、活动延伸等内容。 活动准备：包括环境的创设、材料的提供、幼儿前期经验的储备。 活动环节：包括导入、主体、结束部分的安排，分步环节的前后次序、时间分配，关键问题及小结的预设等。 活动形式：包括大组活动、小组活动、个别活动。 活动方法：如讲解、演示、示范、讲述、谈话等。 活动手段：如多媒体、游戏、实验、探究、讨论、表演等。 活动延伸：引发相关活动，或提供在班级区角进一步深入探究的机会。 2. 体现教师的主导作用，通过灵活交替的活动形式、丰富多样的活动方法和手段，平衡教师主导与幼儿主体，实现环境、材料、师幼、同伴之间的多方互动，有效解决重难点，体现层次性和递进性，让幼儿的学习更有效果。 3. 体现幼儿的主动性和自主性，融入游戏精神，多思考幼儿是"怎样学"的，给予更多探究、体验的机会，让幼儿更好地交往和表现，促进幼儿学习态度、学习品质等素养的可持续发展。

表 5-4　幼儿园音乐领域教学活动设计与实施要点

幼儿园音乐领域教学活动应遵循从感受到表现的过程。因此，音乐领域的教学活动过程包含感受音乐内容、感受音乐形式、表现节奏和其他方面的表现四个基本阶段。

阶段	主要内容	设计与实施要点
第 1 阶段	感受音乐内容	教师通过创设情境、角色表演、讲述故事等不同的方式帮助幼儿感受和理解音乐的内容，即音乐中有什么、发生了什么事情。
第 2 阶段	感受音乐形式	幼儿主要是观察、模仿各种动作，这是获得音乐经验的核心部分。教师需要帮助幼儿感受音乐作品的形式要素，如声音的长短、高低以及节奏的快慢、强弱等。教师需要亲身示范（或者请其他幼儿示范）合拍、合音乐结构做相应的动作，以帮助幼儿用身体动作感受音乐。
第 3 阶段	表现节奏	此阶段是对一个音乐作品或者大段音乐的完整表演，是幼儿获得已有音乐经验后的主动表演。
第 4 阶段	其他方面的表现	不同的教学活动因其指向关键经验不同，所以表现方式也会不同，如歌唱活动的表现方式是演唱；打击乐活动的表现方式是演奏；欣赏活动的表现方式是动作即兴；集体舞活动的表现方式是借助动作进行社会性交往；音乐游戏活动需要借助音乐游戏规则进行自我控制。

幼儿园音乐韵律活动模式和流程

一、模式的基本结构

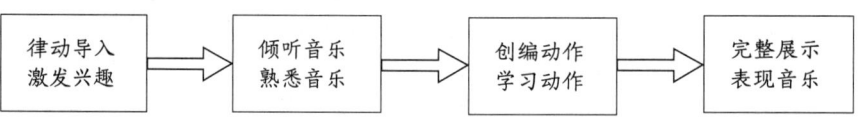

律动导入 激发兴趣 → 倾听音乐 熟悉音乐 → 创编动作 学习动作 → 完整展示 表现音乐

二、活动环节

1. 律动导入，激发兴趣

律动导入环节能很快激起幼儿的学习兴趣，使他们注意力集中，初步调动幼儿的情绪，愉悦幼儿的情感。这一环节可以有律动导入，最好能够复习与新授内容有纵向或横向迁移关系的动作，以保障幼儿学习的有效建构，养成迁移学习的良好态度氛围。这一环节的时间控制在总时间的 10%。

2. 倾听音乐，熟悉音乐

在韵律活动中，倾听音乐是很重要的一项内容，因为幼儿创编动作必须以初步倾听和熟悉音乐为基础。幼儿只有在熟悉音乐的旋律以及节奏的基础上，才能更好地用动作表现音乐。这一环节的时间控制在总时间的20%。

3. 创编动作，学习动作

创编动作，表现音乐是韵律活动的基本部分，这一环节有观察—模仿和探索—创编两种方式，教师需根据韵律活动的内容选择相适应的方式。如果是观察—模仿学习，教师应该引导幼儿分辨新动作和原有相关动作的相同相异处；如果是探索—创编方式，教师应该引导幼儿回忆从前学习过的哪些知识、技能和生活经验可以运用到新表现情境当中。

在幼儿学习动作时，教师可以先带领幼儿学习创编的动作或模仿教师的动作，速度可稍放慢。对于做动作有困难的幼儿，教师应给予具体帮助，手把手地教，使幼儿从"被动"的感受中获得体会，从而能主动地做出正确的动作。这种具体帮助应及时，否则幼儿在复习中总做着错误的动作，以后改正会更加困难。另外，教师应注意采用多种不同的练习形式，不断调动幼儿的积极性，让幼儿在反复的练习中逐步达到熟练掌握。

这一环节的时间控制在总时间的55%。

需要注意以下两方面。

（1）模仿在幼儿的韵律活动中，尤其是舞蹈教学中占有一定的地位。教师的动作应成为幼儿的范例，要做得正确、合拍、自如。教师示范时应站在能使每个幼儿都看得见的位置上：可面向幼儿用"照镜子"的方法，也可背向幼儿与幼儿同方向做示范。为了使幼儿便于模仿，可以采用分解示范的方法，如先示范脚的动作，再示范手的动作。又如，把动作组合分解成较小较简单的部分，分别示范。对于一些难度较大的动作，应注意进行重点示范。

（2）动作创编，即教师让幼儿自己用动作表现教师提出的形象、情节、情绪、节奏或结构等。在这一环节中，教师应努力通过自己的艺术敏感性来组织、引导幼儿的创编，并在创编过程中不断提高幼儿的艺术敏感性。

> **4. 完整展示，表现音乐**
>
> 这一环节是韵律活动的最后一个环节，幼儿可以倾听音乐完整地展示自己模仿或创编的动作，教师注意引导幼儿将动作做到位，节奏准确，这一环节的时间一般占总时间的15%。

持续跟进和落实教研成果

系列教研活动的成果需要持续跟进和落实，如班级教师如何运用教研成果有效地设计日常集体教学活动，年级组如何通过课程审议提高集体教学活动设计的质量，项目组如何继续挖掘集体教学活动的设计策略，园部如何检验、促进教师设计能力的不断提升等。

以年级组为单位，通过班组对幼儿实际发展水平的分析，运用系列教研活动后形成的成果进行集体教学活动的前、中、后审议，进一步学会基于学情分析，选择合适的集体教学活动内容，设定集体教学活动的目标、重难点以及各环节，在班级日计划中落实。

建立不同领域研究小组，教师根据自身特长、兴趣，自主招标，成为组长或组员，基于前期教研成果在集体教学活动的设计和研讨中进一步把握、调整、补充各领域各年龄段的核心经验，把每一个领域研透研深。如音乐活动，包括歌唱活动、韵律活动、欣赏活动和打击乐，可由不同音乐特长的教师担任项目组长，带领组员重点研究，通过团队的力量支撑教师高质量集体教学活动的设计。

基于活动现场的观摩与推进，教师自主申报公开展示活动的时间和地点，教研组长或园部进行审核，并组织教师结合前期教研成果，现场听课评课，一方面观察分析前期系列研讨活动的有效性，另一方面结合现场研讨完善活动设计方案。同时，根据现场情况，产生新的研讨话题，能当场解决的就即时完成，反之则进一步制订研讨计划深入推进解决。

需要注意的问题

集体教学活动与幼儿的一日生活和游戏息息相关

教师在学习领域知识，正确理解《指南》各领域的核心价值、基本目标，把握幼儿的年龄特点、学习特点及发展规律的基础上，充分与幼儿的经验、活动情境以及其他内容相整合，进行整体性思考，让幼儿为理解而学，让教师为理解而教。

教师具备设计高质量的集体教学活动的能力不是体现在某一个活动之中，而是具有课程意识，能将有意义的学习置于幼儿的生活中，促进幼儿全面和谐发展。

注意新手教师、成熟型教师的差异性，形成教研梯队

根据各层级的现状及需求设定教研目标和内容，采取不同的教研方法，制定具有针对性的教研方案。新手教师教育能力薄弱、经验较少，以模仿教学参考用书上的活动设计为主，但他们有实践研究的热情，因此可以主要采取理论学习、案例讨论、方案设计、"一课三研"等方法，让他们带着明确的目标进行基础练习，在巩固基础的同时提升集体教学活动设计能力。成熟型教师积累了一定的教育经验，具有一定的教育特点，但容易形成思维定式，缺乏创造性，甚至出现职业倦怠，对此主要采用外出学习新知识、经验分享、同课异构等方法，优化他们的知识结构，让他们通过发现他人的亮点，反思自身的不足来打开新思路，改进集体教学活动设计，激发灵活性和创造性，形成更好的发展格局与定位。不同的教研形式要服务于不同教师专业发展的需要。

建立有效的激励机制

围绕集体活动的设计，从教研过程、教研成果等方面评选优秀班组、优秀领域研究小组以及个人设计奖等。与年度考核相结合，对优秀的团队或个人给予奖励，或在评优评先、职称、晋升等活动中予以加分等，激发教师的积极性，鼓励热情好学的态度，让他们制定适合自己的学习目标和要求，在每一段经历中获得更好的专业发展。

42. 如何通过教研活动帮助教师把握集体教学的重点和难点？

思考教研内容

有效解决教学的重难点是集体教学活动需要关注的核心问题。教研活动如何帮助教师把握集体教学的重点和难点？在设计和组织相关教研活动之前，需要明晰什么是集体教学的重点和难点。

明晰集体教学的重点和难点

把握好集体教学的重难点是评价一节集体教学活动是否有效的重要标准。在设计和组织针对集体教学活动设计的教研活动之前，需要理解集体教学中的重点和难点是什么？

活动重点：指幼儿必须掌握的基础知识与基本技能，它们是基本概念、基本规律及由内容所反映的思想方法，是最重要的中心内容，被称为学科教学活动的核心知识。

活动难点：幼儿不易理解或不易掌握的知识、技能与技巧。通常意义上所说的难点，即新学习的内容与幼儿已有的经验及认知水平之间存在较大的落差。

难点不一定是重点，也有些内容既是难点又是重点，因此判断集体教学的重难点是否重合，要视具体活动来分析。

作为教研组长，在了解"把握集体教学的重难点"的内容要求，阅读了相关文献或借鉴骨干教师教学实践经验之后，需要思考"把握集体教学重难点"的教研活动应该聚焦哪些基本问题。

- 各年龄段集体教学活动的重点和难点有什么不同？
- 如何准确辨析集体教学的重点和难点？
- 如何解决集体教学中的重点和难点？

调研本园主要的相关问题

基于对集体教学重难点的价值和重要性以及应该关注些什么的理解，接下来需要了解和思考本园集体教学的现状是怎样的？教师把握集体教学的重难点的能力如何？集体教学的质量如何？存在的哪些突出问题或共性问题需要我们对幼儿园的集体教学进行全面、科学的调研、分析与反思？

第一步：梳理调研内容

可利用集体教学重难点调研表，通过互相观摩等形式进行真实的自查自纠，收集教师在理解和解决集体教学重难点时的困惑。了解本园教师在集体教学中重难点解决的现状和需要，帮助教师发现问题、厘清问题，为之后系列地推进教研活动提供方向。

设定调研表中的内容时需要考虑集体教学组织者的工作年龄及经验成熟度等方面，是新教师、成熟型教师、老教师还是骨干教师？可以根据不同的调研对象对调研表进行调整（见表5-5）。

表5-5　××幼儿园教师把握集体教学的重点和难点的调研表

观摩时间		观摩班级		执教者		教龄	
活动内容							
活动重点							
活动难点							
观察记录	幼儿行为			教师行为			
分析与反思	（符合幼儿年龄特征，环节、流程的合理性，重难点突出鲜明，重难点解决策略有层次性，策略有效性，互动质量……）						
解决策略							
评价及建议							
我的困惑							

记录集体教学中幼儿感兴趣的程度，如愉悦、积极、专注、坚持的行为表现情况，体现活动内容对幼儿的吸引力，在一定程度上说明活动内容的重难点适应性。记录教师在活动中的行为表现，是否对幼儿的经验有了解和把握，活动组织的环节清晰流畅，提问、追问、小结等语言简练和到位，体现对活动重难点的把握是否明晰，有目标、有计划、有组织地实施集体教学，活动质量有保证。

第二步：思考调研方法

可由教研组长、骨干教师或邀请专家对各年龄段集体教学进行调研，聚焦"把握集体教学的重点和难点"这个问题，采用观摩教师观察、记录、发现亮点或建议，听取执教者说课等方式，组织观摩教师与执教者之间的深度对话，发现问题、讨论问题、总结方法。

不同年龄段集体教学的横向观察。在调研活动中分别安排小、中、大不同年龄段的集体教学，比较执教者在解决活动重难点中的方法，梳理出共同及不同的方式方法，讨论在不同年龄段更加适宜的实施策略。

对于同一个集体教学主题内容，明确不同年龄段幼儿就活动目标而言的重点和难点，了解各年龄段幼儿学习与发展的特点、需要及经验，比较活动中重难点的把握差异。

对于同一个集体教学内容，观摩拥有不同工作经验的教师或骨干教师组织活动的情况。比较新教师、成熟型教师、骨干教师在把握和解决活动重难点之间的差异，发现问题和可借鉴学习之处，优化活动设计，调整教育策略。

第三步：分析调研问题

根据教研活动前的自查与互查调研表，了解本园教师对集体教学的重难点理解、把握和实践能力等方面的水平，厘清教师在解决集体教学重难点时的困惑，分析其产生的主客观原因，梳理出不同年龄段行之有效的解决策略，支持教师在实践中不断尝试、验证和调整。

针对个别问题：需要及时跟班级教师沟通，做到即时教研、个别解决。

针对共性问题：需要整理调研记录表和参考表，汇总各个班级的具体问题，并对问题进行归类、总结和提炼。在分析和梳理的过程中，可以通过年级组即时性研讨、教师沙龙等方式，也可以通过集中研讨、头脑风暴等方式。

制订系列教研计划

发现问题、分析其产生的原因后就可以设计促进教师把握集体教学中重难点的教研活动，制订切实可行的教研活动计划，提出教研活动的教研目标、教研内容、教研重点、教研时间、教研形式及参加对象等，形成系列性的教研计划。

不同阶段的教师对集体教学重难点的认识不同，在教研活动中得到的信息也会因自身的能力和需求有不同程度的表现。因此，基于不同阶段的教师发展需求，要采用多种教研形式，如现场调研、一课三研、师徒结对、模仿经典、进阶阅读、团讨、审议、分层教研、专家引领等多样化的形式，满足不同阶段教师学习成长的需求。现以幼儿园集体歌唱教学为例，介绍聚焦活动重难点的系列教研活动计划（见表5-6）。

表5-6 "促进教师把握歌唱活动集体教学的重点和难点"的系列教研计划（摘录）

教研内容与要点	教研方式	参与人员	活动时间
歌唱活动重点和难点的调研	教师问卷 自查与互查 现场调研	教研组长 各班教师	4月12日—4月14日
不同年龄段幼儿歌唱活动发展目标	专家讲座 自主阅读 读书沙龙	读书组 各班教师	4月20日—4月22日
各年龄段歌唱活动重难点把握	分组教研	年级组 全体教师	4月26日—4月27日
不同年龄段歌唱活动重难点解决策略	集中教研	全体教师	5月11日
幼儿园歌唱活动教学任务分析学习活动	现场培训 工作坊	专家 全体教师	5月24日—5月28日
歌唱活动教学任务分析课例研讨	级部教研 课程审议	年级组长 级部教师	5月31日—6月4日
各年级组歌唱活动集体教学现场观摩与研讨	骨干展示 即时讨论	教研组长 全体教师	6月7日—6月8日

设计单次教研活动方案

在系统了解集体教学教研活动的设计思路后，聚焦如何提升教师集体教学中解决重难点的有效性，在活动设计、组织、实施过程中凸显活动的重难点，并对此制定针对性强、具有现实操作意义的实施策略，需要细化具体的、完整的教研活动方案，并将其落地实践。以下将从教研目标、教研准备、教研过程、教研反思与跟进等几个方面详细介绍单次教研活动的设计与实施。

教研目标

目标1：梳理各年龄段幼儿歌唱活动的关键经验，了解幼儿歌唱发展水平及教师组织实施能力。

目标2：分析歌唱教学活动中教学重点和难点把握的现状，形成有效提高解决集体教学中的重难点的能力的指导策略或建议。

教研准备

经验准备：教师通过线上平台完成有关集体教学的重难点实施问题的调查问卷；梳理有效解决集体教学重难点方法的已有经验；自主阅读有关教研重点的书籍或查阅资料。

物质准备：教研方案（PPT）、各年龄段歌唱教学视频片段、交流记录工具、话筒、音响、计算机等。

教研过程

环节1：热身游戏——了解本次教研活动的任务与角色，全身心参与活动

（1）破冰游戏，调动积极性，让教师们轻松愉悦地投入教研活动中。

（2）抽签随机分组，签中隐含小组长、记录员、发言人等角色信息。

（3）明确角色分工，人人有参与、人人有任务与责任。

环节2：头脑风暴——谈谈对集体教学中重点和难点的认识与价值判断

小组内轮流发言，尽量从不同的角度来分享，组长梳理小组交流关键词，记录员用海报进行记录。

各小组采用思维导图的方式分享组内成员的初步认知与价值判断，梳理教师们对有关集体教学中重点及难点的认识和实施策略。

环节3：案例解析——观看各年龄段歌唱活动视频片段

（1）视频中的重点和难点分别是什么？

（2）哪些策略能有效解决活动重点和难点？

环节4：教师沙龙——分组讨论

大组分享交流可以用表格或思维导图的方式对团讨的内容进行梳理和小结，也可以对修改建议部分进行现场演示，让其他教师对调整的内容有更直观的理解。

环节5：总结提升

任务分析是指教师在教学活动实施前对所授教学任务进行分解，再按照难易

层级进行排序，最后依据幼儿的发展水平与经验确定起始能力的过程。教师尝试分解教学重点和难点中的元素及层次，用"简单+简单=复杂的思维方式"分解教学中的重难点，从幼儿学习的角度和教师有效支持的角度融合设计简单元素不断累加的活动环节，尝试用情景、动作、语言、图片、材料、课件、合作、挑战、升降级等多元的游戏策略将目标分解成 N 个小目标，用爬楼梯的方式一个一个攀登，最终实现教学目标的充分达成，教学难点各个击破以及教师与幼儿自我效能感的提升。下面以大班歌唱活动《请记住我》为例，教师在活动设计环节中尝试对活动内容进行循序渐进的任务分析（如图 5-1）。

升华情感：我的心里有你，爱不会消失（1~2 遍）
变式演唱 3：对喜爱的场景的表达（1 遍）
分析并解决学唱过程中的难点（1~2 遍）
变式演唱 2：对小朋友或其他人的表达（2 遍）
变式演唱 1：对老师的表达（1 遍）
教师范唱：在多遍倾听中不断理解和记忆歌词，初步跟唱（3~4 遍）
欣赏微电影：伴随音乐回忆幼儿园的美好生活，初步感受歌曲，理解惜别之情

图 5-1　幼儿园大班歌唱活动《请记住我》阶梯式任务分析

> **小结**：今天我们通过小组研讨、视频观察、头脑风暴、专家引领等方式进一步厘清不同年龄段歌唱集体教学的重点和难点，同时针对活动重点采用任务分析的方式进行循序渐进的教学，有故事情境的循序渐进、歌词的循序渐进和歌唱表演形式等方面的循序渐进，这种任务分析让幼儿的学习从浅层学习逐步到深度学习，为幼儿的学习搭建更适宜的学习台阶，创设更大的创造空间。
> 　　用任务分析的方法可以解决歌唱活动中的重难点，那么在其他领域中是否也可以借鉴使用呢？如何利用任务分析进行其他领域的分层教学？这需要我们到实践中去寻找答案，期待下次教研活动，我们将继续讨论、分享。

教研反思与跟进

可以采用调查问卷的形式对本次教研活动的成效进行反思（见表 5-7）。

表 5-7　××幼儿园教研活动反思与评价记录表

时间		记录人		教研内容	
关于集体教学重点和难点，本次教研活动对您有哪些帮助？					
关于把握集体教学的重点和难点，您还存在哪些困惑或者问题？					
您希望下一次教研活动聚焦哪些内容？					

梳理教研活动的阶段性成果

有关集体教学重难点的教研后，教师对活动重难点的认识和把握有了新的提升，这是非常有价值的教研成果。可通过案例分享、撰写论文、交流展示等方式鼓励教师推广和研究，支持教师大胆改造、创新，不断梳理实践中的成果经验，汇编案例文集、论文册、申报课题研究等，提升教师成果梳理及反思性实践的科研意识。

个人层面：撰写有关把握集体教学的重点和难点的随笔、案例、论文、实录等研究成果，提升教师反思性实践的意识。

班级层面：梳理各班领域教学及一日生活环节中关于重难点突破的典型案例和成果经验，形成解决各年龄段重难点的"金点子"，助力教师课程实践能力的提升。

园部层面：在系列教研活动中讨论教师对集体教学重难点的价值判断是否适宜，教师搭建的分层教学环节是否合理以及是否能有效解决问题初步达成共识。幼儿园可以基于这些共识，形成有针对性的指导意见或可供借鉴的教育建议、评价要点、观察要点等。

比如，优化集体教学重难点的流程：（先模仿再创造）

观摩—讨论—梳理—总结—模仿—调整—实践—调整—成果……（循环往复）

持续跟进和落实教研成果

个人层面：运用教研活动后形成的关于重难点任务分析的方法，尝试在设计活动方案前用阶梯式的任务分析图进行活动环节设计，提高重难点解决策略运用的灵活性。

年级组层面：由年级组长组织年级教师进行集体教学审议，重点放在集体教学的重难点解决策略上，共同审议活动重难点的内容及实施策略，鼓励年级组教师在不同领域中灵活运用解决重难点的任务分析法。

园部层面：继续观察和调研教师集体教学的组织实施情况，发现问题，开展即时性的教研。针对有效解决集体教学的重难点可再次制订教研计划，开展集体观摩展示交流活动。

需要注意的问题

每位教师都是教研的主角

教研活动强调人人参与，人人有事做，人人承担任务和责任。集体教学的执教老师是教研活动的研究对象，但参加教研的每位老师都应有均等机会，如提问、讨论、表达、展示等机会与平台，人人都是教研团队中不可缺少的主角。

构建研究互助共同体

教研团队要营造平等、客观、友善、积极、互助、真诚的氛围和风气，愿意为他人提供自己真实的想法。无论是执教者还是观摩者都要有平常心，对待他人中肯的建议能摆正心态，谦虚好学，仔细倾听和真诚答谢别人的意见，本着学习的态度积极参与教研活动。

重视教研活动前的自主预研

提前告知教师教研活动的重点内容，鼓励教师自主预研，通过查阅相关资料提前梳理有关教学活动的重难点实践的经验，发现问题并带着问题和困惑参加教研活动，提高教研活动的目的性与有效性。

满足不同阶段教师的成长需求

新手教师、成熟型教师、骨干教师、专家型教师会对集体教学重难点有不同的认识,在教研活动中得到的信息会因自身的能力和需求有不同程度的表现。因此,基于不同阶段的教师发展需求,可以采用多种教研形式,如现场调研、一课三研、师徒结对、进阶阅读、团讨、审议、分层教研、专家引领等多样化的形式,满足不同阶段教师学习的需求。

43. 如何通过教研活动引导教师关注集体教学活动中的每个幼儿？

思考教研内容

幼儿阶段个体差异比较明显，幼儿在发展水平、能力经验、学习方式等方面都表现出各自的独特性。年龄越小，个体差异越明显，因此在集体教学活动中，教师不能用统一的标准去要求幼儿，更不能采用横向评价，而应该面向全体、因人施教，既要关注幼儿的共性发展，又要尊重幼儿的个体差异，努力使每个幼儿都获得成长与发展。

在设计"关注集体教学活动中的每个幼儿"的教研活动之前，教研组长需要清晰"关注每个幼儿"的集体教学活动是什么状态，如何在集体教学活动各个环节中具体落实"关注每个幼儿"，从而让每个幼儿都能按照自己的速度、节奏获得实实在在的发展。

活动目标体现基础性、差异性

集体教学活动要做到"关注每个幼儿"，首先应当制定面向全体幼儿的活动目标，围绕这一方向开展后续活动，达到关注全体的良好状态。

活动目标既要体现基础性，符合大部分幼儿的发展水平，又要体现差异性，在目标制定上留有一定的弹性空间，或者设立分层目标，允许幼儿有不同的表现。

活动准备体现丰富性、开放性

幼儿是借助材料进行学习的，在准备活动时要考虑幼儿的个体差异，保证材料的丰富性、开放性，为每个幼儿提供与其发展水平相适应的教具和材料。除了材料准备，还需要关注幼儿的经验准备，包括原有的知识经验、能力经验、情感态度经验，思考幼儿是否具备与活动相关的经验。

过程设计体现层次性、多样性、弹性

层次性：教师既要关注幼儿的共同点，又要重视幼儿的个体差异和不同需求，围绕分层目标设计不同难度的活动内容和活动任务，让幼儿既有完成简单基本任

务的机会，也有结合自己的能力和喜好选择活动的机会。

多样性：增加探索、操作、交流等多样的活动形式，增强活动的趣味性，使每个幼儿都积极主动地投入集体教学活动中。将集体、小组和个别形式相结合，为不同发展水平的幼儿提供表达表现的机会。

弹性：给予幼儿自主活动的空间，步骤设计不要过于细致和死板，留出一部分弹性空间，解决幼儿可能产生的问题，根据幼儿的个体差异和实际表现进行灵活调整。

组织实施体现包容性、灵活性、互动性

了解、接纳、利用幼儿的个体差异，体现包容性。为幼儿提供展现自我的机会，关注幼儿在活动中的表现和反应，敏感地察觉幼儿的需要，及时以适当的方式应答，满足每个幼儿的发展需要。

根据集体教学活动开展的实际，选择恰当的教学方法，灵活调整活动策略，满足不同幼儿的活动需求，从而达到最佳的活动效果。

通过整体关注、小组关注、个别交流，丰富操作、讨论、表达表现等组织形式，灵活运用语言、动作、目光、表情等互动方式，促进师生互动、同伴互动，增加互动频率，让每个幼儿都能得到关注和支持。

活动评价体现过程性、针对性、多维性

不强调统一的结果和标准，注重过程性评价。评价内容具体可感，从每个幼儿自身的实际发展水平出发，进行针对性、个别化的纵向评价。关注评价的多维性，引导幼儿从学习方法、学习态度、学习能力、个性品质等多个角度正确认识自己。通过鼓励性、肯定性的评价，调动幼儿的能动性和积极性，体现评价的激励作用，从而推动幼儿的学习与发展。

作为教研组长，要对"关注集体教学活动中的每个幼儿"的状态和要求有一定的了解，学习相关的文献资料，借鉴其他幼儿园的成功经验，然后思考"关注每个幼儿"的教研活动应该聚焦哪些问题。

- 教师是否认识到关注每个幼儿的重要性？是否了解班级幼儿的个体差异？
- 如何在集体教学活动中体现关注每个幼儿？可以运用哪些方法和策略关注每个幼儿？
- 幼儿是否都能在集体教学活动中获得个别化的回应？

调研本园主要的相关问题

基于"关注集体教学活动中的每个幼儿"的集体教学活动状态、各环节的具体要求，以及了解可能存在的基本问题之后，教师需要带着任务和目的去观察、调研和分析，发现幼儿园真实存在的问题。

第一步：梳理调研内容

可利用调查表、记录表开展教师自查、班级互查，同时深入集体教学活动现场，开展调研、观摩活动，了解教师"关注集体教学活动中的每个幼儿"的方法策略、师幼互动、幼儿个性发展等现状，客观分析影响因素，为开展系列教研活动、提高关注效率提供依据（见表5-8）。

表5-8 集体教学活动中"关注每个幼儿"调研表

观察日期		观察班级		
执教者		观察者		
活动内容				
活动目标				
观察内容	观察要点			观察记录
活动设计	1. 活动是否从本班幼儿的实际出发，符合大部分幼儿的能力、兴趣和需要。 2. 活动是否体现层次性，有符合不同能力、不同个性幼儿的活动内容和活动材料。 3. 活动组织形式是否丰富、多样，集体、小组、个别活动相结合，能激发全体幼儿的参与性。 4. 活动是否预留幼儿自主选择、自主活动的时间，有一定弹性调整的空间。			
教师组织	1. 教师是否关注到全体幼儿，师幼互动的次数和频率如何。 2. 师幼互动的效果如何，能否给予幼儿有效的回应和支持，促进幼儿个性化发展。 3. 教师是否能根据幼儿不同的表现，灵活调整教学过程，展现教育机智。			

续表

观察内容	观察要点	观察记录
幼儿状态	1. 幼儿参与程度高不高，是否表现出主动性，情绪是否饱满。 2. 幼儿的原有经验是否得到利用、扩展和提升。 3. 幼儿是否有与教师、同伴互动、交流的机会（包括提问）。 4. 幼儿是否有机会充分表达与学习活动相关的体验与感受。 5. 幼儿是否有公平的机会参与活动过程（操作、表达等）。	
分析与解读	（针对集体教学活动的目标制定、过程设计、教师实际组织过程中的行为、幼儿表现……分析影响"关注每个幼儿"的因素）	
策略及建议		

说明：调研人员按照观察要点，从活动设计、教师组织、幼儿状态三个方面对集体教学活动进行全面的观察，了解教师"关注集体教学活动中的每个幼儿"的实施情况。

第二步：思考调研方法

由教研组长、骨干教师或邀请专家对集体教学活动进行观摩和调研，从以下几个角度选择调研对象和调研重点，通过观察记录、交流反馈等形式，了解教师有关教研主题的困惑和问题。

*同一集体教学活动不同班级的横向观察：*从集体教学活动的内容材料、组织形式、教学方法等方面调研教师对教研主题的把握，总结集体教学活动设计与组织的策略和经验，优化集体教学活动方案，更好地关注每个幼儿。集体教学活动的内容、目标是否兼顾到每个幼儿；在集体活动、分组活动、个别活动中，教师可以采用哪些有效的关注方式。

*同一集体教学活动不同层次教师的观察：*新手教师、成熟型教师、骨干教师的教学水平存在差异，教研主题的达成度也有所不同。观察不同阶段教师组织的集体教学活动，分析教师关注行为的适宜性，拓展并优化关注的方式，帮助全体教师积累有效的教学组织经验，提升教师的教育机智。

*同一年龄段不同领域集体教学活动的观察：*如在大班语言领域的集体教学活动中，教师该如何关注全体幼儿？在操作类活动、游戏类活动中，教师关注全体幼儿的策略等。

同一年龄段不同能力、不同个性幼儿的观察：观察当下不同类型幼儿获得关注的情况，梳理不同幼儿在集体教学活动中受关注的需要、方式和途径。例如，不同年龄段的幼儿、不同能力水平的幼儿、不同性格特点的幼儿是否都得到了足够的关注，受关注的形式是怎样的，是否能够在集体教学活动中参与与自身特点相匹配的活动。同时，同一集体教学活动中的不同幼儿各需要得到怎样的关注等。

第三步：分析调研问题

通过现场调研和观摩，有针对性地了解教师关注幼儿的现实情况，发现存在的问题；根据全体教师对照、自查的情况，梳理教师的困惑和需要；开展后续教研活动和反思实践，提升教师"关注每个幼儿"的能力。

针对个别问题：需要及时与教师沟通，做到即时教研、个别解决。

针对共性问题：需要整理调研记录表和调查表，汇总各个班级的具体问题，并对问题进行分类和归纳，提炼出有教研价值的问题。可以通过年级组研讨、教师沙龙、集中教研等形式进行分析和梳理。比如，某幼儿园调研"关注集体教学活动中的每个幼儿"时发现如下共性问题。

> 同一年级组的集体教学活动内容及过程设计雷同，大部分教师没有根据本班幼儿的实际情况进行调整。活动内容和要求固定统一，无法体现不同能力层次的不同要求。

> 在集体教学活动的实施过程中，教师因为幼儿能力、性格等因素的差异不自觉地产生关注偏向，比如在集体教学活动回答问题时常常更多地邀请理解能力强、表达能力强的幼儿进行互动，使集体教学活动的进程更加顺畅。

> 在操作活动或游戏环节更多关注规则意识弱、容易兴奋的幼儿，避免发生意外情况。然而，处于中等能力水平、性格平和的幼儿往往会被教师忽视。

> 当幼儿表现出独特的想法或做法时，如果与预设的教学环节无关，或与教师的预期不符，教师常常会弱化、忽略甚至不予理睬，不能提供个性化的回应与支持，无法促进每个幼儿富有个性的发展。

> 教师关注盲区，会导致某些幼儿特别突出，某些幼儿参与性不强，某些幼儿状态游离。虽然幼儿都参与了集体教学活动，但教师没有关注到每个幼儿，就无法发挥集体教学活动的最大价值。

制订系列教研计划

在了解本园教师关于"关注集体教学活动中的每个幼儿"的问题和原因之后,教研组长可以设计问题导向的教研活动,思考教研活动要实现什么目标、研讨哪些内容以及教研活动的组织方式、时间安排、参加人员等,形成系列性的教研计划。

可以用表格的形式呈现,明确每次教研活动的内容、方式、人员、时间等。合理安排全园教研和小组教研;考虑不同人员的参与,如新手教师、骨干教师、专家介入等;采用丰富多样的教研形式,激发教师教研的主动性,如自主阅读、现场观摩、课程审议、头脑风暴、经验分享、情境练习、教师沙龙、教育留言簿等;科学设计教研计划的时长,保证教研活动的持续性和有效性。通过这一系列的教研活动,解决相关的真问题,有效提升教师的关注能力(见表5-9)。

表5-9 "关注集体教学活动中的每个幼儿"系列教研计划(摘录)

教研内容与要点	教研方式	参与人员	活动时间
关于"关注集体教学活动中的每个幼儿"的调研活动	现场调研	教研组长 各班教师	11月2日—11月4日
关于"关注集体教学活动中的每个幼儿"的阅读分享活动	自主阅读 读书沙龙	读书组 各班教师	11月9日—11月11日
集体教学活动如何实现关注每个幼儿	园部教研 专家讲座	专家 教研组长 全体教师	11月13日
小班语言领域集体教学案例研讨	级部教研 课程审议 教学实践 教师沙龙	年级组长 级部教师	11月16日—11月20日
中班艺术领域集体教学案例研讨	课程审议 教学实践	年级组长 级部教师	11月23日—11月27日
大班科学领域集体教学案例研讨	课程审议 一课三研	年级组长 级部教师	11月30日—12月4日
集体教学活动方案设计如何体现关注每个幼儿	园部教研	教研组长 青年教师	12月9日
提升师幼互动的有效性和针对性	专家讲座	专家介入 全体教师	12月14日
关于"关注集体教学活动中的每个幼儿"的优秀案例分享	观察记录 经验分享	教研组长 全体教师	12月16日—12月18日

设计单次教研活动方案

在系统了解教研活动的设计思路之后,需要思考一次具体、完整的教研活动该如何组织,如何与教师们达成共识,继而实践验证。以下从教研目标、教研准备、教研过程、教研反思与跟进几个方面详细介绍单次教研活动的设计与实施。

教研目标

教研目标要聚焦本次教研活动要解决的具体问题,具有较强的针对性和可操作性,如围绕集体教学活动如何实现关注每个幼儿,要解决不同幼儿的关注需要、活动组织中师幼互动策略等问题,教研目标可以如下表述。

目标1:分析典型幼儿的关注需求,梳理不同类型幼儿的关注策略。

目标2:分析集体教学活动中师幼互动的现状,丰富师幼互动的形式,形成集体教学活动中师幼互动的教育建议。

教研准备

教研准备包含经验准备和物质准备两个部分。经验准备包含两方面,一方面针对教研主持人,需要知道集体教学中关注每个幼儿的标准和要求,以及本园的现状;另一方面针对教研参与者,在本次教研活动开始之前要进行预思考和预实践,有一些自己的认识和想法。物质准备指有关的教研资料,如学习资料、纸笔材料、会场布置、信息设备等。

经验准备:教研主持人了解教师"关注集体教学活动中的每个幼儿"的达成状态;教研参与者参加过自查、互查活动,有一定的经验和思考。

物质准备:教研方案,教研活动(PPT),大班科学活动集体教学视频,交流讨论的工具(素描纸、马克笔),游戏材料(彩色乒乓球、箱子)。

教研过程

教研的每一步都要紧扣教研目标,每一步都解决一个具体问题,形成有效的方法和策略。

环节1:视频分析——关注不同类型幼儿的不同关注需求

提出观察重点:教师关注了哪个幼儿?这个幼儿有什么特点?教师的关注方

式适合这个幼儿吗？

环节2：头脑风暴——丰富师幼互动的方式和策略

重点观察视频中师幼互动的行为及效果。

讨论：教师采用了哪些互动的方式？你还知道哪些师幼互动的方式？怎样师幼互动才能在集体活动中关注到每个幼儿？

环节3：专业引领——理论提升

学习《有力的师幼互动——促进幼儿学习的策略》中的第三步（拓展幼儿的学习），根据幼儿不同的学习和发展方式选择适宜的教学策略，促进幼儿的学习与发展。

教研反思与跟进

通过教研，教师明确了师幼互动的一些策略和方法，在对不同幼儿给予不同关注方面形成共识，但从认识到落实还存在距离，需要在日常教学中进一步实践和调整。

- 教研组长梳理出"关注集体教学活动中的每个幼儿"的集体教学活动建议。
- 班级在日常教学中进行实践，积累师幼互动的经验。
- 年级组内开展现场观摩，检验"关注集体教学活动中的每个幼儿"的实施效果。
- 幼儿园开展优秀经验分享和教师沙龙分享活动，不断提高教师的关注能力。

梳理教研活动的阶段性成果

系列教研活动之后，教师在关注每个幼儿的教育观念和教育策略上都有了新的认识和提升，我们要及时梳理总结经验，巩固教研成果，形成一些物化的资料，为教师提供教育指导和参考依据。

个人层面：尝试运用记录表等资料提高自己的关注能力。结合园部提出的观察指导要点，观察幼儿受关注的情况，撰写相关案例、随笔、论文，提高自己"关注集体教学活动中的每个幼儿"的实践及反思能力。

年级组层面：每周课程审议时，遵循关注每个幼儿的原则，设计并修改集体活动方案，逐步更新园本课程资源。根据现实需要，机动开展互相观摩和即时研讨,注意记录、积累、梳理有效的经验和做法,丰富教师"关注集体教学活动中的每个幼儿"的教育策略。

　　园部层面:通过系列教研活动,形成幼儿个性发展、活动设计、组织实施三个维度的观察要点、教育建议、指导策略;对日常集体活动的开展提出"关注全体"的常态化要求;设计有助于提升教师关注力的记录表或方法,逐步锻炼、提高教师"关注集体教学活动中的每个幼儿"的能力(见表 5-10)。

表 5-10　教师"关注集体教学活动中的每个幼儿"教育建议

活动环节	教育建议
活动目标	1. 目标制定既面向全体,又兼顾个别差异,既符合一般经验水平,又体现能力差异。 2. 掌握每个幼儿的实际水平、兴趣和需要,贴近幼儿的最近发展区来制定活动目标。 3. 不强调统一的结果和标准,建议制定分层目标。幼儿能够基于自己的个体差异进行表达、表现,支持和引导他们从原有水平向更高水平发展。
活动准备	1. 引导幼儿共同准备活动,在这个过程中了解、判断幼儿的已有经验和水平,从而选择适宜的材料和内容。 2. 准备两种以上不同层次和难度的材料。 3. 巧妙安排集体教学活动的座位,根据集体教学活动的类型、幼儿的个体差异等因素灵活安排座位的摆放方式,而不是仅根据幼儿的身高来安排座位,让每个幼儿感受不同位置带来的活动体验。
过程设计	1. 有不同层次、难度的活动内容和活动任务,供幼儿自主选择,使每个幼儿都能根据自己的能力和特长选择适宜的活动内容。 2. 活动环节重点突出、循序渐进,符合低能力幼儿的学习特征,又对高能力幼儿提出挑战。 3. 时间设计宽松有弹性,活动内容不要安排过多,避免造成时间上的紧迫感。要留出机动的弹性时间,以便根据幼儿的实际情况灵活调整活动过程。 4. 采用多种活动形式,调动幼儿的多种感官,激发幼儿活动的积极性与主动性,引导幼儿通过发现学习、自主学习获得提升。 5. 设计恰当的提问,体现层次性、多样性和启发性。充分考虑幼儿的个体差异,提问兼顾每个幼儿不同的兴趣特点、认知经验和能力水平,且能促进每个幼儿的积极思维。

续表

活动环节	教育建议
组织实施	1. 教师在组织实施的过程中，不能把"完成活动过程"当作目标，而应该把"让每个幼儿在活动中得到发展"作为目标，审视每个幼儿在活动中的学习机会，预估每个幼儿的目标达成度，支持每个幼儿的个性需求，灵活调整集体教学活动，真正为幼儿的学习与发展服务。 2. 创设丰富多样、多层次、自主选择的集体教学活动氛围。 3. 鼓励能力强的幼儿与能力弱的幼儿结对互补，让个体差异成为教育资源。 4. 做好关注的分配，让每个幼儿都有锻炼和发展的机会，都能得到恰当的回应与支持，真正做到关注全体。 5. 根据幼儿的实际情况，及时、灵活地调整活动过程，给予幼儿个别化的关注和支持。
活动评价	1. 不以统一的标准评价幼儿。采用纵向比较、个别化评价等方式，了解每个幼儿的原有水平，发现集体教学中幼儿的进步之处，引导幼儿从原有水平向更高水平发展。 2. 活动评价内容要具体，有明确的指向性，让幼儿听得明白，并知道接下去怎样努力。

持续跟进和落实教研成果

"关注集体教学活动中的每个幼儿"是教师的一种专业能力，仅仅依靠一段时间的教研活动是无法形成的，需要进行持续跟进的分层教研，不断实践和内化，才能落实教研成果，形成教师真正的能力。

班级层面：以班组为单位，观察、统计集体教学活动中教师对每个幼儿的关注频率，发现集体教学活动中存在的"关注问题"，分析教师关注幼儿存在差异的原因，实践系列教研中的方法和策略，改变关注现状，积累教育经验，锻炼自己的教育机智。

年级组层面：以年级组长为核心，形成研究共同体，定期开展课程审议、活动审议、小型研讨等级部活动；发挥研究小团体灵活机动的优势，及时发现教育一线关于"关注每个幼儿"的困惑和问题；鼓励教师大胆提出自己的意见，发现集体教学活动实施中的现实问题和细节问题；通过经验分享、实践运用等形式积极解决遇到的问题，帮助组内教师巩固正确的理念，熟练运用各种关注幼儿的技巧和策略。同时，如果遇到不能解决的问题，要及时向园部汇报和讨论。

园部层面：通过专项调研、推门调研、行政巡查等形式持续关注教师的实践

情况，检验教研成果的有效性，发现教师新的策略与方法。可采用观摩交流、经验介绍等形式及时推广；可通过发现问题，进行教师个别指导；也可借助共性问题，开展教研活动，引发教师进一步的思考与探讨，共同寻找教育策略，形成教研—实践—再教研—再实践的良性循环，使"关注集体教学活动中的每个幼儿"成为教师的基本技能。

需要注意的问题

加强对幼儿的观察

观察是了解幼儿、采取教育行为的客观依据。集体教学活动中的观察可分为活动前观察、活动中观察、活动后观察。活动前观察，重点了解幼儿的已有经验、发展水平、兴趣爱好，提炼幼儿之间的共性问题与个别差异，从而确定集体教学活动适宜的目标、内容、材料和形式；活动中观察，重点发现活动过程中产生的问题，如预设目标、内容、材料、形式是否恰当，幼儿原有经验是否能联结并促进新经验，幼儿需要怎样的个别指导等；活动后观察，重点反思活动效果，分析幼儿的活动状态、目标达成情况，从而根据幼儿的发展情况考虑延伸和跟进活动，真正关注每个幼儿，使每个幼儿都得到进步和成长。

拓展关注的方式

教师需要充分利用集体教学活动中的各项资源，增加关注的参与者，拓展关注的形式，让教师的关注事半功倍。除了直接关注，还可以借助材料和环境营造个别化的间接关注和隐性支持；除了看得见、摸得着的显性关注，还可以尝试体验关注、情感关注、精神关注，从多角度、多维度对幼儿进行关注，促进每个幼儿在原有水平上获得提高。

44. 如何通过教研活动帮助教师生成集体教学活动?

思考教研内容

集体教学活动的预设与生成应该有效结合。传统的集体教学活动往往拘泥于活动的教案，忽略集体教学活动动态的生成。在预设活动的基础上强调活动的生成，意味着集体教学活动不再拘泥于既定的教学方案，而是以幼儿为中心，满足幼儿的兴趣与需要，使实施的活动更加贴近幼儿的生活。

在设计"集体教学活动预设与生成"的教研活动之前，教研组长需要关注几个方面。

立足师幼平等对话建构活动

从幼儿的活动体验角度出发，倾听幼儿的心声，感知幼儿的兴趣，参与幼儿的活动话题。基于儿童立场的生成活动更多关注幼儿"如何学""如何主动地学""愉快地学"，促进幼儿情感、态度、能力、知识等多方面发展。生成活动强调师幼双方处于平等的位置，倡导教师和幼儿共同参与活动的设计。因为生成的过程是师幼双方互动的结果，所以幼儿在此过程中很容易保持探索学习的兴趣。兴趣是最好的老师，有了浓厚的探索兴趣，幼儿便乐于参与活动，集体教学活动的效果也会更好。

立足幼儿发展开展活动

活动的选择不是一件容易的事情，不是所有幼儿感兴趣的活动都可以实施，所选择的活动要有促进幼儿发展的内在价值。在选择活动内容的过程中，教师应有一定的专业眼光，能准确判断该活动具有什么样的教育价值，通过此活动幼儿可以得到哪些方面的发展等。也要考虑活动是否贴近幼儿的生活，幼儿是否感兴趣。此外，还应考虑活动的可行性、开展活动的资料是否充足、材料是否容易获得、环境是否合适等问题。

调研本园主要的相关问题

在开展教研活动之前,还要了解幼儿园集体教学活动预设与生成的现状以及教师组织情况,才能根据实际更好地开展后续的教研活动。

第一步:梳理调研内容

可利用调查表请班级教师自查,同时深入幼儿园保教现场开展相关的调查、研究活动,了解幼儿园集体教学活动预设与生成的开展情况(如表5-11)。

表5-11 ××幼儿园生成活动调研表

观察时间		观察班级		观察者	
环节设计	观察记录			分析解读	
生成活动来源				(生成活动来源的合理性;幼儿核心经验发展;环境支持、环境资源利用等情况)	
生成活动目标					
生成活动脉络					
生成活动学习墙					
其他					

第二步:思考调研方法

可由教研组长、骨干教师、年级组长对该年龄段集体教学活动进行调查,通过观察记录、交流反馈的形式了解本园集体教学活动预设和生成的开展现状,并进一步组织全体教师进行讨论和反思,厘清园区内集体教学活动预设及生成开展现状。在了解本园现状以及展开反思的基础上,还可以邀请专家进行现场指导和理论提升,帮助幼儿园进一步明晰本园集体教学活动预设与生成的价值和发展样态,形成科学有效的行动路径。

同一个年龄段不同班级的横向观察:在同一个时间段,对同一年龄段各个班级的集体教学活动开展情况对比观察,了解各个班级在集体教学活动环节预设与生成活动的差异。

一个班级的纵向观察:重点针对一个班级进行跟踪观察,如每周跟踪观察1次,持续2~3周,了解这个班级预设与生成的活动轨迹及开展情况。

第三步：分析调研问题

调查的目的之一是厘清本园集体教学活动中存在的主要问题，及时解决个别问题，确定需要通过教研去解决的共性问题，分析其产生的原因并有针对性地解决。在调研的过程中和调研之后需要做好以下几件事情。

针对个别问题：需要及时与班级教师沟通，做到即时教研、个别解决，如个别教师习惯按照已有的教学计划与集体活动教案开展活动，未对预设课程进行班本化改造，也未对生成课程进行留白。

针对共性问题：需要整理调研观察记录表和参考表，汇总各个班级的具体问题，并对问题进行归类、总结和提炼。在分析和梳理的过程中，可以通过年级组即时性研讨、教师沙龙、头脑风暴、案例分享等方式进行园内的智慧碰撞。

制订系列教研计划

教研计划可以用列表的形式呈现，明确每一次教研活动的内容、方式、参与人员等。同时要采用丰富多样的教研形式，如现场调研、即时研讨、课程审议、阅读活动等（见表5-12）。

表5-12 "集体教学活动预设与生成"系列教研计划（摘录）

教研内容与要点	教研方式	参与人员	活动时间
关于"集体教学活动预设与生成"开展现状的调研活动	现场调研	教研组长 各班教师	2月
关于"集体教学活动预设与生成"的阅读分享活动	自主阅读 读书沙龙	读书组 各班教师	3月上旬
"集体教学活动预设与生成"的关系与价值梳理	集中教研 头脑风暴	专家介入 全体教师	3月下旬
小班集体教学活动生成活动案例研讨	级部教研 课程审议	年级组长 级部教师	4月上旬
中班集体教学活动生成活动案例研讨	级部教研 课程审议	年级组长 级部教师	4月下旬
大班教学集体活动生成活动案例研讨	级部教研 课程审议	年级组长 级部教师	5月上旬
主题活动中系列生成活动审议	头脑风暴 专家点评	专家介入 全体教师	5月下旬

续表

教研内容与要点	教研方式	参与人员	活动时间
班级微课程交流分享	集中教研 即时讨论	全体教师 教研组长	6月上旬
生成活动的组织与指导研讨	现场调研 即时讨论	教研组长 新教师	6月下旬

设计单次教研活动方案

在系统了解"集体教学活动预设与生成"的教研活动设计思路之后,需要思考如何组织一次具体、完整的教研活动。以下将从教研目标、教研准备、教研过程、教研反思与跟进几个方面详细介绍一次教研活动的设计与组织。

教研目标

教研目标聚焦的是本次教研活动需要解决有关预设活动和生成活动的具体问题,具有较强的针对性和可操作性,如围绕"集体教学活动预设与生成"的科学性、系统性、适宜性等问题,教研目标可以如下表述。

目标1:梳理、研判已有课程的适宜性,并根据当下的教育环境与资源做园本化或班本化的改造。

目标2:分析讨论主题背景下,各年龄段幼儿生成课程的系统性及科学性;依据《指南》各部分的教育建议,形成建构生成课程的实施建议。

教研准备

经验准备:教师通过UMU互动平台,完成关于集体教学预设及生成的调查问卷;参与教研的教师前期在幼儿园课程的预设与生成方面具有一定的认识和经验。

物质准备:教研方案(PPT),各年龄段当下主题活动计划、周计划安排表,教学活动案例,交流讨论的工具(勾线笔、素描纸等)。

教研过程

教研过程中的每一步都应该紧紧围绕教研目标展开。可在教研活动前将本次教研的主要过程和要求提前告知教师,并将教研过程分为几个环节,每个环节解决一个具体问题。

环节1：话题提出——梳理主题活动脉络

主持人：用思维导图的方式对前阶段主题活动进行回忆和梳理，一起分享和了解各年龄段主题活动的实施情况。

环节2：头脑风暴——分享主题为"春天"的预设与生成活动的实施情况

以头脑风暴的形式开展教研活动时需要考虑"如何让每个幼儿都参与"。以年龄段划分讨论小组，可采用个人、小组和集体三个层面依次组织的形式。

个人层面：每个班利用10分钟时间独立整理出"春天"主题下的教师预设及幼儿生成的集体教学活动内容。

小组层面：在个人书写后共同商议和梳理出该年龄段"春天"主题下的教师预设活动内容，并与主题前期预设内容进行比对，梳理出调整、修改或者删除、增加的部分，可以以思维导图或者表格的形式呈现。

集体层面：在小组分析的基础上，对各年龄段的预设活动进行园本化或班本化的改造。能关注幼儿已有经验，追随幼儿的兴趣与需要，确定更加适宜的生成活动，继续制订延伸主题的计划，做好班本化主题探究的准备。

环节3：案例解析——达成预设活动改造及生成活动建构的共识

采用案例解读的形式，需要考察集体教学案例或者视频的内容是否具有针对性和代表性，即呈现的案例或者视频是否能够有效地激发教师的思考和讨论。

案例分享：各年龄段教师分享具有代表性的预设活动的改造或幼儿生成活动，解读不同年龄段预设与生成活动的教育意义与发展价值。

教师沙龙：基于案例分享的内容，采用头脑风暴的方式，教师针对案例表达自己对预设活动改造与生成活动的感想。同时，聚焦园本资源、幼儿发展、已有经验、年龄特点、幼儿兴趣与需要、课程的系统性及有效性、支持策略等方面展开研讨。在研讨的过程中，记录有价值的观点，达成共识，梳理出指导建议。

环节4：专业引领——理论提升

教师在实践中要把握好以下几点：

➢ 根据课程目标和内容及幼儿的总体发展状况，在计划中安排预设活动；

➢ 在幼儿自发性活动中，教师必须积极关注，适时介入，个别应答；

➢ 教师在幼儿自发性活动中捕捉到有价值的内容时，可将其预设为以后的集体教学活动；

> 在教师根据课程目标安排的预设活动中,幼儿脱离教师预设的活动流程表现出的始料未及的行为也是幼儿生成的行为,教师可以据此及时调整当时的活动,也可以将其预设为以后的活动。

教研反思与跟进

通过教研,教师对集体教学中预设与生成之间的融合关系等达成初步共识,但从认识到落实还存在一定问题,因此需要进一步在实践中厘清和优化。

关于集体教学活动中预设和生成的话题可以继续研讨的还有很多,如下所示:

- 主题活动下预设活动与生成活动的比例多少为宜?
- 幼儿生成的哪些内容是有价值的,判断两类活动互相转化的最佳时机依据什么?
- 生成活动中,幼儿的兴趣逐渐削弱或转移,教师是应该继续追随幼儿的兴趣和需要,鼓励幼儿坚持探究,还是适时调整活动?

这些问题都可以成为下一次教研活动讨论的话题。

梳理教研活动的阶段性成果

"集体教学活动预设与生成"系列教研活动后,教师的教育观念和实践往往会发生变化,这是最重要的教研成果,可通过撰写论文、提供交流分享机会等方式鼓励教师主动梳理成果。另外,幼儿园层面也需要进行成果梳理,形成有针对性的指导意见。

个人层面:教师从多维度、多方面来展开反思,比如教学前、教学中、教学后的反思;基于教师的教学、幼儿的学习进行反思;对自己的教育理念、教育行为的反思。教师以多种记录方式进行反思,如写反思日记、案例分析以及班级微课程,掌握基本的记录规范与要求。

级部层面:梳理各年龄段集体教学生成活动典型案例和优秀经验,形成各年龄段的集体教学活动生成实施路径,助力教师课程实施能力的提升。

园部层面:要重视和突出教师的反思能力,鼓励教师从自身的教育教学实践出发,提炼出自主研究的适切问题,积极养成自我反思的习惯;让教师对班级开

展的生成活动形成价值判断与可借鉴的实施路径；为教师的反思提供交流和分享的平台，营造平等交流的研究氛围，让教师拥有充分发表自己意见的时间和场域，并将教师的反思行为与记录作为考核评价的重要内容。

持续跟进和落实教研成果

可以采用分层教研的方式推进，以级部教研或分组教研为重点，逐步落实教研成果。

班级层面：将形成的教研成果发给每个班级，教师对照成果中的指标和教育建议，根据本班幼儿的发展情况，对班级集体教学活动的预设与生成、班级微课程、环境创设等进行调整和优化。

年级组层面：在学期初进行的主题前审议中，形成预设的主题活动网络，明确主题活动要实现的主要目标及幼儿获得的核心经验。在主题活动的开展过程中，将集体活动的预设与生成落实到每周的周计划审议环节，通过每周活动的开展逐渐明晰班本化的生成活动脉络。之后进行主题后审议，梳理在主题背景下各班开展的班本课程，将班本课程内容增添进主题网络图中，丰富主题内容。

园部层面：园部可以通过持续的班级集体教学活动的专题调研和检查，进一步观察班级的落实和调整情况，在此基础上梳理新的问题，并追随新问题不断进行深入现场的即时性教研。

需要注意的问题

- 集体教学活动预设与生成应该作为课程审议的常规内容，被纳入幼儿园教研常规管理制度之中，教师需要及时修改幼儿园集体教学活动及主题课程审议的内容和标准。
- 在集体教学教研活动中，不仅要关注教师在教研时的发言积极性、行为表现等，还要关注教师对问题的理解和探讨及他们的知识重构过程，帮助教师从会说到会做，形成由学习、体验和主动建构组成的教研常态。

45. 如何通过教研活动帮助教师组织团讨活动？

思考教研内容

团讨即团体讨论，幼儿围绕一个共同的主题，充分地参与探讨，自由地表达想法。教师通过问题预设、追问等方式引导幼儿在思维碰撞中互相沟通，在讨论中解决问题，形成共识。关于团讨活动，我们需要关注以下内容。

根据团讨主题制订计划并付诸实践

教师需要决定团讨的话题，预设团讨的问题，有目的地创设团讨的氛围、创造团讨的机会，保持幼儿足够的参与热情。

团讨的话题是开放的，没有明确的答案

在团讨活动中，教师要追随幼儿的兴趣和问题，引导幼儿在讨论中关注他人的发言。团讨的环境是开放的，没有固定的场地，根据团讨的内容，选择室内外适宜的场所。教师的态度是开放的，满足幼儿对团讨的需求，尊重幼儿的每一个想法和创意。

团讨活动中人人是主体，个个应参与

教师和幼儿都是互动的主体，在两者围绕团讨主题进行交互作用的过程中促进幼儿经验的生长，问题的解决或为下一阶段活动的延展提供相应的线索和方向。

聚焦有效组织团讨活动的教研活动应该关注以下问题：

- 团讨活动是怎样的？
- 如何确定团讨活动主题？
- 如何有效组织团讨活动？
- 如何观察和评价团讨活动的有效性？
- 如何调动幼儿参与团讨的积极性？

调研本园主要的相关问题

基于对团讨活动的认识和思考，教研组长需要考虑通过什么样的方式了解本园教师组织团讨活动的现状和存在的问题,为下一步制订教研计划做好预研究。

第一步:梳理调研内容

可以采用问卷调查和访谈的形式了解教师对"团讨活动"的认识,如"你如何理解'团讨活动'?""团讨活动中的有效互动体现在哪些方面?""你对团讨活动还有哪些困惑?"广泛收集教师关于组织团讨活动的问题、困惑,统计调查结果,根据问题确定教研内容。

可以采用现场调研的形式,观察和分析教师组织团讨活动的情况,如团讨主题的确立、团讨话题的设计、师幼互动情况等,确保在活动现场收集、寻找教研活动的内容(见表5-13)。

表5-13 ××幼儿园教师组织团讨活动调研表

调研时间		调研班级		调研人		组织人		
项目		评价要点				评价结果		
						好	较好	一般
团讨活动前的准备		主题确立: 团讨主题契合近阶段班级幼儿兴趣和需求,有团讨的价值和意义。						
		方案设计: 环节清晰,体现层次性、递进性; 准备充分,体现互动性(经验准备)						
团讨活动中的互动推进	教师	有效提问: 围绕团讨主题,问题有层次,促进幼儿积极思考。						
		无效提问: 问题宽泛;无根据、无意义的猜测。						
		有效回应: 追随幼儿的应答,聚焦问题,提炼小结,提升经验;合理追问,引发深度思考。						
		无效回应: 重复幼儿的回答;机械提示;未提供有用信息。						
		有效介入: 冷场、偏离主题、争议无法得到结论时,提供能吸引幼儿的材料、信息;能促进幼儿反思,询问解决的方法并引导幼儿做出合理的决定等。						

续表

项目		评价要点	评价结果		
			好	较好	一般
团讨活动中的互动推进	幼儿	有效应答： 围绕问题主动回应；提出解决问题的方法；创造性地表达等。			
		提出新的问题。			
		提出新的策略。			
分析与建议		团讨活动的形式、互动氛围、有效互动的频率、成效；存在的问题或解决的策略。			

第二步：分析调研问题

在调研的过程中和调研之后，可根据实际情况及需要，整理观察记录表，进行针对性的梳理和提炼。比如，某幼儿园在调研中发现以下共性问题及困惑。

➢ 团讨流于形式，采用师幼简单的对答方式，师幼互动的频率、有效性不足。
➢ 话题预设逻辑性、深入性不强，幼儿自主探讨的随意性较大，教师的支持、引导不足。

制订系列教研计划

接下来需要设计系列性的教研活动，以提升教师对团讨活动组织的认识和能力，促进教师专业发展，提高团讨活动质量。

围绕教研主题，思考循序渐进地解决问题的教研内容；思考不同类型的教研活动涉及的组织策略，如专家引领、集中讨论、小组协作、园际合作等；思考教研活动的时间周期、关注教师的个体差异等，让教研活动最大限度地激发教师有效互动的潜能，创造新的可能（见表5-14）。

表5-14 "幼儿团讨活动"系列教研计划（摘录）

教研内容与要点	教研方式	参与人员	活动时间
关于"团讨"的问题调研活动	现场调研	教研组长 各班教师	4月上旬
分享团讨活动中的经验、困惑和问题	小组教研	年级组长 年级组教师	
团讨活动中的有效提问和回应	集中教研	专家介入 全体教师	4月中下旬

续表

教研内容与要点	教研方式	参与人员	活动时间
集体式团讨活动的组织与指导研讨	集中教研	教研组长 全体教师	5月上旬
小组式团讨的组织与指导研讨	集中教研	教研组长 全体教师	5月中旬
辩论式团讨的组织与指导研讨	集中教研	教研组长 全体教师	
团讨活动优秀案例故事分享交流	案例分享	专家 全体教师	5月下旬

设计单次教研活动方案

设计和组织单次教研活动，应从教研目标、教研准备、教研过程、教研反思与跟进几个方面展开，引导教师主动参与教研。

教研目标

教研目标聚焦的是本次教研活动需要解决的具体问题，应该具有较强的针对性和可操作性，如围绕辩论式团讨活动的组织与指导问题，要解决幼儿园辩论活动的组织方式、策略问题。

目标1：分析辩论式团讨活动存在的问题，梳理辩论活动的规则、方式。

目标2：形成辩论学习的核心经验、发展阶段、教学策略，优化教师活动组织策略，提高团讨活动的质量。

教研准备

教研活动的准备包括人力、物力、信息资源的统筹规划，如展开教研活动所需要的场地、设施设备、观察评价记录表以及活动主题的预告，让教研活动的参与者有准备地参加活动。

经验准备：教师有组织辩论式团讨活动的初步经验。

物质准备：教研方案（PPT）、交流讨论的工具（勾线笔、素描纸等）。

教研过程

教研过程是教研目标具体落实和推进的过程。实施活动的各环节之间要关注内容的递进性、目标的达成度、教师的参与性等，使教研活动的参与者在深度互动中建构有意义的知识和经验。

环节 1：辩论——体验辩论活动的过程

以辩论的形式开展教研活动，引导每一位教师在辩论组中作为活动主体承担不同的任务，做出不同的准备。教师围绕一个相互对立的话题进行思考、对话，尝试从不同的角度看待问题，解释自己的观点并分析判断他人的观点，"展示一种民主平等、深度思辨、合作共建的教研文化"[1]。

组建辩论队，利用 15 分钟进行分工、资料收集、整理、分析、提炼辩论内容。

如甲方认为，团讨活动允许幼儿改变预设主题；乙方认为，团讨活动坚持引导幼儿完成预设主题。

➢ 话题辩论，轮流阐述、举手发言、自由辩论。

➢ 主持人小结。

环节 2：案例解析——达成辩论活动的共识

案例的选择要凸显案例与教研内容、目标的契合，能引发教师在具体的情境中互动研讨，更新观念，形成有价值、可推广的经验。新手教研组长可以选择书籍、期刊等优质文献资料中的案例，借助他人专业的经验，结合教研现场来及时调整、反馈，提炼正确的资源信息，为参与者提供有效的支持。

以《幼儿园开展辩论活动的问题与思考——以大班辩论活动"大人好还是小孩好"为例》[2]一文中的大班辩论活动"大人好还是小孩好"为例，分析和讨论以下内容，并以网络图的形式表征。

该案例中存在什么问题？教师该如何接住幼儿抛过来的"球"，及时把它变成问题再抛给幼儿，帮助幼儿在辩论活动中形成合作探究式的互动，在你来我往、循环式的持续交互中促进经验的生长。

环节 3：专业引领——理论提升

专业引领能有效保证教研活动的质量，为教师深度学习理论和实践方面的知

---

[1] 王惠静. 一次辩论式教研带来的思索[J]. 山西教育，2019（4）：42-43.

[2] 张政，李传江. 幼儿园开展辩论活动的问题与思考——以大班辩论活动"大人好还是小孩好"为例[J]. 幼儿教育（教育科学），2017（18）：19-23.

识提供机会，帮助其将原有经验上升为理性的教育经验与教育智慧。

阅读文章，讨论幼儿园辩论活动的规则、流程与价值是什么，教师在幼儿辩论活动中应注意哪些问题。

教师沙龙，讨论"辩论式团讨活动"的形式是怎样的，有怎样的发展价值，需要教师怎样的支持等。

> **小结**：请大家进一步学习并基于本班的近期团讨活动需要和幼儿发展需要，尝试组织一次辩论式的团讨活动，进一步调整和优化辩论式团讨活动的组织和指导策略。

教研反思与跟进

对"团讨活动"中有效互动的教研活动的评价与反思：设计教研活动评价与反思记录表，有利于帮助观察分析人员聚焦现场，客观地记录与分析，对教研活动中教师参与情况提出简明的参考依据，也可以作为教研组长、组员反思调整的参考，为后续改进、提升教师的教研活动设计与组织能力服务。例如，对"有效互动"的教研活动的评价与反思如表 5-15 所示。

表 5-15 聚焦"有效互动"的教研活动评价与反思记录表

时间		地点		研讨主题			
主持人		参与人员		观察分析人员			
项目	评价要点				评价结果		
					好	较好	一般
教研活动前的互动准备	主题确立： 基于园本实际，契合教师近阶段问题与需求。						
	方案设计： 环节清晰，体现层次性、递进性； 准备充分，体现互动性（主题预告、经验准备）。						

续表

项目		评价要点	评价结果		
			好	较好	一般
教研活动中的互动推进	主持人	有效提问： 围绕教研主题，问题有层次，有启发性，促进教师积极思考。			
		无效提问： 如大家来说说如何组织团讨活动。			
		有效回应： 追随教师的应答，聚焦问题，提炼小结；捕捉教师的想法，指导教师通过一定的途径获取相关信息。			
		无效回应： 如重复他人的回答。			
		有效介入： 冷场、争议无法得到结论时，适时地介入，避免无意义的讨论和纠结；深层次地启发教师思维碰撞和共鸣。			
	参与人	有效应答： 对自己的观点和他人的观点进行讨论、整合，积极应答；反思自己的经验或行为。			
		提出新的问题。			
		提出新的策略。			
		参与状态： 主动、全身心投入其中；消极对待，沉默等。			
分析与建议		活动时间把握；互动氛围；教研组长、组员、参与人员的互动频率、互动成效；下一步的建议或需求等。			

通过教研，教师对辩论式团讨活动的规则、流程与价值等达成初步共识，回归教育实践，实现教研活动与教育实践的有效互动，不断调整完善。

教师阅读周兢教授主编的《学前儿童语言学习与发展核心经验》的第三章"学前儿童辩论学习的核心经验"，读书组进行梳理、领读活动，进一步把握辩论学习核心经验的内涵、发展阶段、教学策略方法等。

大班年级组在课程审议过程中进一步学习、运用辩论学习核心经验的相关知识，研讨辩论式团讨活动的形式和发展价值、支持策略等，并在团讨活动计划中落实。

以班级为单位组织一次辩论式的团讨活动,教研组进一步跟进、研讨,观察反思活动的过程和结果。

梳理教研活动的阶段性成果

系列教研活动后,需要通过多种形式,关注教师对教研效果的评价、教研成果的运用与反馈,进一步梳理、完善阶段性成果,提升教师与幼儿互动发展的进程。

个人层面:借鉴合适的经验,主动应对团讨活动中计划、组织等方面的要求,形成自己的教育理念,优化策略,解决问题。撰写有关团讨活动的案例、论文等成果,不断自我反思,自我提升。

班级层面:关注本班幼儿的生活、学习和游戏,有重点地捕捉有意义的团讨主题,尝试运用不同的团讨形式组织活动,与班级教师、幼儿产生积极的交流与合作,持续跟进,提升团讨活动的质量和价值。

园部层面:通过活动展示、对外交流学习等加强教师间的合作、沟通,进一步促进教师对团讨活动价值、原则以及不同形式的团讨活动的组织与指导策略的认识与理解,形成推荐阅读书目、可借鉴的案例等。

持续跟进和落实教研成果

系列教研活动只是一项研究的暂告段落,持续跟进才能不断审视教研成果是否正确、有效。发现哪些问题还没有解决,哪些问题在实践中又产生了哪些新问题,可以结合团讨活动、教研活动记录表中的"评价要点"反思活动的有效性,通过教师个人、年级组以及园部层面在教育实践中持续推进、完善评价工具和材料,充实原有教研成果。

班级层面:通过日常实践,撰写有质量的团讨活动案例、论文、教育随笔等,在各种平台展示自己的能力与成果。

年级组层面:开展现场诊断、即时教研。结合日常活动,记录有关团讨活动形式、师幼互动策略的新发现,记录值得进行教研活动的新话题,聚焦当下,教研人员与一线教师对话,跟进指导,加深教师对团讨活动的意义、价值、影响因

素的理解。

园部层面：关注研究前后的连续性，规划后续的推进工作，如组织园内外的相互观摩、学术沙龙、研讨会，分享、学习优秀的经验，让教师关于团讨活动的理念更加科学、视野更加广阔，组织团讨活动的方法和策略更加符合儿童的需要、时代的需要。

需要注意的问题

提升教研团队专业能力

教研组长、组员除了做好本次教研活动的准备外，其文化素养、专业知识都是有效互动的基础。教研活动的互动效果是对教研团队的一种考验，这需要日积月累的锻炼和提升，需要通过专业阅读等多种途径提升教研组长组织有关有效互动的教研活动的能力。

发挥线上教研的作用

一次教研活动受时间、空间、参与人数、教师能力等多种因素的影响，其有效互动的次数、质量都有可能无法达到真正的深度教研。在网络大数据时代，可以通过线上教研，为教师创设一个时间充分、机会充分的互动平台，从而拓展互动空间，也便于后期的回顾、整理与经验推广。

第六章

有关家园共育的教研活动设计与实施

46. 如何设计与实施关于"家长进课堂"的教研活动?

思考教研内容

"家长进课堂"活动是指邀请家长到班级组织教育教学活动,有时又叫"家长助教"活动。它是家长参与幼儿园活动的重要路径之一,也是家长了解幼儿在园生活、学习情况的重要渠道。组织良好的家长进课堂活动能够为家园沟通和合作共育清渠引水。教研组长在开展"家长进课堂"的教研活动时需要关注以下几个方面。

家长在活动前、中、后的状态

活动前,家长对基本的教育教学活动组织流程有基本的了解,对参与活动有积极的期待;活动中,能够和幼儿亲密互动,并进行适宜的活动指导;活动后,收获来自教师和幼儿的积极反馈,期待参与下一次"家长进课堂"活动。

幼儿在活动前、中、后的状态

活动前,幼儿对"家长进课堂"活动充满期待和好奇,对活动内容有一定的经验准备;活动中,能够积极投入活动,并主动、大方地和家长对话;活动后,感受到活动带来的快乐,期待下一次"家长进课堂"活动。

开展"家长进课堂"活动的流程

确定适宜的内容:教师积极与家长沟通,了解家长的职业与兴趣、特长以及参与活动的意愿。教师根据家长意愿及班级主题活动的推进时序、季节特征和传统节日等时间节点,确定开展家长进课堂活动的内容。

选择合适的形式:教师与家长沟通,明确家长进课堂的活动目的,并根据活动的内容与家长共同商定适宜的活动形式,如集体、分组、个别等。

做好充分的准备:教师与家长沟通"家长进课堂"活动的注意事项、组织活动的基本要点等内容,做好物质和材料准备。

有序组织现场活动:教师协助家长开展活动,适当地给予积极行为的示范与提示,引导家长和幼儿互动、进行活动或游戏指导。

有效开展交流反馈：活动结束后，教师和家长进行交谈，共同探讨活动中展现的幼儿发展情况，为幼儿后续的学习与发展谋划家园共育的适宜方式，为家长提供科学的育儿建议。

作为教研组长，对高质量的"家长进课堂"活动有一定的了解后，需要思考如何通过教研活动引导教师设计和组织高质量的"家长进课堂"活动，可以从以下几个问题出发进行思考。

- 如何调动家长参与的积极性，依据家长资源选取适宜的活动内容？
- 活动前需要做好哪些方面的沟通和准备工作？
- 活动中，教师扮演怎样的角色？应该做什么，不应该做什么？
- 活动中，教师需要观察什么？如何协助家长开展活动？
- 活动后，教师如何与家长进行有效的反馈？

调研本园主要的相关问题

基本了解了高质量的"家长进课堂"活动要关注的几个方面，以及教研活动需要关注什么以后，就需要调研本园"家长进课堂"过程中的焦点问题，以便更有效、有针对性地提出解决方案。

第一步：梳理调研内容

可以通过教师自查、园部调研和家长问卷等方式，了解本园"家长进课堂"活动的内容、形式和组织策略等方面存在的问题，还可以通过访谈的形式了解家长的体验和建议以及教师的困惑（见表6-1）。

表6-1　家长进课堂活动观察表

时间		活动内容		观察者	
观察记录	家长		教师		幼儿
分析解读					

说明：记录组织过程中教师与家长之间的配合情况和幼儿的学习与发展。

家长访谈提纲

1. 您是主动报名还是班级教师邀请您参加此次活动的？您的心情如何？

2. 本次您开展的"家长进课堂"活动内容是什么？为什么选择这个内容？

3. 活动准备及开展过程中，您获得了教师哪些方面的支持？还希望获得哪些帮助？

4. 活动结束后，您最大的感受和收获有哪些？教师跟您沟通和交流了哪些方面的内容？

5. 你是否愿意再来参加"家长进课堂"活动？为什么？

6. 如果再次组织这样的活动，在内容选择、活动准备、活动组织、沟通协调等各个方面，您有什么建议和意见？

教师访谈提纲

1. 您认为是否有必要组织"家长进课堂"活动？它有哪些价值和意义？

2. 您在组织"家长进课堂"活动前、中、后会做哪些事情？

3. 您在组织"家长进课堂"活动中有哪些成功的经验和有效的策略值得与大家分享？

4. 您在组织"家长进课堂"活动中遇到的最大问题和困难是什么？

第二步：思考调研方法

可以在"家长进课堂"活动开展前、后对家长和教师进行访谈，并依据调研的时间适当调整访谈内容。在"家长进课堂"活动中进行观察，了解活动中教师与家长的配合情况，深入分析家长的需求。

活动前访谈：对教师进行访谈。访谈能够帮助教师厘清"家长进课堂"活动组织和实施的要点，深入思考"家长进课堂"活动设计和实施的问题，以便设计和组织高质量的"家长进课堂"活动。

活动中观察：观察和分析"家长进课堂"活动内容选择的适宜性、组织流程

的合理性，以及教师与家长配合的情况，幼儿的学习与发展等。

活动后访谈：在活动后及时访谈教师和家长，此时他们的感受和收获都是最多的，访谈的效果最好。

第三步：分析调研问题

调研的目的是为教师提供反思、厘清现实问题和实际需求的机会，从而梳理出共性问题，确定后续教研活动的主题、推进教研进程等。教研组长需要从家长和教师两个方面分析问题。

分析家长的需求：教师需要从期待、困惑、收获三个维度入手，梳理家长个性化的反馈，从中整理出家长对于活动的价值判断（期待）、家长在操作过程中遇到的困难（困惑）、家长在活动结束后开展家园共育和沟通的契机（收获）。通过客观、详尽的分析，发现家长的期待、行为和收获背后的关联性。

分析教师的差异：不同发展阶段的教师，其困惑和需要解决的问题不同。例如，新手教师面临的问题主要是自身缺少教育活动组织的经验，不能有效地指导家长开展活动；成熟型教师的困惑是已经积累了一定的家长工作经验，也有丰富的教学活动组织经验，能够有效指导家长开展活动，但是在活动中欠缺梳理经验的意识，无法提炼出可操作、推广的策略。

制订系列教研计划

教研组长通过前期调研了解了教师与家长前期沟通、准备活动、现场观摩、活动后交流等各环节中存在的切实困难之后，就可以根据问题和需求制订问题导向的系列教研活动计划（见表6-2）。

表6-2 家长进课堂活动系列教研计划

教研内容与要点	教研方式	参与人员	活动时间
"家长进课堂"问题调研活动	级部教研课程审议	年级组长级部教师	3月1日—3月5日
"家长进课堂"现场观摩活动	现场调研	教研组长各班教师	3月8日—3月12日
"家长进课堂"组织策略研讨	集中教研	专家介入全体教师	3月17日

续表

教研内容与要点	教研方式	参与人员	活动时间
小班"家长进课堂"案例研讨	级部教研课程审议	年级组长级部教师	3月17日
中班"家长进课堂"案例研讨	级部教研课程审议	年级组长级部教师	3月17日
大班"家长进课堂"案例研讨	级部教研课程审议	年级组长级部教师	3月24日

设计单次教研活动方案

在系统了解了"家长进课堂"系列教研活动设计思路之后，需要思考如何设计与组织一次具体、完整的教研活动，以保证教研活动目标落实。以下将从教研目标、教研准备、教研过程、教研反思与跟进几个方面介绍"小班家长进课堂活动案例研讨"的教研活动方案。

教研目标

教研目标应该明确描述本次教研活动需要解决的主要问题，以及解决问题的措施和策略等，可以体现为"家长进课堂"活动的内容梳理和教师组织指导能力两个方面。

目标1：通过案例分享的方式，梳理和分析适合小班幼儿的"家长进课堂"活动内容。

目标2：通过研讨活动，引导教师梳理开展"家长进课堂"的成功经验和有效策略。

教研准备

家长的经验、需求和困惑是活动准备的重要内容，可以邀请有经验的家长参与教研活动。

经验准备：本班已经开展过"家长进课堂"活动；教师与家长进行过交流与反馈。

物质准备：教研方案（PPT）、2K素描纸、彩笔、各班家长进课堂活动方案。

其他准备：邀请有经验的家长参与教研活动。

教研过程

教研过程以多元化的形式呈现"家长进课堂"的真实案例和问题，引导教师层层递进，梳理经验，分析解决问题。

环节1：案例分享——共研价值

各班分享"家长进课堂"活动的案例，分析该活动的价值和意义以及对幼儿经验提升和拓展的作用。

环节2：案例解析——共研策略

基于案例的分享，引导教师从活动前的准备、活动中的组织和活动后的反思等几个方面梳理其中的成功经验和存在的问题，共同分析其中有效的组织策略。

环节3：案例延伸——共研资源

通过分享和探讨，根据小班幼儿的年龄特点梳理适合小班的内容及主题，尝试结合幼儿园主题课程活动重新整合家长进课堂资源调查清单，形成新的、协同幼儿学习与发展经历的"家长进课堂"内容及时序进度表。

> **小结**：请大家在后续的活动推进中，借鉴今天大家的思考成果，进一步梳理本班的家长资源，开展更为适宜的"家长进课堂"活动，并从优质的活动案例中学习适宜的教育教学活动策略。

教研反思与跟进

现场活动结束后，后续的持续反思和教研跟进才能更好地让研讨中碰撞出的火花成为实际指导家长进课堂的有效手段。

班级层面：班级教师可以进一步梳理和丰富本班的家长资源，制定新的、更适合本班幼儿学习与发展的家长进课堂活动菜单。

年级组层面：进一步收集优质的相关案例，进行专题研讨，形成本年龄段主题活动的家长进课堂课程资源清单。

梳理教研活动的阶段性成果

系列教研活动后，教师和家长的教育观念和实践都会发生一定的转变，而观念的落地还需要后期教研成果的梳理，从而进行进一步可行性的验证。教师可以撰写相关的反思、总结性论文，以内化观念、梳理经验，指导后续的教育实践。

班级层面：教师通过家长调查问卷，形成班级个性化的家长进课堂的内容资源，撰写教育故事、学习故事、论文等，提升总结与反思的能力（见表6-3）。

表6-3　家长进课堂活动资源调查表

班级：_____　　　　　　　　幼儿姓名：_____

家长姓名	您与幼儿的关系	您的职业	您的兴趣爱好

"家长进课堂"的活动内容：

级部层面：梳理各班家长资源，建立年级组家长进课堂的资源库，形成班级之间沟通、交流、分享的机制，让本班的家长资源服务于年级组其他班级。

园部层面：园部通过系列的教研活动，形成关于家长进课堂的课程活动资源（见表6-4）。

表6-4　家长进课堂活动课程资源清单

年龄段	活动内容	活动主题	家长进课堂内容建议
小班	1. 妈妈讲故事 2. 体育游戏 3. 烹饪体验	幼儿园真好	"小阿力的大学校"
		盒子玩玩乐	"爸爸的大鞋"体育游戏
		过新年啦	"好吃的年夜饭"烹饪体验
中班	1. 竞技游戏 2. 益智游戏 3. 创意美术	快与慢	"3V3"足球大战
		好热的夏天	"光影的秘密"益智游戏
		在秋天里	"落叶跳舞"树叶贴画
大班	1. 科学实验 2. 百科分享 3. 职业体验	有电真好	"神奇的植物电"科学实验
		动物小问号	"动物仿生学"科学小论坛
		长大的我	"警察（消防等）进校园"职业体验

持续跟进和落实教研成果

后续的"家长进课堂"活动质量,才是教研活动质量最真实的反馈。持续的跟进能够让教研成果更好地落实到实践中,进一步支持教师的家长工作与日常教育教学,并在实践中不断完善教研成果,需要从班级教师、年级组、园部三个层面进行进一步的调研跟踪、观察和指导。

班级层面:将阶段性的教研成果分享给每个班的教师,利用线上平台将通过教研制定的家长问卷、相关家长学校讲座内容推送给家长,不断丰富班级内与家长职业、兴趣相关的活动内容资源库,定期收集和整理家长进课堂活动的掠影、故事,形成良好的班级共享资源和家长来园参与活动的氛围。

年级组层面:针对本年级的幼儿年龄特点,开展级部内关于家长进课堂本年龄段指导策略的进一步教研,在研讨中不断丰富对于指导家长开展各类教育教学活动的专业知识与能力。

园部层面:持续推进"家长进课堂"园部层面的教研活动,结合课程审议,不断完善园本家长工作的目标、计划、实施与评价,并在实施过程中形成经典案例和资源库。

需要注意的问题

关注不同教师的需求

开展教研活动时,教研组长要关注不同教师的需求。例如,指导新手教师观摩骨干教师开展的家长进课堂活动;让新手教师通过提问、答疑的形式巩固对于活动组织策略的掌握。

关注家长教育理念的转变

开展"家长进课堂"的教研活动时,要关注家长教育理念的更新。邀请家长参与教研是很好的方式,但是教研组长需要思考如何发挥好家长在教研中的作用,避免"旁听"的形式主义。如果这一类型的教研活动能促进家长教育观念的转变,在家园之间形成支持幼儿学习与发展的合力,那么这样的教研活动就体现出了高质量。

47. 如何设计与实施关于"家长开放日"的教研活动?

思考教研内容

家长开放日是指幼儿园邀请家长观摩班级常态化的半日活动。家长开放日活动有助于家长了解幼儿在园半日活动的内容和流程,以及幼儿集体生活中真实的状态,还能够引发家长反思自身的教育观念与方式,促进良性亲子关系的发展。

教研组长需要引导教师关注"家长开放日"的价值、内容、组织流程、师幼互动、家长参与等情况。在开展教研活动时,教研组长需要关注以下几个方面。

做好充分的前期准备工作

教师要关注家长半日开放日活动的良好体验,提前做好各方面的准备工作。首先与园部汇报,避免活动冲突,与门卫协调家长入园的相关安全工作等。其次,活动前提前告知家长当天活动的时间、内容和组织流程,并提醒家长参与开放日活动的注意事项,如准时参加、穿着得体、尊重其他家长和幼儿等。

真实展现幼儿在园生活

家长开放日活动需要为家长真实地展现幼儿在集体中的生活和学习活动。教师应该按照日常的作息和组织流程引导幼儿活动,真实展现师幼关系、幼幼关系。

为家长观察幼儿提供支架

教师可以为家长提供观察幼儿学习与生活发展情况的适宜指导,如提供观察要点、观察记录表等,引导家长科学合理地观察和评价幼儿在园情况。促进家长更科学、直观地了解幼儿,为后续有效的家园沟通建立基础。

家长开放日活动各环节组织要点

晨间来园:教师热情迎接幼儿和家长,帮助幼儿和家长获得积极的入园体验。幼儿能够独立自主地完成晨间各项准备工作,不依赖家长;家长能够关注幼儿独立性的培养,遵守班级作息时间和常规要求,尊重其他幼儿、家长和教师。

户外活动：教师能够按照常态化要求做好准备活动和放松活动以及活动前的安全检查；邀请家长参与活动，组织趣味性亲子体育游戏；家长在与幼儿的互动中，观察和了解幼儿身体动作的发展情况。

　　过渡环节：保教人员分工合作，配合默契，较少出现消极等待现象；幼儿具备良好的生活卫生习惯，自主完成各项生活环节；家长观察幼儿自理能力的发展情况，不包办代替。

　　教学活动：教师生动有趣地开展教学活动；幼儿积极主动地参与教育教学互动，注意力集中并愿意发表自己的想法；家长通过观摩活动，了解幼儿的学习习惯及领域发展情况。

　　区域游戏：教师尊重幼儿的游戏选择，支持幼儿体验自由、自主、愉悦的游戏体验；幼儿能够自主选择区域游戏，有一定的计划意识；家长以旁观者或合作游戏者的身份参与游戏，了解幼儿同伴交往、区域学习等发展情况。

　　教研组长对"家长开放日"活动有了基本的了解，并做了必要的相关研究之后，需要思考"家长开放日"教研活动应该关注什么。

- 如何基于课程视角引导幼儿参与家长开放日的准备活动？
- 应该为家长提供哪些观察的支架？如何为家长提供适宜的观察支架？
- 如何优化家长开放日各环节的组织和观察要点？
- 如何引导家长做好后续的交流和反馈工作？

调研本园主要的相关问题

　　基本了解了"家长开放日"活动需要关注的几个方面，以及教研活动应该关注的问题后，需要了解和思考本园"家长开放日"活动存在的主要问题。

　　第一步：梳理调研内容

　　调研各班家长开放日活动的文本资料，分析和解读家长开放日活动内容、组织流程、交流反馈等方面的成功经验和存在的问题。通过与教师访谈，了解教师对家长开放日活动的态度、认知、组织经验和策略等。

> **教师访谈提纲**
>
> 1. 您认为有没有必要定期组织家长开放日活动？为什么？
> 2. 您认为家长开放日活动和日常幼儿园生活有没有区别？为什么？
> 3. 您认为家长开放日活动和其他形式的家长活动有没有区别？为什么？
> 4. 您认为怎样的家长开放日活动是高质量的？
> 5. 家长开放日活动前，您会做哪些准备工作？如何做好家长需求调查？
> 6. 家长开放日当天，在各个环节观察什么？如何有效组织和指导家长在班级开展观摩活动？
> 7. 您认为家长开放日活动还存在什么样的问题？有什么建议？

第二步：思考调研方法

调研活动的开展需要与园部家长开放日的安排同步筹划，作为家长开放日的筹备工作之一，调动家长、教师、园部管理层共同参与问题调研，分析不同受众参与活动的目的及问题所在。

家长需求及参与意愿调研：通过线上问卷的形式，了解参与过及未参与过开放日活动的家长对于参与家长开放日的态度和需求。

教师日常教学组织能力调研：在同一时间段，对不同年龄段、不同专业发展阶段的教师开展半日活动保教质量调研，了解教师组织和指导幼儿的情况。

园部管理层活动筹备与设计情况调研：通过访谈和案例回顾的形式，了解园部对于家长开放日的目的、环节、内容的设计意图，寻找家长参与和教师组织这两个方面可以从源头解决问题的路径。

第三步：分析调研问题

分析各类人员在观念、行为上存在的问题，最终将问题对接到家长开放日的筹备中，逐一解决问题，从而更好地提高活动的质量，让所有组织者和参与者都有收获。比如，某幼儿园家长开放日问题调研后发现的问题如下。

> ➢ 活动目标制定不够全面。教师、园长、其他岗位的幼教工作者没有充分认识到幼儿园举办家长开放日活动，受益者不仅是家长，教师和幼儿也获得了发展。

> 活动组织中家长、幼儿参与度低，开放性不足。教师和园部虽然都为活动做了细致的准备，但家长和幼儿很少参与活动的筹备，并且计划制订好以后基本上不会改变。
> 活动开展中家长体验缺失。在组织家长开放日活动时，对家长体验的重视程度不够，家长无所事事或着急于包办代替幼儿的自我服务事项。

制订系列教研计划

发现问题、分析原因后就可以设计系列教研计划，思考教研活动要解决什么问题、用什么样的方式开展教研活动、什么时候开展教研活动、每一次教研活动谁来参加等。家长开放日是面向家长的开放活动，在制订教研计划时需要关注家长的参与问题（见表 6-5）。

表 6-5 "家长开放日"系列教研计划

教研内容与要点	教研方式	参与人员	活动时间
关于"家长开放日"的问题调研活动	现场调研	教研组长 各班教师	2月22日—2月26日
关于"家长开放日"的阅读分享活动	自主阅读 读书沙龙	读书组 各班教师	3月1日—3月5日
高质量家长开放日各环节设计与实施注意要点	集中教研	专家介入 全体教师	3月10日
小班家长开放日活动案例研讨	级部教研 课程审议	年级组长 家长代表 级部教师	3月16日
中班家长开放日活动案例研讨	级部教研 课程审议	年级组长 家长代表 级部教师	3月17日
大班家长开放日活动案例研讨	级部教研 课程审议	年级组长 家长代表 级部教师	3月18日
家长开放日活动方案研讨	分组研讨 专家点评	专家介入 全体教师	3月25日

设计单次教研活动方案

在实施具体的教研活动之前,需要制定单次的、完整的教研活动方案,以保证教研活动目标落实和教研的质量。以下将从教研目标、教研准备、教研过程、教研反思与跟进几个方面介绍"家长开放日各环节设计与实施注意要点"的教研活动设计与实施。

教研目标

"家长开放日"活动的目标在于提高教师的家长工作质量,需要有一定的过程性策略作为实现目标的支架。

目标 1:通过分组研讨和分享,就本年级幼儿发展年龄特点,设计适宜的半日活动流程,并发现其中存在的问题。

目标 2:通过情境分享与经验分析,梳理家长开放日的各环节中家长观察和参与的重点,尝试设计家长观察记录指引。

教研准备

了解家长的经验、需求和困惑是活动准备的重要内容,可以收集家长调查问卷或邀请感兴趣的家长参与教研活动。

经验准备:开展过家长开放日活动,并曾和家长就此活动进行交流和反馈,对幼儿年龄特点有一定把握,了解适合本年龄段幼儿发展的适宜活动形式。

物质准备:教研方案(PPT)、绘本若干、2K素描纸、彩笔、理论书籍。

教研过程

教研过程的设计需要对标真实的问题。可通过多元化的形式呈现调研中发现的真实现象,以促进对于现象的问题分析,从问题入手找到解决方法。

环节 1:头脑风暴——针对家长开放日的价值及环节达成共识

教师根据自己所教年龄段进行头脑风暴,通过小组交流的形式总结和整理家长开放日活动对家长、本年龄段幼儿发展等方面的价值,再通过集体交流,从各年龄段的流程区别中进一步明确对幼儿发展的价值和活动开展的目的。

个人层面:根据自身带教的年龄段,利用 5 分钟回忆和梳理家长开放日的价值及各环节注意要点。

小组层面：同一年龄段的教师自动成为一组，在小组内利用15分钟分享自己的反思和梳理结果，并通过书面记录整理达成共识的价值及各环节组织要点。

集体层面：在集体范围内，每个小组利用3分钟分享不同年龄段的家长开放日对幼儿发展、家园共育、教师组织能力的价值，以及活动的基本环节，并用10分钟讨论各环节中存在的问题。

环节2：情境导入——分享家长参与开放日的方式

通过情境再现的形式，回顾家长参与活动时的典型状态，开启关于参与开放日活动方式的话题研讨。

情境表演，这种直接感受的形式能够用活泼的方式更好地激活教师们关于活动组织、设计和家长参与的已有经验，奠定轻松活泼的沙龙研讨氛围。

根据情境中展现的几位家长参与活动的状态，如无所事事、包办代替、急切关注等，请教师分析情境表演中的状态是否适宜，为什么家长会有这样的状态，并寻找解决问题的办法。

环节3：专业引领——理论提升

专业的理论引导，能够丰富教师有关关系建构、活动组织等方面的知识与理论。例如，后现代课程理论提示教师正确看待自身在开放日活动中的作用，摒弃权威，调动更多民主化的行为；布朗芬布伦纳的生态系统理论启示家长开放日活动对幼儿发展的重要性，以及在内容选择时需要有递进性，鼓励家长多多参与；社会互动理论指导我们要关注家长在开放日中的体验感，设计丰富的活动鼓励家长参与，并关注其各种行为表现，分析其背后的教育观念和教养态度。

> **小结**：通过大家积极地分享和梳理，在专家的引领下，大家对本年龄段家长开放日的价值和基本环节都有了一定的把握，后续需要大家继续细化方案，进一步提出可行的方案，解决方才遗留的问题。

教研反思与跟进

在现场活动结束后，后续的持续反思和教研跟进能够更好地让教师在研讨中碰撞出的火花成为更为适宜的家长开放日方案。

班级层面：将思考和梳理后的价值成果运用到后续的家长访谈中，收集更多家长参与开放日的意愿，丰富方案设计，形成班级个性化的开放日活动方案。

年级组层面：整理适合本年龄段家长开放日优秀方案及实录，在级部活动开展后进行主题研讨，促使教师想出鼓励家长参与开放日活动、支持幼儿学习与发展的策略。

园部层面：在线上平台推送家长开放日征集家长意愿的消息，统一整理和审议，丰富活动计划，形成园部层面活动实施的优秀案例，进行分享，营造家园之间互通、互惠的交流氛围。

梳理教研活动的阶段性成果

在教研活动后，高质量地开展家长开放日活动就是最好的教研成果，也是新一轮教研行动的起点。

班级层面：教师通过整理家长调查问卷和现场观察记录，不断完善家长参与家长开放日的活动路径，形成本年龄段家长开放日的活动组织专业指导的经验梳理，撰写教育故事、学习故事、论文等，提升总结与反思的能力。

级部层面：级部作为教师计划和实施家长开放日的学习共同体，通过分工合作，形成筹备活动的组织手册，提高组织效率，形成级部活动案例。

园部层面：园部通过系列的教研活动，形成关于家长开放日的系列活动案例资源，支持家长、幼儿、教师有计划、有准备地充分参与开放性的家园活动（见表6-6）。

表6-6 小班上学期家长开放日观摩半日活动流程及观察重点

环节	家长观察要点
来园活动、自主活动	幼儿晨间来园晨检、上下楼梯、插牌、洗手、礼貌问好等习惯。
早点	幼儿享用点心情况，以及取放杯子、拿点心倒饮料时自主等待的常规。
教育教学活动	幼儿在集体教学活动时的专注度，大胆表述自己的想法的能力。
户外体育游戏	与幼儿一起参与体育活动，关注幼儿的动作发展情况。幼儿自主洗手、如厕、叠放衣服、喝水等自我服务能力。
自主游戏	幼儿选择区域的情况，在游戏中与同伴的交往情况，幼儿游戏材料的收归情况。

持续跟进和落实教研成果

后续的家长开放日活动质量,才是教研活动质量最真实的反馈。持续的跟进能够让教研成果更好地落到实践中,进一步支持教师的家长工作与日常教育教学,并在实践中不断完善教研成果,需要从班级教师、年级组、园部三个层面进行进一步的调研、跟踪观察和指导。

班级层面:将阶段性的教研成果分享给每个班的教师,利用线上平台将通过教研活动形成的家长观察记录指引推送给家长,不断丰富家长开放日内容资源库,及时收集和整理家长参与开放日活动的反馈,并将其分享在班级群,营造良好的家长来园参与活动的氛围。

年级组层面:针对本年级组幼儿的年龄特点,开展级部内关于家长开放日本年龄段活动设计及指导策略的进一步教研活动,在研讨中不断丰富指导家长获得适宜的家教知识、能力的方法。

园部层面:持续推进"家长开放日"园部层面的组织与协调,定期开展活动审议,不断完善开放日目标、计划、实施与评价,并在活动开展的过程中形成经典活动方案案例和园部层面的资源库。

需要注意的问题

全局目标意识

教研组长在组织教研活动时,不仅要关注教师的组织和指导策略,还要关注幼儿、家长的实际需求,避免教师本位的思想,进而形成有针对性的、适宜的指导性策略。

全园调动意识

"家长开放日"教研活动需要得到幼儿园管理层的支持,如优化活动准备流程和教师工作结构,加强教师之间的配合,减少重复劳动,提高工作效率等,这些都需要教师前期和管理层达成共识。

48. 如何设计与实施关于"亲子共读"的教研活动？

思考教研内容

"亲子共读"是亲子在家庭中开展的阅读活动，强调亲子之间在阅读时的沟通与互动，是幼儿参与阅读活动、培养亲密关系的重要途径，直接影响幼儿未来自主阅读能力的发展。亲子共读活动中，幼儿和共读者选择适宜主题的绘本，在舒适、温馨的阅读环境中，就绘本展开用语言、肢体动作等进行表现的有效沟通与交流，有助于幼儿在情绪、情感、阅读能力、阅读习惯等方面获得积极的阅读体验，这样的亲子共读活动质量较高。因此，就高质量的"亲子共读活动"来说，其影响因素如下。

家长态度：家长能够树立正确的亲子共读观念，认识到早期阅读对幼儿审美、智力、道德教育的积极影响。家长注重在共读活动中培养幼儿良好的阅读习惯与阅读兴趣。家长能不以识字等功利性的心态和幼儿共读绘本，而是在共读中传递呵护、关心幼儿的情感态度。

绘本选择：家长能够通过优良的自媒体、权威媒体、专业书籍、专业培训等途径，丰富对绘本的了解，并在班级等平台的积极分享、推荐中选择适合幼儿年龄特点、个性化需求的绘本。

共读环境：家庭的亲子共读活动具有一定的计划性，在相对固定的时间和环境中开展，阅读的角落宽敞、明亮而温馨，书目有一定的流动性和可选择性，单次共读的时长有保障，如小班10~15分钟、中班15~20分钟、大班20~30分钟，如果幼儿兴趣较高可适当延长时间。

共读行为：家长在亲子共读活动中有一定的互动技巧，如用讲述、扮演、陪读等方式，激发、满足幼儿的阅读兴趣。通过情境、封面导入故事，根据故事采用有趣的提问、回应等方式培养幼儿的阅读习惯。

资源支持：幼儿园作为专业的保教机构，可以为家长推荐科学、适宜的绘本，开展主题、系列的班级共读活动，通过图书漂流等形式共享资源，利用家园合作

支持亲子共读活动。

在了解了高质量"亲子共读活动"的影响因素后,需要进一步思考"亲子共读"的教研活动应该聚焦哪些基本问题。

- 家长态度:如何充分了解家长对于亲子共读的态度与需求?面对个性化的需求如何回应?
- 绘本选择:优秀的绘本星河璀璨,幼儿的兴趣也各有千秋,那么如何为家长提供科学、适宜的绘本选择建议?
- 共读环境:每个家庭的家庭关系和实际情况都有所不同,如何提供适宜的建议?
- 共读行为:如何指导家长掌握高质量的亲子共读技巧和策略?

调研本园主要的相关问题

可以利用线下小型家长会或线上个别交流等形式进行家长访谈,了解家长关于亲子共读活动的态度与具体开展情况。发现亲子共读活动中家长现实的需求和实际存在的问题,了解接下来具体指导的侧重点。

第一步:梳理调研内容

根据亲子共读活动中的影响要素,设计访谈提纲,了解家长对于亲子共读活动的具体态度、绘本选择的倾向、家庭中实际的共读环境及共读方式等情况。

亲子共读活动访谈提纲

1. 家长对亲子共读活动的态度
   - 您的孩子喜欢看绘本吗?他自己看还是跟您一起看?
   - 您认为家长陪伴看好还是孩子自己看更好?为什么?
   - 您陪伴孩子看绘本时,引导孩子关注图画还是文字?
2. 家长对绘本的选择
   - 您会为孩子选择什么样的绘本?为什么?
   - 您会让孩子参与选择绘本吗?

> ➤ 在选择绘本时有哪些困难？
3. 家庭中的共读环境创设
> ➤ 孩子的绘本一般放在哪里？是否有专门存放绘本的地方？
> ➤ 您一般在什么地方跟孩子共读绘本？

第二步：思考调研方法

可以先由教师开展个别访谈，做好详尽、具体的记录，对访谈提纲的适宜性和实际访谈中遇到的情况进行分享与探讨，对访谈提纲进行进一步的完善，增进其可操作性和实用性。要把握不同年龄段访谈的重点，并对幼儿在家庭中的亲子关系、阅读兴趣、阅读习惯有前置了解。

第三步：分析调研问题

调研过程中，教师需要与家长对话，用整体的眼光分析真实的情况，从资源的角度出发思考问题。除此之外，还可以从以下角度分析家长的反馈。

分析个性需求背后的普适性原因：对于家长提出的个性化需求，需要教师研讨其背后的普适性原因，从而提升教师诊断问题、提供适宜性策略的专业能力。例如，由于不重视亲子共读而导致的系列问题，需要从家长的态度着手进行指导与干预。

分析共性问题中差异化的家庭背景：当亲子共读活动开展过程中的问题归因到家长的态度这一共性问题后，策略的选择又因家庭背景的差异需要采用不同的指导策略。如果是因为家长不知道买什么书，那么可通过提供可操作的、便利化的资源，为家长节约时间成本，提高效率。

制订系列教研计划

教研组长通过前期调研梳理实际存在的问题、了解教师在指导过程中切实的困难之后，就可以根据问题和需求制订问题导向的教研计划。可将家长工作的部分内容纳入教研计划中。

表 6-7 "亲子共读"系列教研计划

教研内容与要点	教研方式	参与人员	活动时间
关于"亲子共读"的访谈提纲研讨	个别访谈 小组教研	教研组长 骨干教师	2月22日—2月26日
家长沟通技巧分享	案例分享 专业讲座	专家介入 全体教师	3月1日
关于"亲子共读"的阅读分享	阅读打卡 读书沙龙	读书组 各班教师	3月2日—3月5日
亲子共读活动价值梳理	集中教研 头脑风暴	专家 全体教师	3月8日
小班家长访谈案例研讨	级部教研 课程审议	年级组长 级部教师	3月16日
中班家长访谈案例研讨	级部教研 课程审议	年级组长 级部教师	3月17日
大班家长访谈案例研讨	级部教研 课程审议	年级组长 级部教师	3月18日
问题及指导策略梳理	头脑风暴 专家点评	专家 全体教师	3月25日
课程活动及绘本资源库梳理	线上征集 集中教研	教研组长 各班教师	4月1日
亲子共读家园合作活动方案研讨	案例分享 课程审议	教研组长 各班教师	4月8日

设计单次教研活动方案

在实施具体的教研活动之前，需要制定详细、完整的教研活动方案，以保证教研活动目标的落实。以下将从教研目标、教研准备、教研过程、教研反思与跟进几个方面介绍"亲子共读活动价值梳理"教研活动的设计与实施。

教研目标

"亲子共读"教研的目标在于提升教师组织和实施亲子阅读活动的能力，以及阅读指导能力，因此"亲子共读活动价值梳理"教研活动目标制定如下。

目标1：通过情境体验与案例分享，梳理亲子共读活动中的基本要素与高质量亲子共读活动的基本特点。

目标2：通过阅读分享、理论学习，基于对亲子共读影响因素的分析，梳理和解读指导亲子共读的策略。

教研准备

了解家长的经验、需求和困惑是活动准备的重要内容。收集家长调查问卷，邀请有共读经验和参与兴趣的家长参与教研活动，是教研准备的重要抓手。

经验准备：开展过班级范围内的家园合作式亲子共读活动，在家庭中、班级区角内有陪伴幼儿进行早期阅读的经验。

物质准备：教研方案（PPT）、绘本若干、2K素描纸、彩笔、亲子共读活动视频。

教研过程

教研过程的设计需要对应真实的现象和实际的问题，通过多元化的形式呈现调研中发现的真实现象，以促进对于现象的问题分析，从问题入手找到解决的方法。

环节1：情境导入——分享亲子共读活动的实践经验

亲子共读几乎每天都在每个家庭中发生，通过情境再现的形式回顾典型的亲子共读场景，有助于开启关于亲子共读活动分享的话题研讨。

情境观摩：情境表演，这种直接感受的形式能够用活泼的方式更好地激活教师关于指导亲子共读的已有经验，奠定轻松活泼的沙龙研讨氛围。

教师沙龙：根据情境中展现亲子共读的几个关键要素，如家长的态度、共读的环境、绘本的选择、共读的行为、外部的支持等，分析情境表演中的观点、方式是否适宜，并分享自己的日常经验。

环节2：头脑风暴——形成亲子共读活动的策略

根据情境导入中散点式梳理的亲子共读可行性经验，教师们选择自己喜欢的绘本进行头脑风暴。通过小组交流，总结和整理单一主题下的绘本及其适合的年龄段和对幼儿发展等方面的价值，再通过集体交流，丰富大家对于各主题绘本的价值的理解。

个人层面：选取一本自己感兴趣的绘本，利用10分钟独立写出该绘本对幼儿发展的价值，及其适合的年龄段与共读形式。

小组层面：选择类似主题的教师自动成为一组，在小组内利用20分钟分享自己选择的图书并通过书面记录整理本小组成员选择的绘本主题所包含的共读价值和适宜的亲子共读形式。

集体层面：在集体范围内，每个小组用3~5分钟分享不同主题下的绘本，及其对幼儿发展的价值以及可行的亲子共读策略。

环节3：专业引领——理论提升

专业的理论引导能够帮助教师获得丰富的早期阅读发展知识与理论，如亲子共读中的互动类型、策略及对幼儿的影响，在此基础上为家长提供更为科学的共读指导。

分享阅读的理论、建构主义的理论以及通俗读物《好绘本如何好》、周兢教授主编的专业论著《早期阅读发展与教育研究》。通过前期阅读，教师可以在教研活动中就以下问题进行分享。

➢ 好绘本需要具备哪些要素？
➢ 如何将早期阅读发展与教育的理论运用到实际的亲子共读活动中？

小结：请大家进一步梳理挑选适宜绘本的依据，并不断丰富以班级、年级、园部为单位的绘本资源库，增强亲子共读的绘本可选择性。在此基础上进一步思考，如何根据幼儿的特点选择适宜的绘本，开展何种形式的亲子共读活动。

教研反思与跟进

在现场活动结束后，后续的持续反思和教研跟进能够更好地让教师在研讨中碰撞出的火花成为指导亲子共读的有效手段。

班级层面：将思考和梳理后的价值成果运用到后续的家长访谈中，收集亲子共读活动案例，进一步链接理论与实操。

年级组层面：整理适合本年龄段的绘本清单，进行班本化亲子共读启动活动的研讨，提高家长和幼儿参与亲子共读活动的积极性。

园部层面：在线上平台推送关于绘本阅读的价值及亲子阅读互动小妙招，开放板块供家长和幼儿投送亲子共读的视频、音频，发起园部内亲子共读的系列活动。

梳理教研活动的阶段性成果

成果的梳理能够更好地指导后续的教育实践。在亲子共读教研活动后,教师可以撰写相关的反思、总结性论文,以掌握指导家长进行亲子共读的技巧。

个人层面:教师通过亲子共读活动的实践,形成相关的班本化"亲子共读"案例及本年龄段幼儿早期阅读专业指导的经验梳理,撰写教育故事、学习故事、项目活动、论文等,提升总结与反思的能力。

班级层面:吸纳更多的家长资源,共同建立班级绘本推荐资源库,营造家长之间沟通、交流、互鉴的氛围,使家庭与家庭、家庭与幼儿园之间形成合力,构建学习共同体,如利用信息化手段在班级范围内开展亲子阅读系列活动。

园部层面:园部通过系列的教研活动,形成关于亲子共读家园共育活动的系列课程,支持幼儿、教师、家庭有计划、有准备地参与个别、小组、集体等多种形式的早期阅读活动(见表6-8)。

表6-8 中班亲子共读活动书目推荐(节选)

序号	主题	推荐书目
1	我们相亲相爱	《彩虹的尽头》 《小老鼠和大老虎》 《鸭子骑车记》 《小老鼠快乐的一天》
2	快乐运动	《嗨,身体的各位!》 《我们的身体》
3	在秋天里	《落叶跳舞》
4	快与慢	《我先!我先!》 《咦?堵车了》
5	冬爷爷来了	《冬天里,去捉虫》 《乌干菜 白米饭》(江浙过冬指南)
6	会长大的春天	《自然图鉴》 《一园青菜成了精》 《奶奶的花园》 《奶奶的菜园》
7	动物王国真奇妙	《一闪一闪小银鱼》 《动物眼中的世界》

续表

序号	主题	推荐书目
8	我们的家	《我家是动物园》 《朱家故事》 《驴小弟变石头》
9	好热的夏天	《夏天的天空》
......		

持续跟进和落实教研成果

持续的跟进能够让教研成果更好地落实到实践中，进一步支持教师的家长工作。在实践中不断完善教研成果，需要从班级教师、年级组、园部三个层面进行进一步调研、跟踪观察和指导。

班级层面：将阶段性的教研成果分享给每个班的教师，利用线上平台将绘本资源分享给家长，定期收集和整理家长参与亲子共读活动的掠影、故事，将其分享在班级圈，不断丰富班级内的绘本阅读资源库，形成良好的阅读分享氛围。

年级组层面：针对本年级组幼儿的年龄特点，开展级部内关于幼儿早期阅读指导的进一步教研，了解本年龄段幼儿阅读兴趣、阅读习惯养成的特点，在研讨中不断丰富教师有关指导幼儿开展早期阅读的专业知识和能力。

园部层面：持续推进"亲子共读"园部层面的课程活动，定期开展课程审议，不断完善课程目标、计划、实施与评价，并在实施课程的过程中形成经典案例和园部层面的资源库。

需要注意的问题

关注不同发展阶段的教师

由于从问题调研到成果梳理的全过程都涉及家园的沟通与合作，考验着教师早期阅读指导能力的专业储备，因此成熟型教师和新手教师在参与教研的过程中会出现不同方向的侧重，如成熟型教师主力开展家访调研及个别指导，新手教师可以根据访谈内容进行问题诊断及基于案例分析的成果梳理。

不同发展阶段的教师在参与、梳理和运用成果的过程中会有不同的侧重点，新手教师能够较好地保持"空杯"心态，易于接受新的工作方式与内容，但在运用中会由于缺乏经验，存在畏难情绪，需要更具可操作性的指导予以支持。成熟型教师有较为丰富的经验，但容易产生惯性思维，方式的改变需要更高水平的心态认同的支持，所以在后续工作中需要有理念价值梳理上的跟进与支持。

注重专业引领

专业引领的介入就是打破分层的契机，从如何与家长进行有效的沟通入手，丰富教师的沟通技巧，充实教师关于早期阅读理论、技巧的专业知识，使原本怯于开展家长工作的教师在专业支撑下疏通沟通的渠道。

专家引领正是阶段性成果梳理的最佳时机，在前期储备的基础上，通过专家的梳理与解读，教师能进行更系统、科学的成果梳理，更好地推进后续的教育实践。

教研活动的效益不仅仅是在当下转变教师、家长的态度与观念，丰富专业储备，更为长远的利益在于真正地惠及幼儿的阅读兴趣和阅读习惯，需要有园部课程活动和资源平台的支持，助力教师更好地贯彻和推进阶段教研的成果。

49. 如何设计与实施关于"新生入园"的教研活动？

思考教研内容

"新生入园"活动是幼儿迈向学校生活的第一个台阶。做好高质量的新生入园工作，不仅能够缓解幼儿、家长在入园适应期内的焦虑，还能够为持续、健康的家园关系夯实基础，促成家园合作共同体的建构。高质量的"新生入园"体现在家长和幼儿充分、积极地参与新生入园的各项活动。新生入园活动一般包括家访、亲子适应、独立适应、回访等环节，各环节之间相互衔接，时序适宜。教师应聚焦各个阶段的发展价值并进行有效的家园沟通和交流，支持幼儿顺利度过入园适应期。

家访：在幼儿熟悉的家庭氛围中与幼儿互动，建立幼儿对师幼关系的初经验。通过访谈和问卷的形式了解幼儿的居家生活及家庭情况，为家长提供科学的居家适应建议。

居家适应活动：教师通过线上或线下家访的形式初建班集体，为家长之间互相交流疏通渠道，提供阶段性的居家适应作息建议及活动建议。帮助幼儿提高自理能力、调整生活作息等，以更好地适应幼儿园生活。

亲子来园活动：提前做好亲子来园适应活动的计划与安排，与家长保持积极有效的沟通，为家长提供来园适应活动中的亲子互动建议，引导幼儿在家长在场的安全感中萌发对幼儿园生活的兴趣，初步感受集体生活的氛围。在适应结束后，教师与家长需要就幼儿适应情况进行及时沟通。

独立适应活动：开展分批、科学的独立适应活动，在保障一定师幼比的情况下，对独立适应期的幼儿给予积极的情绪回应及师幼互动的反馈，利用丰富、有趣的活动激发幼儿游戏、活动的兴趣，观察幼儿在各生活及游戏环节中的情况，将其及时反馈给家长。

回访：入园一段时间后，逐步开展新生入户家访，根据幼儿入园适应情况撰写访谈提纲，与家长进行积极的沟通，并为后续的家庭教育提供更具针对性的科

学指导。

作为教研组长，对高质量的"新生入园"活动有了基本了解后，需要思考"新生入园"的教研活动应该聚焦哪些基本问题。

- 初次家访的主要目标有哪些？制订访谈提纲时应关注哪些要点？
- 在居家适应期，如何持续关注并及时了解幼儿的适应情况？
- 亲子来园适应的活动内容应如何计划？
- 如何有效支持家长做好居家适应期？
- 可以通过哪些方面了解和关注幼儿的在园适应情况？
- 如何做好入园适应的回访工作，以促进后续的家园共育？

调研本园主要的相关问题

新生入园适应活动是需要家庭、幼儿园双方高度配合的家园共育活动，家长的积极参与是教研活动有效推进的关键，所以需要把家长的需求和家长了解的幼儿情况作为重要的调研对象，使其成为后续教研内容制定和形式选择的依据。

第一步：梳理调研内容

可以利用线上或线下的家访形式，将调查表推送到家长的手中。教师向家长解释调查表填写的注意事项，初步了解幼儿的生活习惯、主要教养人、兴趣爱好、自理能力、家长需求（见表6-9）。

表6-9　幼儿园新生家庭情况调查表

```
宝宝的基本信息
宝宝名字：_____
宝宝小名：_____
宝宝年龄：_____                      贴照片处
宝宝性别：_____
陪伴宝宝最多时间的人：_____
宝宝喜欢玩的游戏和玩具：_____
宝宝爱吃的食物：_____
宝宝对哪些食物过敏：_____

关于宝宝的调查
1. 宝宝能自己如厕吗？              能（　）      不能（　）
2. 宝宝能用语言表达自己的大小便需要吗？  能（　）      不能（　）
```

续表

3. 宝宝能自己穿脱衣服吗？	能（　）	不能（　）
4. 宝宝能自己穿脱鞋子吗？	能（　）	不能（　）
5. 宝宝能独立午睡吗？	能（　）	不能（　）
6. 宝宝能较快入睡吗？	能（　）	不能（　）
7. 宝宝能自己使用勺子独立进餐吗？	能（　）	不能（　）
8. 宝宝喜欢喝白开水吗？	喜欢（　）	不喜欢（　）
9. 宝宝有较为依恋的玩具吗？	有（　）	没有（　）

关于爸爸妈妈的调查
每日陪伴时长：爸爸_____　妈妈_____
日常照料宝宝的人：_____　宝宝最依赖的人：_____
爸爸妈妈经常和宝宝一起做的事情：_____
爸爸妈妈有良好的作息规律吗？_____
爸爸妈妈挑食吗？_____
爸爸妈妈的兴趣爱好：_____
爸爸妈妈眼中的宝宝：_____
对宝宝入园后的期望：_____
爸爸妈妈想对老师说的悄悄话：_____

调查问卷发放及填写说明：教师可通过线上互动和家访的形式与家长和幼儿进行互动与沟通，对表格中填写的内容做解释与说明，支持家长理解表格填写的目的，促进更健康、多元的信息交互。

第二步：思考调研方法

针对小班家长开展入园适应活动的需求调查，也可以开展中班家长的意见反馈调查。中班家长经历过新生入园活动，其提出的意见与建议对于小班家长具有一定的借鉴意义，对于幼儿园高质量地开展入园适应活动也具有借鉴价值。

调查中班家长问卷信息：每学期向家长发放调查问卷，在问卷中增加关于新生入园活动对入园适应情况影响的问题，更直观地了解家长在亲身参与后对活动的感受和建议。

不同专业发展阶段的教师的调查：通过活动回顾及头脑风暴的形式了解不同专业发展阶段的教师对于新生活动价值和组织策略的认识及困惑。

新生家长的问题调查：利用线上视频、短信、微信等形式与新生家长取得沟通，或在新生报名时开展意向调查，了解新生家长对于入园适应方面的困惑和需求。

第三步：分析调研问题

调查的目的是更好地针对家长的需求和幼儿的实际情况，设计科学、适宜的新生入园活动。可从幼儿实际情况、家长真实需求、教师专业素养、园部协调配合的角度出发梳理和分析问题，为后续制定教研方案寻找更可行的路径。

幼儿的实际情况：分析入户家访、家长访谈和家访问卷中展现的幼儿发展实际情况，通过班级内部分析和级部协同分析，了解幼儿入园参与集体生活中遇到的最大问题，据此制订更为适宜的居家、亲子、独立适应计划。

家长的真实需求：根据初期的家长问卷与家长进行进一步的沟通，了解他们最主要的困惑、焦虑和需求，及时丰富和调整入园适应中观察到的有关幼儿情况、亲子教育建议的内容，以便给予家长更有针对性的信息反馈，促进家园合力的形成。

教师的专业素养：调查发现教师在组织新生入园活动时专业素养上的短板，有针对性地给予教师专业上的支持，如家园沟通、活动设计与组织等。

园部的协调配合：园部在整个活动过程中要做好充分的人员协调和活动支持工作。在入园适应的初期，班级内为了保障更好的师幼比，需要协调人员配班，教科室也需要定期组织阶段性教研活动，教师利用节假日及放学后的时间开展家访工作，需要有相应的绩效方案等。

制订系列教研计划

在分析、厘清各方面存在的问题后，可以根据问题制订相应的教研计划。基于前期的调研问题形成一份系列、完整的教研计划（见表6-10）。

表6-10 "新生入园"适应系列教研计划（摘录）

教研内容与要点	教研方式	参与人员	活动时间
关于"新生入园适应"的问题调研活动	小组沙龙 家园访谈 调查问卷	教研组长 新生家长 教师代表	5月31日—6月4日
关于"新生入园适应"的阅读分享活动	自主阅读 读书沙龙	读书组 各班教师	6月7日—6月11日
新生入园适应活动的环节与价值梳理	集中教研 头脑风暴	专家 全体教师	6月14日—6月18日
新生入园家访提纲、居家适应方案研讨	级部教研 课程审议	年级组长 家长代表 级部教师	6月22日

续表

教研内容与要点	教研方式	参与人员	活动时间
新生亲子适应及独立适应方案研讨	级部教研 课程审议	年级组长 级部教师	6月29日
新生家访情况调研及居家适应情况分享、亲子适应及独立适应方案调整	级部教研 课程审议	年级组长 家长及代表 级部教师 专家介入	8月25日
亲子适应班、独立适应班活动开展情况调研及研讨	现场调研 课程审议	年级组长 全体教师	8月30日—9月3日
入户家访及情况调研	学习小组 即时讨论	教研组长 年级组长 各班教师	9月6日—9月17日

设计单次教研活动方案

在实施具体的教研活动之前，需要针对单次教研活动制定详细、完整的教研活动方案，以保证教研活动目标的落实和教研活动质量的提高。以下将从教研目标、教研准备、教研过程、教研反思与跟进几个方面介绍"新生入园家访和居家适应方案研讨"的教研活动设计与组织。

教研目标

"新生入园"活动的目标在于支持幼儿更好地适应幼儿园生活，缓解幼儿和家长的焦虑，需要有一定的过程性策略作为目标实现的支架。"新生入园家访和居家适应方案研讨"的教研活动目标如下。

目标1：通过经验与案例分享，梳理新生入园家访的价值与高质量入园家访活动的基本特点。

目标2：通过阅读分享、经验整合与专业理论引领，了解居家适应的要素与科学、适宜的指导策略。

教研准备

了解家长的需求和困惑是教研准备的重要内容。在"新生入园家访和居家适应方案研讨"的教研活动中，收集家长调查问卷，招募经历过入园焦虑的家长参与教研活动，是教研准备的重要抓手。

经验准备：教师具有新生家访等家园访谈活动的经验，或者参与过新生入园调查。

物质准备：教研方案（PPT）、绘本若干、2K 素描纸、彩笔。

教研过程

教研过程的设计需要从问题入手找到解决的方法，每一步都应该围绕教研目标展开，可将教研过程分为几个环节，每个环节解决一个具体问题。

环节 1：案例解析——针对新生入园家访、居家适应的价值达成共识

新生入园适应是每位小班教师必须经历的阶段，也是教师工作中需要面对和解决的难题。有经验的教师分享案例，介绍自己开展新生入园活动的经验。通过讨论，达成价值共识。

案例分享：提前进行摸底，请在家长工作等方面有经验的教师提前进行案例的回顾与梳理，在教研现场用故事分享、案例分享等形式介绍自己开展新生入园活动的感想和经验。

教师沙龙：根据案例分享中的家访和居家适应经验，将各种策略和方法对接幼儿的学习与发展，厘清其对幼儿发展的价值。

环节 2：头脑风暴——分享新生入园家访、居家生活指导的实践经验

从小组沙龙式的研讨中分析价值，反观方式和方法的创新与丰富。

个人层面：选取一个幼儿学习与发展方面的价值，利用 10 分钟独立写出该价值在家园访谈和居家适应中的可行性路径。

小组层面：选择类似主题的教师自动成为一组，在小组内利用 20 分钟分享自己的实施策略，并通过书面记录整理本小组成员提出的家园沟通内容与形式。

集体层面：在集体范围内，每个小组利用 3~5 分钟分享不同学习主题下的新生入园家访及居家适应指导策略。

环节 3：专业引领——理论提升

专业的理论引导能够帮助教师获得丰富的幼儿社会性学习与发展的知识与理论，如生态系统理论、幼儿社会性发展阶段理论等，在此基础上为家长提供更为科学的入园指导。

通过前期阅读，教师在教研活动中可以就以下问题进行分享。

> 根据布朗芬布伦纳的生态系统理论，分析影响幼儿发展的人际环境要素有哪些？在家访和居家适应中如何体现？
> 如何利用埃里克森的社会性发展阶段理论，观察和分析幼儿的心理需求，并提供有针对性的支持？
> 阅读陈鹤琴的《家庭教育》对教师指导家长居家适应有哪些启发？

> **小结**：请大家进一步梳理，并不断丰富以个人、班级、年级为单位的居家适应案例资源库，提高教师指导家庭科学育儿的专业性与针对性。

教研反思与跟进

在现场活动结束后，后续的持续反思和教研跟进能够更好地让教师在研讨中碰撞出的火花成为指导新生入园家访的有效手段。

班级层面：将思考和梳理后的价值成果运用到后续的家长访谈中，收集更多新生入园活动中家长的需求与问题，加强指导策略的针对性。

年级组层面：整理适合本年龄段幼儿、不同类型教养人的居家适应案例集，进行个性化和类型化的案例研讨。

园部层面：在线上平台推送关于新生入园适应和居家适应的价值及注意事项，为家长提供系统、科学的育儿建议。

梳理教研活动的阶段性成果

新生入园系列教研活动后，教师的专业素养和教育理念、家长的家庭育儿理念与方式、幼儿的集体生活适应情况都会发生变化，教师、班级、级部和园部可以通过研讨成果文本化、案例收集等方式梳理成果，为教师专业成长、家长家庭教养提供更有针对性的指导意见。

个人层面：梳理不同月龄幼儿年龄特点、自理能力、安全感的典型表现，对幼儿入园适应中的关键问题进行系统思考，梳理相关内容，撰写反思、经验类论文。

班级层面：梳理各阶段新生入园活动中的幼儿、家长典型案例和组织策略经验，形成班本化的家园共育策略指引，提升教师开展家长工作的专业素养。

小班新生入园活动通知书

小×班家长，您好：

8月29日和8月30日是我们"小班新生亲子来园活动日"（活动时间安排见表6-11）。我们将分批邀请家长和宝贝来园，共同开启宝贝精彩的幼儿园生活。幼儿园里有温暖亲切的老师，有活泼可爱的小伙伴，还有各种好玩有趣的玩具。相信宝贝们肯定会沉浸于丰富多彩的集体生活中，体验到幼儿园生活的趣味与快乐！

表6-11 亲子来园活动时间安排表

组别	幼儿姓名	来园时间 8月29日	组别	幼儿姓名	来园时间 8月30日
第一组		8:30—9:30	第四组		8:30—9:30
第二组		10:00—11:00	第五组		10:00—11:00
第三组		14:30—15:30	第六组		14:30—15:30

温 馨 提 醒

请为您的宝宝准备好以下物品：

1. 小书包1个，内置宝贝的备用换洗衣服2套（包括小内裤、袜子）。来园后请鼓励宝贝将书包放在教室外孩子的物品柜内。

2. 6寸全家福一张、宝贝的1寸或2寸照片（建议使用有背胶贴纸的照片，具体数量由教师根据需要自定）。

3. 入园体检报告单。

4. 预防接种证明。

期待与宝贝和各位大朋友们的初次见面！让我们坦然且坚定地与孩子携手，迎接新的开始！

××幼儿园小班级部

×年×月×日

园部层面：在系列的教研活动中，教师了解组织策略、活动计划与实施的适宜性，并通过家委会进一步了解活动推进的效益。

新生入园活动家园联系线上交流指引（摘录）

幼儿交流

教师向幼儿进行简单的自我介绍，与幼儿亲密互动。

家长交流

1. 告知家长来园活动安排

（1）请父母中的一人陪同来园，告知来园时间。

（2）告知活动流程和各环节中父母可以陪同的活动内容（大致流程如下：来园问候，熟悉班级区角环境，参与亲子游戏，盥洗环节，户外亲子游戏及个别交流）。重点在于用语言和家长的积极参与引导幼儿怀着积极、期待的情绪参与活动。

（3）户外活动时，家长为幼儿准备一顶遮阳帽。

2. 填写新生家庭调查表

请父母提前将调查表的电子稿发送到教师邮箱，教师会在提前查阅后在来园活动的个别沟通环节有重点地进行沟通。

3. 通知配合事宜

（1）心理准备

以积极、期待的态度与幼儿谈论即将到来的幼儿园生活，增加幼儿对幼儿园的好感，让他们认为那是一个快乐的地方。推荐绘本，如《我爱幼儿园》《魔法亲亲》《大卫上学去》《幼儿园的一天》等，让幼儿对幼儿园生活充满期待。通过班级群相册，让幼儿熟悉班级教师和其他小伙伴。

（2）生活准备

将居家作息和幼儿园一日生活衔接，幼儿园的活动时间安排如下：8:00—8:40 幼儿入园，为保证户外体育锻炼时间要准时入园；11:00—11:30 午餐时间，鼓励幼儿自己使用勺子吃饭；12:00—14:30 午睡时间；15:30—16:00 放学时间（具体错时时间要等园部通知）；让幼儿在 21:00 前洗漱睡觉。

持续跟进和落实教研成果

新生入园活动的系列教研活动需要持续跟进,从问题的调研到活动的计划,最后到活动的实施、活动效益的反馈,都要层层递进。

班级层面:将研究的文本成果分享给每个班级,教师对照各阶段的家园共育工具(如调查问卷、访谈提纲、活动方案等)和操作指引进行班本化的调整和优化,收集调查问卷、家园访谈中发现的新问题,并及时进行分享。

年级组层面:将新生入园家园共育和小班幼儿的学习与发展进行对接,将其纳入小班的课程目标与课程活动中,通过级部课程审议对活动指引和活动方案不断完善。

园部层面:收集和整理优秀的新生入园家园共育活动案例,分析不同年度家长问卷及访谈中主要问题及需求的差异,从问题视角出发,反观幼儿园新生入园家园共育活动持续完善的效益,了解家长需求的变化与趋势,为家长工作的开展、园部层面家园合作活动形式的确定提供指导。

需要注意的问题

充分利用家长资源提高教研活动质量

在开展教研活动时,教研组长要充分利用家长资源,如邀请家长充分参与整个教研活动的过程。具有优秀育儿经验的家长也能作为引领者,最大程度地发挥家长资源的价值。充分了解家长的意愿,帮助家长全面、浸润式地参与适应活动的全过程,从而更好地开展家园沟通工作,为家长提供更有针对性的育儿建议。

关注不同发展阶段教师的需求

不同专业成长阶段的教师,在参与教研活动的过程中,理解的程度和实施的方向都会有所差异。教研组长要注重发挥不同发展阶段教师的优势,激发团队学习的最大可能性,如新手教师可以充分利用信息化手段收集、整合资源,为访谈、家园指导提供新的路径。充分利用不同专业特长教师的个人储备，既能够激发教师学习的积极性，又能够形成互助式的学习共同体，在互相借鉴、合作的过程中丰富教师与人沟通、交往的专业能力。

注重教研成果的辐射和推广

要注重幼儿园园部层面对教研成果的推广，发挥幼儿园在辐射周边社区中的作用。幼儿园梳理出的居家适应策略，可以通过公众号或公益活动等形式分享给新生家长及其他有需要的家长，增加影响力和受益群体。

如何设计与实施关于"家长参与幼儿发展评价"的教研活动?

思考教研内容

《纲要》在教育评价部分指出:"教育评价是幼儿园教育工作的重要组成部分,是了解教育的适宜性、有效性,调整和改进工作,促进每一个幼儿发展,提高教育质量的必要手段。……管理人员、教师、幼儿及家长均是幼儿园教育评价工作的参与者。"

家长参与幼儿发展评价,有利于家园之间达成教育共识,开展有效的家园共育活动。学习故事评价法和档案袋评价法等评价形式的兴起,为家长参与幼儿发展评价提供了多元的路径。"家长参与幼儿发展评价"的基本途径如下所示。

家长开放日:家长利用教师提供的观察工具,如观察量表、观察记录表等,记录幼儿在一日生活各环节的学习和游戏情况,并基于观察的实际情况进行评价。

家长进课堂:家长参与幼儿在园的集中活动,观察幼儿在集体活动中的注意力、投入程度等不同维度的发展情况。

居家生活:观察幼儿在居家生活中真实、自然的学习与发展情况,如捕捉自理能力的典型表现,为家园合力支持幼儿发展提供依据。开展适宜不同年龄段幼儿的亲子共读,观察幼儿读图能力、语言理解能力、语言表达能力的发展情况。可以采用撰写学习故事的形式记录和评价幼儿的成长时刻。

作为教研组长,对"家长参与幼儿发展评价"有了一定的了解之后,需要思考"家长参与幼儿发展评价"的教研活动应该聚焦哪些问题。

- 家长参与幼儿发展评价的价值和意义是什么?
- 有效组织家长参与幼儿发展评价的策略有哪些?
- 引导家长参与幼儿发展评价时需要注意哪些问题?
- 家长参与幼儿发展评价的途径有哪些?
- 家长参与幼儿发展评价的方式有哪些?

调研本园主要的相关问题

基本了解"家长参与幼儿发展评价"应该关注什么,以及可能存在的基本问题之后,需要了解和思考自己所在的幼儿园在该方面存在哪些问题。

第一步:梳理调研内容

可以利用教师访谈、文本分析等不同形式了解各班开展的幼儿发展评价中家长参与的情况。访谈涉及的内容应该包含教师对家长参与幼儿发展评价的态度、采用的策略和方法,以及存在的困难等。文本分析包含对家长参与幼儿发展评价的资料进行分析,如家长撰写的评语、成长故事、评价量表等。还可以对家长进行访谈,了解家长对参与幼儿发展评价的态度、意愿与方法等方面的情况。

教师访谈提纲

1. 您认为家长参与幼儿发展评价有什么价值和意义?
2. 家长对参与幼儿发展评价有怎样的态度?主要表现在哪些方面?你觉得出现消极态度的原因是什么?
3. 家长可以通过哪些方式参与幼儿发展评价?
4. 在组织家长参与幼儿发展评价时,您有哪些好的做法值得分享?还存在什么困难或者困惑?
5. 家长参与幼儿发展评价的活动,有哪些地方还需要优化?如何优化?
6. 引导家长参与幼儿发展评价,对您来说最有挑战性的事情是什么?

第二步:思考调研方法

教研组长可以开展专项调研活动,分别对班级、教师、家长进行调查,以全面了解各班家长参与幼儿发展评价的情况。

针对班级的调研:每个班级选择5~10名幼儿的成长档案和相关的评价资料,分析家长参与评价的内容、方式、频次等情况。

针对教师的访谈:每个班级访谈一位教师,了解其对家长参与幼儿发展评价的态度、组织的策略和存在的困难、问题等。

针对家长的调查：可以针对每个班级的家委会成员开展问卷调查，了解家长对参与幼儿发展评价的态度、意愿和建议。

第三步：分析调研问题

调查的目的之一是了解本园家长参与幼儿评价的现状和问题，从而确立解决的方案。实施调研之后，需要分析和总结调研的问题，以确定需要解决的主要问题。比如，某幼儿园在针对教师的访谈后发现以下问题。

> 教师认为家长的教育水平和参与意愿都有很大差异，组织起来有难度，对教师来说增加了工作量。
> 教师让家长参与评价的方式非常单一，局限于学期末的评语。
> 针对家长对幼儿的评价，教师一般不反馈，也不开展后续交流，仅仅是完成一项任务。

制订系列教研计划

通过调研了解家长、教师的观念和具体实施中存在的问题后，可以根据主要问题制订教研计划（见表6-12）。

表6-12 "家长参与幼儿发展评价"系列教研计划

教研内容与要点	教研方式	参与人员	活动时间
"家长参与幼儿发展评价"文本资料调研活动	现场调研	教研组长 各班教师	2月22日—2月26日
家长参与幼儿发展评价的价值梳理	集中教研	全体教师	3月8日—3月12日
居家生活观察评价案例的分析与解读	小组教研 案例分析	小组成员 小组组长 家长代表	3月17日
家长开放日中家长观察记录的分析与解读	小组教研 案例分析	小组成员 小组组长 家长代表	3月18日
家长进课堂活动评价案例的解读	小组教研 案例分析	小组成员 小组组长 家长代表	3月24日

续表

教研内容与要点	教研方式	参与人员	活动时间
亲子共读评价案例的分析与解读	小组教研 案例分析	小组成员 小组组长	3月25日
家长参与幼儿发展评价的策略研讨	集中教研	教研组长 各班教师 家长代表	3月31日

设计单次教研活动方案

在实施具体的教研活动之前，需要制定完整的教研活动方案。以下将从教研目标、教研准备、教研过程、教研反思与跟进几个方面介绍单次教研活动的设计与实施。

教研目标

目标1：通过案例解读，掌握亲子共读活动中支持家长参与评价的策略和方法。

目标2：通过小组研讨，分析亲子共读活动中高质量的家长评价的基本特点。

教研准备

经验准备：前期开展过家长参与幼儿发展评价的教研活动，对家长参与幼儿发展评价的策略和方法有基本了解。

物质准备：教研方案（PPT）、绘本若干、2K素描纸、彩笔、亲子共读活动视频、家长评价记录资料等。

教研过程

环节1：案例分享——家长参与幼儿发展评价的经验

小、中、大各一个班级进行分享，分析在亲子共读活动中本班家长如何参与幼儿发展评价，包含评价内容、评价方式和家长对评价的态度等。

小一班为家长发放了"亲子共读记录卡"，请家长记录幼儿喜欢哪些图书，最喜欢里面的哪些形象等，然后记录幼儿阅读该书时提出了哪些有趣的问题。教师在记录卡的背面提供了简单的评价指引，以引导家长进行简单的评价。

环节 2：对比分析——提高家长评价质量的策略

教研组长呈现多份家长参与幼儿发展评价的文本资料，请教师分析哪一种评价方式更加适宜、哪一位家长的评价水平更高。

小组研讨：如何提高家长参与评价的质量？

环节 3：梳理总结——亲子共读活动中家长参与幼儿发展评价的要点

小组梳理：基于《指南》分析不同年龄段亲子共读活动中的评价要点，形成评价量表初稿。

大组交流：各小组分别介绍自己的评价量表，其他小组提出修改建议。

教研反思与跟进

各班将思考和梳理后的价值成果运用到后续的评价活动中，收集更多亲子共读评价活动案例，进一步链接理论与实操。

梳理教研活动的阶段性成果

可以请教师撰写相关的反思、实践研究的论文，帮助教师内化和转变观念。还可以梳理相关的指导意见、策略建议，整理优秀的案例和资料等，以更好地指导后续的实践。

班级层面：各班整理家长参与幼儿发展评价的实践经验和文本资料，形成相关资源库，如家长观察记录资源库、家长撰写的亲子活动资源库、家长撰写的"哇"时刻资源库等。

年级组层面：整理本年龄段幼儿居家观察记录表、评价量表等，以便本年龄段幼儿家长居家观察评价使用。整理家长半日活动、家长进课堂活动、亲子共读活动等方面的评价量表。

园部层面：将家长参与幼儿发展评价纳入园本课程中，开展园本课程审议，梳理、总结更适宜家长参与的评价方式、内容，丰富参与途径。

持续跟进和落实教研成果

教师在实践中不断完善教研成果，需要从班级教师、年级组、园部三个层面进一步地调研、跟踪观察和指导。

班级层面：收集家长评价的信息，有针对性地进行个别化的家庭教育指导，并根据普遍存在的问题修订班级计划，形成家园合力，利用科学、多方位的评价共同促进幼儿的学习与发展。

年级组层面：根据家长提供的评价反馈信息，对幼儿园各项相关活动方案进行审议，以级部为单位，进一步教研在家长参与的基础上如何促进本年龄段幼儿积极参与评价，使评价主体更为多元。

园部层面：在班级家委会和园部家委会等集体中进行课程审议，将家长参与评价纳入幼儿园课程评价体系，制定更为科学的评价指标。利用园部线上线下平台对家长开展"家长课堂"，增强家长参与评价的意愿，提高评价的效度。

需要注意的问题

注重提升家长的评价能力

开展教研活动时，教研组长应关注家长的评价能力。建议幼儿园基于家长个性化的需求开展多种形式的评价培训，如集体学习和自主学习，集体学习包括家长学校等家长自愿报名共同参与的学习活动，主要是针对幼儿学习与发展的年龄特点开展的评价活动。

营造开放的评价氛围

开展教研活动时，教研组长需要营造开放的园所评价氛围，以积极坦诚的交流态度参与各个环节，如给予教师自主创新评价方式的机会，允许教师质疑，鼓励教师批判性思考等，重质量轻形式。这种积极坦诚的交流，有利于推进真实性、适宜性的评价系统的建立。

后 记

《幼儿园教研活动50问》适用于幼儿园新手教研组长及教师提升对教研活动的认识和组织能力。为了更加贴近新手教研组长的需要，我们在写作前期有针对性地做了一些调查工作，以收集新手教研组长的困惑，分析他们在幼儿园教研活动中面临的主要问题。同时，我们阅读了大量有关幼儿园教研活动方面的书籍和文章。通过精准定位教研工作中的典型问题，我们确定了本书的内容框架。在撰写过程中，我们还不时地把书稿拿给新手教研组长阅读，邀请她们提出宝贵意见，然后据此进行调整和补充。在此，我们衷心感谢为本书提供积极反馈的新手教研组长们，她们让我们的书稿更加贴近读者的需求。

我们深知幼儿园的实践问题错综复杂，本书也无法涵盖新手教研组长们遇到的所有具体问题。不过，我们期待新手教研组长在翻阅本书时，能够从"对教研活动的认识与思考"部分获得认识层面的提升；能够从"教研制度的设计与实施"部分获得制度层面的指引；能够从有关生活环节、区域游戏、集体教学、家园共育的"教研活动设计与实施"部分获得实践层面的启发和思考。

完成撰写书稿的那一刻，我们的心中充满感激。其中，我们得到了很多幼儿园教研组长的鼎力相助，她们是杨海玲、沈丹、贾静、陆静华、陈丽华等。在繁忙的工作之余，她们为我们提供了很多鲜活的教研案例，奉献了自己的教研智慧，让本书更加接地气！

撰写本身就是在进行一场教研活动。我们经历多轮线上和线下讨论，共同研究某些棘手的问题，最终达成共识，形成成果。期待这本凝结了我们思考与感悟的小书，能让读者有所收获！

祝晓燕

2022年1月

主要参考文献

［1］陈向明，等．搭建实践与理论之桥：教师实践性知识研究［M］．北京：教育科学出版社，2011．

［2］陈志玲．课例研究促进幼儿教师教学能力发展的个案研究［D］．淮北：淮北师范大学，2018．

［3］戴晓梅．在自主式教研活动中提高教师参与的积极性［J］．华人时刊（校长），2013（增刊1）：117-118．

［4］范蔚，廖青．基于教师专业发展的"师徒结对"的内涵及特征［J］．教育导刊，2012（9）：45-47．

［5］高微佳．分层教研：校本管理的创新［J］．新课程（综合版），2011（10）：7-8．

［6］李中．"沉浸式"教研方式的创新与实践［J］．大连教育学院学报，2016，32（3）：25-27．

［7］刘宇，张子建．课例研究与园本教研有效性的提升［J］．幼儿教育，2012（30）：19-23．

［8］缪静霞．促进在线实践共同体深度互动的策略研究——以师范生实习支持平台为例［D］．上海：上海师范大学，2010．

［9］彭小元．以课例研究为载体，促进幼儿教师专业发展［J］．早期教育（教科研版），2014（6）：35-38．

［10］上海市教育委员会教学研究室．主题导航教研［M］．上海：上海教育出版社，2020．

［11］时丽亚．自探 自悟 自得 自能——谈自助式园本教研的实践与思考［J］．家长，2020（33）：40-41．

［12］王海霞．幼儿园园本教研中教师组织沉默现象探析［D］．福州：福建师范大学，2017．

［13］王洁．教师的课例研究旨趣与过程［J］．中国教育学刊，2009（10）：83-85．

［14］王岚. 建构幼儿园分层教研制度 促进教师专业成长［J］. 成才，2017（3）：50-53.

［15］杨先妤. 幼儿园教研计划编制中的问题浅析［J］. 贵州教育，2020（22）：23-24.

［16］虞永平. 论幼儿园课程审议［J］. 学前教育研究，2005（1）：11-13.

［17］魏非. 面向混合式研修的教师培训机构能力成熟度模型研究［D］. 上海：华东师范大学，2016.

［18］魏非，李树培. 混合式研修：内涵、现状与改进策略［J］. 教师教育研究，2017，29（5）：26-30.

［19］张皎红. 区域推进课程审议三步法［J］. 山东教育，2020（增刊6）：8-9.

［20］张皎红. 幼儿园课程审议制度的实践研究［J］. 早期教育（教科研版），2012（2）：52-54.

［21］张皎红，杨海玲，徐一辰. 做一个专业的幼儿教师——《幼儿园教师专业标准（试行）》案例式解读［M］. 长春：东北师范大学出版社，2020.

［22］张霞. 网络教研的深度互动研究［D］. 南京：南京师范大学，2013.

［23］周大明，兰郑勇. 英语教研组长领导力的现状调查与提高建议［J］. 福建教育学院学报，2013，14（5）：100-104.

［24］朱清，等. 幼儿园优质教研活动设计方案［M］. 北京：中国轻工业出版社，2020.

［25］祝晓燕. 幼儿园园本教研制度新思维［M］. 北京：世界图书出版公司，2011.

［26］祝晓燕. 园本教研"轮值制"的实践探索［J］. 学前教育研究，2013（12）：67-69.

［27］朱永新. 教师个性化书单的意义［N］. 中国教师报，2021-1-13（8）.